Excel 2010
avancé

Guide de formation avec cas pratiques

Chez le même éditeur

Dans la collection *Les guides de formation Tsoft*

P. Moreau. – **Excel 2010 initiation.**
N°12852, 2010, 232 pages.

D.-J. David. – **Excel 2010 : programmation VBA.**
N°12793, 2010, 290 pages.

P. Moreau. – **Word 2010 initiation.**
N°12879, à paraître en octobre 2010.

P. Moreau. – **Word 2010 avancé.**
N°12880, à paraître en octobre 2010.

Y. Picot, P. Moreau. – **Access 2010 Utilisateur.**
N°12825, à paraître en octobre 2010.

S. Lange. – **Configuration et dépannage de PC.**
N°12247, 2009, 616 pages.

Autres ouvrages

N. Barbary. – **Excel 2010 expert.**
N°12761, 2010, 500 pages.

T. Capron. – **D'Excel à Access.**
N°12066, 2008, 350 pages.

I. Taylor, B. Jelen. – **Analyse marketing et reporting avec Excel.**
N°12251, 2008, 250 pages.

J. Rubin. – **Analyse financière et reporting avec Excel.**
N°11460, 2004, 278 pages.

S. Gautier, **G.** Bignebat, C. Hardy, M. Pinquier. – **OpenOffice.org 3.2 efficace.**
N°12755, 2010, 412 pages + CD-Rom.

Excel 2010
avancé

Guide de formation avec cas pratiques

Philippe Moreau

EYROLLES

ÉDITIONS EYROLLES
61, bd Saint-Germain
75240 Paris Cedex 05
www.editions-eyrolles.com

TSOFT
10, rue du Colisée
75008 Paris
www.tsoft.fr

Avant-propos

Conçu par des pédagogues expérimentés, l'originalité de cet ouvrage est d'être à la fois un manuel de formation et un manuel de référence. Il traite les fonctions avancées du tableur Microsoft Office Excel 2010, et il fait suite à un manuel d'initiation paru chez le même éditeur.

Ce manuel s'adresse donc à des utilisateurs ayant déjà assimilé et mis en pratique les fonctions de base de Microsoft Office Excel 2010.

FICHES PRATIQUES

La première partie, *Manuel utilisateur*, présente sous forme de fiches pratiques l'utilisation des fonctions avancées d'Excel 2010 et leur mode d'emploi. Ces fiches peuvent être utilisées soit dans une démarche d'apprentissage pas à pas, soit au fur et à mesure de vos besoins, lors de la réalisation de vos propres documents. Une fois ces fonctions maîtrisées, vous pourrez également continuer à vous y référer en tant qu'aide-mémoire. Si vous vous êtes déjà aguerri sur une version plus ancienne d'Excel ou sur un autre logiciel tableur, ces fiches vous aideront à vous approprier rapidement les fonctions avancées d'Office Excel 2010.

CAS PRATIQUES

La seconde partie, *Cas pratiques*, consiste à réaliser de petites applications en se servant des commandes et des fonctions d'Office Excel 2010. Cette partie vous propose vingt-deux cas pratiques qui vous permettront de mettre en œuvre la plupart des fonctions étudiées dans la partie précédente, tout en vous préparant à concevoir vos propres applications de manière autonome. Ils ont été conçus pour vous faire progresser vers une bonne maîtrise des fonctionnalités avancées d'Office Excel 2010.

Ces cas pratiques constituent un parcours de formation ; la réalisation du parcours complet permet de s'initier seul en autoformation.

Un formateur pourra aussi utiliser cette partie pour animer une formation à l'utilisation avancée d'Office Excel 2010. Mis à disposition des apprenants, ce parcours permet à chaque élève de progresser à sa vitesse et de poser ses questions au formateur sans ralentir la cadence des autres élèves.

Les fichiers nécessaires à la réalisation de ces cas pratiques peuvent être téléchargés depuis le site Web www.editions-eyrolles.com. Pour cela, tapez le code **G12853** dans le champ <RECHERCHE> de la page d'accueil du site puis appuyez sur ⏎. Vous accéderez ainsi à la fiche de l'ouvrage sur laquelle se trouve un lien vers le fichier à télécharger. Une fois ce fichier téléchargé sur votre poste de travail, il vous suffit de le décompresser vers le dossier C:\Exercices Excel 2010 ou un autre dossier de votre choix.

Les cas pratiques sont particulièrement adaptés en fin de parcours de formation, à l'issue d'un stage ou d'un cours de formation en ligne sur Internet, par exemple.

Téléchargez les fichiers des cas pratiques depuis www.editions-eyrolles.com

Conventions typographiques

Pour faciliter la compréhension visuelle par le lecteur de l'utilisation pratique du logiciel, nous avons adopté les conventions typographiques suivantes :

Ruban :   noms des onglets, groupes et boutons ou zones qui sont sur le Ruban.

Section :   noms des sections dans les menus ou dans les dialogues (*).

Italique :   noms des commandes dans les menus et nom des dialogues (*).

`Saisie` :   noms de dossier, noms de fichier, texte à saisir.

[xxxxx] :   boutons qui sont dans les boîtes de dialogue (*).

■ Actions :   les actions à réaliser sont précédées d'une puce.

(*) Dans cet ouvrage, le terme « dialogue » désigne une « boîte de dialogue ».

TABLE DES MATIÈRES

PARTIE 1
MANUEL UTILISATEUR

PARTIE 2
CAS PRATIQUES

PARTIE 1
MANUEL UTILISATEUR

CALCULS ET SIMULATIONS

CALCULER SUR DES DATES

PARAMÉTRER LE CHANGEMENT DE SIÈCLE

Lorsque vous saisissez une date avec la partie année sur deux chiffres, Excel interprète 00 à 29 comme 2000 à 2029 et 30 à 99 comme 1930 à 1999. Ce seuil de 29 est défini dans les options régionales et linguistiques de Windows.

- Pour modifier ce seuil, accédez au panneau de configuration Windows, Cliquez sur *Horloge, langue et région*, puis cliquez sur *Régions et langue*, cliquez sur le bouton [Personnaliser le format], puis sous l'onglet *Date* : modifiez la zone contenant le seuil.

SAISIR DES DATES OU DES HEURES

- Pour saisir une date, séparez les jour, mois et année par / ou par –, par exemple `24/12/49`, `24-12-49`. Si le mois est saisi en lettres, vous pouvez le séparer par des espaces `24 déc 49`.
- Pour saisir une heure, utilisez le séparateur deux-points (`:`), par exemple `22:5:10` correspond à 22H 05 minutes et 10 secondes.

LE NUMÉRO DE SÉRIE

Excel enregistre la date comme un numéro de série. Le 1er janvier 1900 correspond au numéro 1, chaque date saisie correspond au nombre de jours écoulés depuis le 1er janvier 1900.

Excel enregistre une heure comme une fraction décimale de jour, par exemple `12:` correspond à `0,5` ; `18:` correspond à `0,75` ; `18:15` correspond à `0,760416666666667`.

Il existe un autre système de numérotation des dates partir du 1er janvier 1904 (utilisé par Excel pour Mac). Dans les options d'Excel, rubrique *Options avancées*, sous la section Lors du calcul de ce classeur, il est possible d'activer une case <☑ Utiliser le calendrier depuis 1904> pour utiliser ce système de date.

CALCULER SUR DES DATES

`=A2-A2` renvoie le nombre de jours écoulés entre les deux dates contenues dans A1 et A2.

`=AUJOURDHUI()` renvoie la date du jour actuel.

`=PLAFOND(MOIS(A1)/3;1)` calcule le numéro du trimestre (n° du mois /3, arrondi supérieur).

`=FIN.MOIS(A1;0)` cette fonction renvoie la date du dernier jour du mois de la date.

`=FIN.MOIS(A1;-1)+1` renvoie la date du 1er jour du mois (dernier jour du mois précédent+1).

`=NO.SEMAINE(A1)` renvoie le numéro de semaine de la date.

`=JOUR(FIN.MOIS(A1))` renvoie le nombre de jour du mois (n° du dernier jour du mois).

`="Échéance:"&TEXTE(A1;"jjjj mmmm aaaa")` affiche la date en toutes lettres dans un texte.

`=TEXTE(A1;"jjjj")` renvoie le jour de la semaine en toutes lettres.

`=TEXTE(A1;"mmmm")` renvoie le mois en toutes lettres.

`=SI(AUJOURDHUI()>A1;"date dépassée")` affiche le texte si la date dans A1 est passée.

`=110/24/60` calcule `110` mn en fraction de jour, soit `0,07777778`, soit `01:50` en format hh:mm.

`=9,75/24` calcule `9,75` heures en fraction de jour, soit `0,40625`, soit `9:45` au format hh:mm.

Par exemple, vous avez une liste d'articles (ici des livres) et vous voulez créer un devis dans lequel vous voulez sélectionner les livres par leur titre. Les informations concernant les livres (référence et prix) doivent s'afficher automatiquement dans le devis lorsqu'un titre de livre est sélectionné.

Il est plus pratique de sélectionner un titre de livre plutôt que d'avoir à connaitre le code référence du livre.

Liste déroulante pour sélectionner les titres de livre

Les cellules B5:B10 sont prévues pour entrer les titres, une liste déroulante d'entrées provenant de la plage nommée `Titre` ($A$2:$A$13 dans la feuille `Tarif`) peut être définie pour permettre de sélectionner le titre.

- Sélectionnez les cellules B5:B10, puis sous l'onglet **Données**>groupe **Outils de données**, cliquez sur la flèche du bouton **Validation de données**. ❶ Sélectionnez *Liste*, ❷ sélectionnez le nom de plage *Titre*, validez par [OK].

Lorsque vous cliquez sur une de ces cellules de la plage B5:B10, un bouton flèche apparaît à droite de la cellule, cliquez sur le bouton et sélectionnez le titre.

Formules de la première ligne de livre du devis

La table des livres est placée dans la feuille `Tarif`, dans les colonnes A à C, dans notre exemple, la table des livres est nommée `Catalogue` (la plage est $A2:$C13 dans la feuille `Tarif`).

- Une formule dans la cellule A5, va chercher dans la table des livres la référence correspondant au titre entré en $B5 : `=SI($B5=0;0;RECHERCHEV($B5;Catalogue;2;FAUX))`.
  Tant qu'aucune valeur n'a été entrée dans la cellule B5 (`$B5=0`), le résultat de la formule est 0, sinon la fonction RECHERCHEV() cherche le titre entré en $B5 dans la première colonne de la plage `Catalogue`, et renvoie la valeur qui est contenue dans la colonne 2.

- Une formule dans la cellule E5, va chercher dans la liste d'articles le prix correspondant au livre entré en $B5 : `=SI($B5=0;0;RECHERCHEV($B5;Catalogue;3;FAUX))`.
  Tant qu'aucune valeur n'a été entrée dans la cellule B5 (`$B5=0`), le résultat de la formule est 0, sinon la fonction RECHERCHEV() cherche le titre entré en $B5 dans la première colonne de la plage `Catalogue`, et renvoie la valeur qui est contenue dans la colonne 3.

- Les autres formules de la ligne, en F5 (`=D5*E5`), en H5 (`=F5*G5`) et en I5 (`=F5+H5`), affichent leur résultat supérieur à 0 dès que la quantité est entrée en D5.

Formules des autres lignes articles du devis

Les autres lignes sont obtenues par copie des formules de la première ligne du devis.

RECHERCHEV

Cherche une valeur donnée dans la première colonne de la matrice d'un tableau et renvoie une valeur se trouvant sur la même ligne mais dans une autre colonne de la matrice du tableau. Le V de RECHERCHEV signifie Vertical (en colonne).

Syntaxe

`RECHERCHEV(valeur_cherchée;table_matrice;no_col;valeur_logique)`

- `valeur_cherchée` : la valeur à chercher dans la première colonne de la matrice, elle peut être une valeur ou une référence.
- `table_matrice` : au moins deux colonnes de données. Utilisez une référence à une plage ou un nom de plage.
- `no_col` : numéro de la colonne de l'argument `table_matrice` dont la valeur correspondante doit être renvoyée. Si `no_col` est égal à `1`, la fonction renvoie la valeur de la première colonne de l'argument `table_matrice` ; si `no_col` est égal à `2`, la valeur est renvoyée de la deuxième colonne de l'argument `table_matrice`, et ainsi de suite. Si l'argument `no_col` est inférieur à `1`, RECHERCHEV renvoie `#VALUE!`, s'il est supérieur au nombre de colonnes dans `table_matrice`, RECHERCHEV renvoie `#REF!`.
- `valeur_logique` : VRAI/FAUX indique si vous souhaitez que la fonction RECHERCHEV recherche une valeur exacte ou voisine de celle que vous avez spécifiée.

  Si VRAI ou omis : la fonction renvoie une donnée exacte si elle est trouvée, ou la valeur immédiatement inférieure. Les valeurs de la première colonne de `table_matrice` doivent être classées en ordre croissant ; sans cela, RECHERCHEV ne renvoie pas forcément la bonne valeur.

  Si FAUX : la fonction recherche exclusivement une correspondance exacte. Dans ce cas, il n'est pas indispensable que les valeurs de la première colonne de `table_matrice` soient triées. Si plusieurs valeurs de la première colonne de `table_matrice` correspondent à `valeur_cherchée`, c'est la première valeur trouvée qui est utilisée. Si aucune valeur ne correspond, la valeur d'erreur `#N/A` est renvoyée.

LES AUTRES FONCTIONS DE RECHERCHE

`DECALER(réf;n_lignes;p_colonnes;hauteur;largeur)`

Renvoie une référence à une cellule ou à une plage de cellules décalée de `n` lignes et `p` colonnes par rapport à la référence `réf`. Vous pouvez spécifier la hauteur et la largeur de la plage à renvoyer. La fonction DECALER peut être utilisée avec les fonctions exigeant une référence comme argument, par exemple, la formule `SOMME(DECALER(C2;1;2;3;1))`.

`EQUIV(valeur_cherchée;matrice_recherche;type)`

Renvoie la position relative d'une `valeur_cherchée` élément dans une matrice. Utilisez la fonction EQUIV plutôt qu'une des fonctions RECHERCHE lorsque vous avez besoin de la position d'un élément dans une plage et non de l'élément en tant que tel.

`INDEX(tableau;no_ligne;no_col)` ou `INDEX(réf;no_lig;no_col;no_zone)`

Renvoie une valeur ou une référence à une valeur provenant d'un tableau ou d'une plage, à l'intersection du `no_ligne` et du `no_colonne`. `no_zone` sert à indiquer le numéro de zone dans le cas ou `réf` est constitué de plusieurs zones.

`RECHERCHEH(valeur_cherchée,table_matrice,no_lig,valeur_logique)`

Recherche une valeur dans la ligne supérieure (horizontalement) d'une table ou d'une matrice de valeurs, puis renvoie une valeur, dans la même colonne, à partir d'une ligne que vous spécifiez dans la table ou la matrice (fonction transposée de RECHERCHEV).

RÉFÉRENCES CIRCULAIRES ET ITÉRATIONS

NOTION D'ITÉRATION POUR RÉSOUDRE LES RÉFÉRENCES CIRCULAIRES

Dans certains calculs, une formule peut renvoyer indirectement à elle-même, on parle alors de référence circulaire. Si l'option <☑ Activer le calcul itératif> est activée, Excel peut résoudre ce type de problème par itération, en tenant compte à chaque pas du résultat du calcul précédent.

Exemple 1 : Équations à deux inconnues : $X=(Y+25)/2$ et $Y=X/5$.

- Saisissez la formule de la cellule E2, puis saisissez la formule de la cellule E3 qui introduit une référence circulaire.
Excel affiche un message d'avertissement.

- Cliquez sur [Annuler] pour accepter la référence circulaire, le résultat 0 apparaît dans la cellule E3 car Excel ne peut effectuer le calcul.
- Si vous activez le calcul itératif (voir ci-dessous), Excel calcule et affiche le résultat.

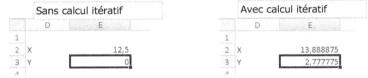

Solution : $X=13,888875$ et $Y=2,777775$ (arrondi à 6 décimales).

Exemple 2 : Calculons la commission d'un commercial définie à 5,25 % du bénéfice net, qui lui-même dépend du montant de la commission (Bénéfice net = Bénéfice brut-Commission) : les formules en B3 et B4 contiennent une référence circulaire.

Solution : Prime = 49.88 K€ (arrondi à 2 décimales) pour un bénéfice brut de 1 000 €.

ACTIVER LE CALCUL ITÉRATIF

- Cliquez sur l'onglet **Fichier**, puis sur **Options**, sélectionnez la rubrique *Formules* et dans le panneau de droite de la fenêtre, sous Mode de calcul, cochez la case <☑ Activer le calcul itératif>.

❶ Saisissez le nombre d'itérations au terme desquelles Excel cessera le calcul, ❷ saisissez la valeur d'écart entre deux résultats successifs au-dessous de laquelle l'itération doit s'arrêter.

- Cliquez sur [OK].

Un calcul itératif peut être soit divergent (il n'amène aucun résultat significatif), soit convergent (il converge vers une valeur). S'il diverge, le calcul s'arrête au bout de N itérations et chaque fois que vous tapez F9 *Recalcul*, Excel effectue à nouveau N itérations et les valeurs changent.

On crée une formule contenant une variable et l'on veut connaître la valeur de la variable pour que la formule renvoie un résultat que l'on se fixe.

Exemple : calcul du montant maximum empruntable

La formule de calcul du remboursement mensuel d'un emprunt est fonction du montant emprunté, de la durée et du taux d'intérêt. La recherche d'une valeur cible répond à la question : sachant que ma capacité de remboursement est de 2 000 € par mois, que le taux est de 6 % annuel et la durée de 9 ans, combien puis-je emprunter ?

Saisissez les données et la formule de calcul :

- Saisissez les données utilisées par la formule, ici ❶ (cellules B3:B7).
- Saisissez la formule =-VPM(B7/12;B6;B3) ❷ (cellule B9).
- Sélectionnez la cellule contenant la formule (ici, B9).
- Onglet **Données**>groupe **Outils de données** cliquez sur la flèche du bouton **Analyse de scénario**, puis sur la commande *Valeur cible...*
- Dans la zone <Cellule à définir>, la référence B9 de la cellule qui contient la formule.
- Dans la zone <Valeur à atteindre>, saisissez la valeur cible 2000.
- Dans la zone <Cellule à modifier>, cliquez sur la cellule B3 dans la feuille pour insérer la référence B3.
- Cliquez sur [OK].

Le résultat s'affiche dans la cellule à modifier, et une fenêtre message vous propose de confirmer.

- Cliquez sur [OK] pour valider le changement des valeurs dans la feuille.

La capacité d'emprunt est de 166 587 €.

SCÉNARIOS

Un scénario est un ensemble de valeurs que vous pouvez appliquer à un ensemble de cellules en une seule action, afin de visualiser les résultats des formules dépendantes de ces cellules.

Dans l'exemple ci-contre, les cellules variables sont B2 et B3. On veut calculer la marge (B6), les charges (B10), et le résultat (B12), pour différentes valeurs de Ventes 1 et Ventes 2 : Hypothèse 1 (200, 140), Hypothèse 2 (250,170), Hypothèse 3 (280, 200).

	A	B
1	Ventes 1	210
2	Ventes 2	150
3	Achat 1	70
4	Achat 2	30
5	Marge	260
6	Salaires	165
7	Loyers	40
8	Charges	205
9		
10	Résultat	55

	A	B
1	Ventes 1	200
2	Ventes 2	140
3	Achat 1	67
4	Achat 2	28
5	Marge	245
6	Salaires	165
7	Loyers	40
8	Charges	205
9		
10	Résultat	40

	A	B
1	Ventes 1	250
2	Ventes 2	170
3	Achat 1	83
4	Achat 2	34
5	Marge	303
6	Salaires	165
7	Loyers	40
8	Charges	205
9		
10	Résultat	98

	A	B
1	Ventes 1	280
2	Ventes 2	200
3	Achat 1	93
4	Achat 2	40
5	Marge	347
6	Salaires	165
7	Loyers	40
8	Charges	205
9		
10	Résultat	142

Créer les scénarios

- Commencez par sélectionner les cellules d'entrée, dans l'exemple la plage B1:B2. Si les cellules étaient dispersées, vous utiliseriez la sélection multiple : appuyez sur la touche [Ctrl] tout en cliquant sur les cellules concernées.

- Onglet **Données**>groupe **Outils de données**, cliquez sur la flèche du bouton **Analyse de scénario**, puis sur la commande *Gestionnaire de scénarios...*

- Dans le dialogue *Gestionnaire de scénarios* : cliquez sur [Ajouter], saisissez le nom du scénario Hypothèse 1, spécifiez les références des cellules variables et deux options n'ayant effet que si la feuille est protégée : <☑ Changements interdits> pour que d'autres utilisateurs ne puissent pas modifier le scénario, <☑Masquer> pour que son nom ne soit pas visible dans la liste des scénarios. Cliquez sur [OK].

- Dans le dialogue *Valeurs de scénarios* : saisissez les valeurs du scénario (210,100), puis :

- [Ajouter] pour créer le scénario et en ajouter un autre : dans le dialogue *Ajouter un scénario*, saisissez le nom du scénario, cliquez sur [OK], saisissez les valeurs du scénario.

- [OK] pour créer le scénario et revenir au dialogue *Gestionnaire de scénarios*.

- [Annuler] pour annuler la création du scénario et revenir au dialogue *Gestionnaire de scénarios*.

- Cliquez sur [Fermer] pour terminer.

Afficher un scénario

- Onglet **Données**>groupe **Outils de données**, cliquez sur la flèche du bouton **Analyse de scénario**, puis sur la commande *Gestionnaire de scénarios...*

- Sélectionnez le scénario que vous voulez afficher, puis cliquez sur [Afficher].

Les valeurs du scénario remplacent alors les valeurs existantes dans les cellules variables.

📌 Pour pouvoir restaurer les valeurs d'origine des cellules variables, créez un scénario qui utilise les valeurs d'origine des cellules avant d'afficher les scénarios qui les modifient.

Supprimer, modifier un scénario et fusionner des scénarios

- Onglet **Données**>groupe **Outils de données**, cliquez sur la flèche du bouton **Analyse de scénario**, puis sur la commande *Gestionnaire de scénarios...*, dans le dialogue *Gestionnaire de scénarios* : sélectionnez le scénario et utilisez les boutons [Modifier...] ou [Supprimer].

  [Fusionner] permet de fusionner les scénarios créés dans d'autres feuilles d'autres classeurs. Ceci permet de fusionner des scénarios provenant de plusieurs personnes, mais il faut que les autres feuilles soient construites sur le même modèle.

Rapport de synthèse

- Nommez, sans utiliser d'espaces dans les noms, les cellules contenant les variables ainsi que les cellules contenant le résultat.
- Onglet **Données**>groupe **Outils de données**, cliquez sur la flèche du bouton **Analyse de scénario**, cliquez sur la commande *Gestionnaire de scénarios...*, puis cliquez sur le bouton [Synthèse].

  ❶ Choisissez entre une Feuille de synthèse et un tableau croisé dynamique, ❷ spécifiez les cellules résultantes que vous voulez visualiser dans la synthèse, cliquez sur [OK].

Excel crée une feuille *Synthèse de scénarios* et y place la synthèse de vos divers scénarios.

	Valeurs actuelles	Hypothèse 1	Hypothèse 2	Hypothèse 3	Origine
Synthèse de scénarios					
Cellules variables :					
Ventes_1	250	200	250	280	210
Ventes_2	170	140	170	200	150
Cellules résultantes :					
Marge	303	245	303	347	260
Résultat	98	40	98	142	55

La colonne Valeurs actuelles affiche les valeurs des cellules variables au moment de la création du rapport de synthèse. Les cellules variables de chaque scénario se situent dans les colonnes grisées.

TABLES DE DONNÉES (D'HYPOTHÈSES)

Cette fonction (appelée table d'hypothèses dans les versions antérieures d'Excel) vous permet de représenter dans un tableau les résultats d'une formule selon différentes valeurs d'une ou deux variables de la formule.

TABLE DE DONNÉES À SIMPLE ENTRÉE (FORMULE À UNE VARIABLE)

L'exemple suivant est un tableau qui calcule la mensualité de remboursement mensuel d'un emprunt (fonction VPM : valeur des paiements), en faisant varier les taux d'intérêt.

Saisissez les données et la formule de calcul, puis les valeurs d'hypothèse :

- Saisissez les données utilisées par la formule, ici ❶ (cellules B3:B5).
- Saisissez la formule =-VPM(B5/12;B4*12;B3) ❷ (dans la cellule B7).
- Saisissez les hypothèses, dans les cellules en colonne D2:D7. Nous faisons varier ici le taux d'intérêt, les hypothèses sont des valeurs de taux d'intérêt.
- Saisissez la formule de la table de données dans la cellule E2, au-dessus des cellules de résultats =-VPM(B5/12;B4*12;B3) ❸, vous pouvez aussi utiliser la formule =B7 puisque cette formule a déjà été saisie en B7.
- Sélectionnez la plage de cellules D2:E8, contenant les valeurs d'hypothèse en colonne, et dans la colonne à droite, les cellules résultats avec la formule au-dessus des cellules résultats.
- Onglet **Données**>groupe **Outils de données**, cliquez sur la flèche du bouton **Analyse de scénarios**, puis sur la commande *Table de données*...
- Dans le dialogue *Table de données* : cliquez dans la zone <Cellules d'entrée en colonne>, puis cliquez sur la cellule B5 qui contient la variable dont les valeurs d'hypothèses ont été saisies.

- Cliquez sur [OK].

Vous pouvez obtenir les résultats de plusieurs formules utilisant les mêmes valeurs d'hypothèses : sélectionnez une plage (ici D2:G8) couvrant plusieurs colonnes, la première colonne contenant les valeurs d'hypothèses, chaque colonne suivante contenant une formule et ses cellules résultats.

	A	B	C	D	E	F	G
1	Montant du remboursement d'un emprunt				Mensualité	Total intérêts	Total remb.
2				Taux	2.628,04	198.047,78	473.047,78
3	Montant de l'emprunt	275.000,00 €		8%	2.628,04	198.047,78	473.047,78
4	Durée du remboursement (année)	15		9%	2.789,23	227.061,96	502.061,96
5	Taux d'intérêt annuel	8%		10%	2.955,16	256.929,53	531.929,53
6				11%	3.125,64	287.615,48	562.615,48
7	Mensualité de remboursement	2.628,04 €		12%	3.300,46	319.083,19	594.083,19
8	Total remboursement	473.047,78 €		13%	3.479,42	351.294,87	626.294,87
9	Total intérêts	198.047,78 €					
10							

TABLE DE DONNÉES À DOUBLE ENTRÉE (FORMULE À DEUX VARIABLES)

L'exemple suivant est un tableau qui calcule la mensualité de remboursement d'un emprunt (fonction VPM) en faisant varier la durée et le taux d'intérêt (deux séries de valeurs d'hypothèses).

Saisissez le modèle :

- Saisissez les données utilisées par la formule, ici ❶ (cellules B3:B5).
- Saisissez la formule =-VPM(B5/12;B4*12;B3) ❷ (cellule B7).

Saisissez les données dans la table de données :

- Les valeurs d'hypothèse de la première colonne (plage D3:D7) : les durées en années.
- Les valeurs d'hypothèse de la première ligne (plage E2:I2) : les taux d'intérêt annuel.
- La formule dans la première cellule (cellule D2) : =-VPM(B5/12;B4*12;B3) ❸, vous pouvez aussi utiliser la formule =B7 puisque cette formule a déjà été saisie en B7.

Effectuez le calcul de la table de données :

- Sélectionnez la plage de la table de données (D2:I7) puis sous l'onglet **Données**>groupe **Outils de données**, cliquez sur le bouton **Analyse de scénario**, puis sur la commande *Table de données...*
- Dans le dialogue *Table de données* :
- Cliquez dans la zone <Cellules d'entrée en ligne> puis cliquez sur la cellule B5 variable dont les valeurs d'hypothèses ont été saisies en ligne.
- Cliquez dans la zone <Cellule d'entrée en colonne> puis cliquez sur la cellule B4 variable dont les valeurs ont été saisies en colonne dans la table de données.

- Cliquez sur [OK].

	A	B	C	D	E	F	G	H	I
1	Montant du remboursement d'un emprunt								
2				2.279,39 €	4,0%	4,5%	5,0%	5,5%	6,0%
3	Montant de l'emprunt	275.000,00 €		12	2407,70	2475,02	2543,45	2612,97	2683,59
4	Durée du remboursement (année)	14		13	2263,57	2331,65	2400,91	2471,37	2542,99
5	Taux d'intérêt annuel	5%		14	2140,45	2209,28	2279,39	2350,77	2423,40
6				15	2034,14	2103,73	2174,68	2246,98	2320,61
7	Mensualité de remboursement	2.279,39 €		16	1941,49	2011,83	2083,62	2156,84	2231,45

SOLVEUR

Le solveur permet de trouver les valeurs de plusieurs cellules variables, permettant à une formule d'atteindre une valeur définie, maximale ou minimale, en respectant des contraintes.

Il faut avoir installé le solveur. Pour cela, cliquez sur l'onglet **Fichier**, puis sur **Options**, sélectionnez la rubrique *Compléments*. Dans le panneau de droite, dans la zone <Gérer>, sélectionnez *Compléments*, puis cliquez sur le bouton [Atteindre], puis dans le dialogue *Macro complémentaires* : cochez <☑ Complément solveur>, cliquez sur [OK] pour installer ce complément.

EXEMPLE DE PROBLÈME

Un produit, fabriqué dans trois usines, est envoyé dans trois magasins régionaux et le coût d'expédition est fonction de la distance. Il s'agit de minimiser le coût d'expédition total (B16), en respectant :

- les exigences d'approvisionnement des magasins : la quantité livrée est supérieure ou égale à la quantité demandée (C3:E3≤C9:E9) ;
- les contraintes de capacité des usines : la quantité fabriquée est inférieure à la capacité (B6:B8≤ B13:B15) ;
- les variables à calculer sont les quantités expédiées qui doivent être positives (C6:E8≥0).

- Construisez le modèle comme ci-dessous :

	A	B	C	D	E
1			Demande des magasins		
2			Mantes	Toulon	Bastia
3			250	240	340
4			Quantités expédiées de l'u.		
5	Usines :	Expéditions	Mantes	Toulon	Bastia
6	Marseille	=SOMME(C6:E6)	30	30	30
7	Paris	=SOMME(C7:E7)	30	30	30
8	Brest	=SOMME(C8:E8)	30	30	30
9	Total expédié	=SOMME(B6:B8)	=SOMME(C6:C8)	=SOMME(D6:D8)	=SOMME(E6:E8)
10					
11			Cout unitaire d'expédition		
12	Usines :	capacité	Mantes	Toulon	Bastia
13	Marseille	300	10	5	4
14	Paris	270	6	3	6
15	Brest	280	3	5	9
16	Cout expédition	=SOMME(C16:E16)	=SOMME(C6:C8*C13:C15)	=SOMME(D6:D8*D13:D15)	=SOMME(E6:E8*E13:E15)

	A	B	C	D	E	F
1			Demande des magasins			
2			Mantes	Toulon	Bastia	
3			250	240	340	
4			Quantités expédiées de l'usine x à l'entrepôt y			
5	Usines :	Expéditions	Mantes	Toulon	Bastia	
6	Marseille	90	30	30	30	
7	Paris	90	30	30	30	
8	Brest	90	30	30	30	
9	Total expédié	270	90	90	90	
10						
11			Cout unitaire d'expédition usine x à entrepôt y			
12	Usines :	capacité	Mantes	Toulon	Bastia	
13	Marseille	300	10	5	4	
14	Paris	270	6	3	6	
15	Brest	280	3	5	9	
16	Cout expédition	1530	570	390	570	
17						

RÉSOUDRE PAR LE SOLVEUR

- Sous l'onglet **Données**>groupe **Analyse**, cliquez sur le bouton **Solveur**, le dialogue *Paramètres du solveur* s'affiche.
  - Spécifiez la cellule cible (B16) à définir en cherchant à la minimiser <⊙ Min>.
  - Dans la zone <Cellules variables> : spécifiez la plage C6:E8.
  - Dans la zone <Contraintes > : ajoutez les contraintes en cliquant sur le bouton [Ajouter].
- Cliquez sur [Résoudre] pour essayer de trouver une solution optimale.
- Le dialogue *Résultat du solveur* s'affiche, dans lequel Excel propose de choisir entre garder la solution ou rétablir les valeurs d'origine, indiquez votre choix et cliquez sur [OK].

OPTIONS DE RÉSOLUTION

Le bouton [Options...] permet de contrôler la résolution : si une solution optimale n'est pas trouvée au bout du temps de résolution ou du nombre d'itérations, Excel propose de continuer ou de se contenter de la solution approchée.

POUR AMÉLIORER VOTRE EFFICACITÉ

2

COMMENTAIRES

Un commentaire est un texte de remarque associé à une cellule, s'affichant dans une bulle lorsque vous amenez le pointeur sur la cellule. Pour être distinguées, les cellules possédant un commentaire ont un petit rectangle rouge dans leur coin supérieur droit.

AJOUTER UN COMMENTAIRE

- Cliquez droit dans la cellule à commenter, puis sur la commande *Insérer un commentaire*, ou Onglet **Révision**>groupe **Commentaires**, cliquez sur le bouton **Nouveau commentaire ❶**.
- Dans la bulle, saisissez le texte du commentaire, la touche ⏎ sert à passer à la ligne dans le commentaire. Vous pouvez formater les caractères en utilisant les boutons **Gras**, *Italique*… sous l'onglet **Accueil**>groupe **Police**, terminez en cliquant en dehors de la bulle.

AFFICHER LES COMMENTAIRES

- Pour afficher temporairement le commentaire : il suffit de positionner le pointeur sur la cellule dotée d'un triangle rouge dans son coin supérieur droit.
- Pour conserver l'affichage du commentaire en permanence ou pour le masquer à nouveau : cliquez droit sur la cellule, puis sur *Afficher/Masquer les commentaires*, ou cliquez sur **Afficher/masquer le commentaire ❷**.
- Pour afficher en permanence tous les commentaires : Onglet **Révision**>groupe **Commentaires**, cliquez sur le bouton **Afficher tous les commentaires ❸**.

MODIFIER LE TEXTE D'UN COMMENTAIRE

- Cliquez droit dans la cellule, puis sur la commande contextuelle *Modifier le commentaire*, ou Onglet **Révision**>groupe **Commentaires**, cliquez sur le bouton **Modifier le commentaire ❹**.
- Dans la bulle, effectuez les modifications dans le cadre, terminez en cliquant hors de la bulle.

SUPPRIMER UN COMMENTAIRE

- Cliquez droit sur la cellule, puis sur la commande contextuelle *Effacer le commentaire*, ou Onglet **Révision**>groupe **Commentaires**, cliquez sur le bouton **Supprimer ❺**.

METTRE EN FORME UN COMMENTAIRE

- Procédez comme pour modifier le commentaire, puis cliquez droit sur le pourtour de la bulle du commentaire, puis sur la commande contextuelle *Format de commentaire*, définissez le formatage, validez par [OK].

PASSER D'UN COMMENTAIRE À L'AUTRE

- Cliquez sur le bouton **Suivant** ou **Précédent ❻** fait passer d'un commentaire à un autre dans tout le classeur.

IMPRIMER LES COMMENTAIRES AVEC LA FEUILLE

- Affichez les commentaires, puis sous l'onglet **Mise en page**>groupe **Mise en page**, cliquez sur le **Lanceur** du groupe. Sous l'onglet *Feuille*, dans la zone <Commentaires> : sélectionnez *Tel que sur la feuille* ou *À la fin de la feuille*, puis cliquez sur [Imprimer…].

RECHERCHER ET REMPLACER

Vous pouvez retrouver une chaîne de caractères dans la feuille et la remplacer éventuellement par une autre. La recherche peut porter sur une plage de cellules ou sur la feuille entière, et même dans tout le classeur.

RECHERCHER

- Sélectionnez la plage de cellules ou cliquez sur une cellule (pour chercher dans toute la feuille). Puis, ⌨Ctrl+F ou Onglet **Accueil**>groupe **Édition**, cliquez sur le bouton **Rechercher et sélectionner**, puis sur la commande *Rechercher...*
- Cliquez sur [Options»] pour afficher les options.

- Dans la zone <Rechercher> : saisissez le texte ou le nombre à chercher, ou sélectionnez une recherche récente (vous pouvez utiliser les caractères génériques * et ?).
- <Dans> : sélectionnez *Feuille/Classeur* comme domaine de recherche.
- Cliquez sur [Rechercher tout] : liste toutes les occurrences trouvées au bas du dialogue. Vous pouvez cliquer sur une ligne de la liste pour sélectionner la cellule dans la feuille.
- Cliquez sur [Suivant] : sélectionne dans la feuille l'occurrence trouvée suivante.
- Cliquez sur [Fermer] ou Echap pour fermer le dialogue.

Rechercher un formatage

Vous pouvez rechercher dans les cellules ayant une mise en forme particulière :

- Cliquez sur [Format...] et spécifiez le format dans le dialogue *Rechercher le format*.

Pour rechercher dans les cellules ayant la même mise en forme qu'une cellule :

- Cliquez sur la flèche du bouton [Format...], puis sur la commande *Choisir le format à partir de la cellule...*, puis cliquez dans la feuille sur la cellule ayant la mise en forme voulue.

Pour effacer cette recherche de formatage :

- Cliquez sur la flèche du bouton [Format] puis sur la commande *Effacer la recherche de format*.

Rechercher sur les formules, les valeurs ou les commentaires

- Dans la zone <Regarder dans> : sélectionnez *Formules/Valeurs/Commentaires*.

Formules	recherche dans les valeurs saisies et dans les formules.
Valeurs	recherche dans les valeurs saisies et dans les résultats des formules.
Commentaires	recherche seulement dans les commentaires associés aux cellules.

RECHERCHER ET REMPLACER

Choisir le sens de la recherche par ligne ou par colonne

- Dans la zone <Sens> : sélectionnez *Par ligne* ou *Par colonne*.

  Lignes recherche de gauche à droite dans la première ligne de la sélection et ainsi de suite dans les lignes au-dessous.

  Colonnes recherche de haut en bas dans la première colonne de la sélection puis dans les colonnes à droite.

Distinguer majuscules et minuscules

Pour opérer une distinction entre majuscules et minuscules dans le cadre de la recherche :

- Cochez la case <☑ Respecter la casse>.

Rechercher l'expression exacte

Pour rechercher l'expression exacte telle qu'elle est apparaît dans la zone Rechercher :

- Cochez la case <☑ Totalité du contenu de la cellule>.

RECHERCHER ET REMPLACER

- Sélectionnez la plage de cellules ou cliquez sur une cellule (pour chercher dans toute la feuille). Puis, Ctrl +H ou Onglet **Accueil**>groupe **Édition**, cliquez sur le bouton **Rechercher et sélectionner**, puis sur la commande *Remplacer...* Cliquez sur [Options≫] pour afficher les options.

L'onglet *Remplacer* reprend la plupart des champs de l'onglet *Rechercher*, plus les options :

- <Regarder dans> : seule *Formules* est autorisé.
- <Remplacer par> : saisissez les caractères qui remplaceront ceux de la zone <Rechercher>.
- [Remplacer tout] : remplace toutes les occurrences trouvées.
- [Remplacer] : remplace l'occurrence sélectionnée et passe à l'occurrence suivante et s'arrête.

Supprimer les occurrences d'une chaîne de caractères

- Dans la zone <Rechercher> : saisissez la chaîne de caractères à supprimer.
- Dans la zone <Remplacer par> : effacez le contenu.
- Cliquez sur [Remplacer tout] pour supprimer toutes les occurrences trouvées.

Recherche et remplacement de formatage

- En regard de la zone <Rechercher> : cliquez sur [Format...], spécifiez le format à remplacer.
- En regard de la zone <Remplacer par> : cliquez sur [Format...], spécifiez le format de remplacement.
- Cliquez sur [Remplacer tout] ou [Remplacer].

VÉRIFIER L'ORTHOGRAPHE

VÉRIFIER ET CORRIGER

- Sélectionnez la plage de cellules ou cliquez sur une cellule (pour chercher dans toute la feuille).
- F7 ou Onglet **Révision**>groupe **Vérification**, cliquez sur le bouton **Orthographe**.

Le dialogue du vérificateur d'orthographe s'ouvre dès qu'un terme inconnu absent du dictionnaire est rencontré, ce mot est inscrit dans la zone <Absent du dictionnaire>.

- Saisissez l'orthographe correcte dans la zone <Absent du dictionnaire> ou sélectionnez un mot de remplacement dans la liste de la zone <Suggestions>, puis cliquez sur l'un des boutons.
- [Remplacer] : remplace l'occurrence du mot mal orthographié et passe au suivant, ou [Remplacer tout] : remplace toutes les occurrences du mot mal orthographié.

Rôle des autres boutons

- – [Ignorer] : laisse le mot inchangé mais n'ignore pas ce mot dans les vérifications futures.
- – [Ignorer tout] : laisse le mot inchangé et ignore ce mot dans les vérifications futures.
- – [Ajouter au dictionnaire] : ajoute le mot au dictionnaire personnel choisi sous [Options...].
- – [Correction automatique] : ajoute le mot absent et sa correction aux corrections automatiques.
- – [Options...] : modifier les options, ignorer les mots en majuscules ou contenant des chiffres, les chemins d'accès aux fichiers, marquer les mots répétés et choisir le dictionnaire personnel.

LES CORRECTIONS AUTOMATIQUES

La fonction Correction automatique corrige lors de la saisie des fautes de frappe ou d'orthographe. Elle permet aussi d'insérer par une abréviation des symboles et des textes. Cette fonction utilise une liste de fautes d'orthographe et de symboles classiques. Vous pouvez modifier cette liste.

- Cliquez sur le bouton [Options...], puis sur le bouton [Options de correction automatique] dans le panneau de droite.
- – <☑ Correction en cours de frappe> est cochée par défaut.
- Pour ajouter une correction automatique : ❶ saisissez le mot à remplacer ou l'abréviation, ❷ saisissez le mot ou le texte de remplacement ou collez le symbole, cliquez sur [Ajouter].
- Pour supprimer une correction automatique : sélectionnez-la puis cliquez sur [Supprimer].

GÉNÉRER UNE SÉRIE

Il s'agit de générer dans une plage de cellules les valeurs des termes successifs d'une série.

REMPLISSAGE AUTOMATIQUE DES CELLULES VOISINES

- Entrez la première valeur dans une cellule, puis sélectionnez cette cellule, puis faites glisser la poignée de recopie (carré noir situé dans le coin inférieur droit de la cellule) sur la plage à remplir automatiquement avec des valeurs incrémentées.

Quelques exemples de valeurs utilisables :

- 01:00   génère : 02:00   03:00   04:00   05:00
- 01/10/2008 génère : 02/10/2008   03/10/2008   04/10/2008   05/10/2008
- Lundi   génère : Mardi   Mercredi   Jeudi   Vendredi
- Janvier   génère : Février   Mars   Avril   Mai
- Texte 1   génère : Texte 2   Texte 3   Texte 4   Texte 5

> Le remplissage automatique n'incrémente que les données reconnues par Excel, comme les nombres, les dates et les références aux cellules. Si Excel ne reconnaît pas les données, le remplissage automatique fait une copie simple de celles-ci. Mais pour traiter ce cas, vous pouvez créer vos propres listes personnalisées dans les options Excel.

Il est possible de préciser la valeur de l'incrément (le pas) en entrant les deux valeurs de départ.

- Entrez les deux premières valeurs dans deux cellules successives, puis sélectionnez ces deux cellules, puis faites glisser la poignée de recopie sur la plage à remplir automatiquement.

La balise permet de copier on non la mise en forme.

GÉNÉRER UNE SÉRIE À L'AIDE D'UN DIALOGUE

- Entrez la valeur de départ dans une cellule, cliquez sur cette cellule, puis sous l'onglet **Accueil**>groupe **Edition** cliquez sur le bouton **Remplissage**, puis sur la commande *Série...*

❶ Cochez série en <Lignes> ou en <Colonnes>.

❷ Cochez le type de série, <Linéaire> : la valeur du pas est ajoutée, <Géométrique> : la valeur est multipliée par le pas, <Chronologique> : pour des dates, <Recopie incrémentée>.

❸ Cochez l'unité de temps (si chronologique) : <Jour>, <Jour ouvré>, <Mois>, <Année>.

❹ Spécifiez la valeur du pas (l'incrément) et la dernière valeur.

- Cliquez sur [OK].

> Pour générer des mois, inscrivez le premier jour du premier mois dans la cellule, choisissez le type <⊙ Date>, l'unité de temps <⊙ Mois> et l'incrément 1. Pour générer une série de jours ouvrés, le type <⊙ Date>, l'unité de temps <⊙ Jour ouvré> et l'incrément 1.

LISTES PERSONNALISÉES

Cette fonction permet de créer des listes de libellés de tableau et de les enregistrer afin de pouvoir les réutiliser régulièrement et rapidement.

CRÉER UNE LISTE PERSONNALISÉE

- Cliquez sur l'onglet **Fichier**, puis sur Options. Sélectionnez *Options avancées* puis dans le panneau de droite de la fenêtre, sous la barre de section Général, cliquez sur [Modifier les listes personnalisées...].

- ❶ Sélectionnez *Nouvelle liste*.
- ❷ Saisissez les divers éléments de la liste séparés par ⏎.
- ❸ Cliquez sur [Ajouter].
- Cliquez sur [OK].

IMPORTER UNE LISTE PERSONNALISÉE

- Saisissez la liste dans une partie de la feuille de calcul, sélectionnez cette liste.

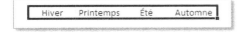

- Cliquez sur l'onglet **Fichier**, puis sur **Options**. Sélectionnez options avancées, puis dans le panneau de droite de la fenêtre, cliquez sur [Modifier les listes personnalisées...] puis sur [Importer]. Terminez en cliquant sur [OK]. Revenez à la feuille de calcul.

MODIFIER OU SUPPRIMER UNE LISTE PERSONNALISÉE

- Pour modifier une liste personnalisée : ❶ cliquez sur la liste, ❷ modifiez-la, cliquez sur [OK].
- Pour supprimer une liste personnalisée : ❶ cliquez sur la liste, puis sur le bouton [Supprimer].

UTILISER UNE LISTE PERSONNALISÉE

- Entrez dans une cellule un item de la liste, cliquez sur la cellule, faites glisser la poignée de recopie, puis relâchez le bouton de la souris.

MISE EN FORME CONDITIONNELLE

La mise en forme conditionnelle permet de distinguer des cellules par leur apparence visuelle en raison des valeurs qu'elles contiennent.

MISE FORME CONDITIONNELLE PRÉDÉFINIE

- Sélectionnez la plage de cellules à mettre en forme, sous l'onglet **Accueil**>groupe **Style** cliquez sur le bouton **Mise en forme conditionnelle**, puis sélectionnez la catégorie.

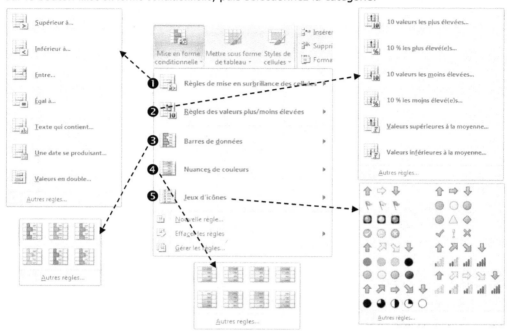

❶ Surbrillance selon la comparaison à des valeurs particulières : choisissez une des règles puis spécifiez les valeurs de comparaison et sélectionnez une surbrillance dans une liste de choix.

❷ Surbrillance selon la situation par rapport aux autres valeurs : choisissez une des règles puis sélectionnez une surbrillance dans une liste de choix.

❸ Affiche une barre de couleur proportionnelle à la valeur : choisissez la couleur des barres ou sélectionnez *Autres règles...* pour définir votre couleur.

❹ Met en évidence à l'aide de dégradés de couleurs selon la valeur des cellules : choisissez un jeu de couleurs, ou sélectionnez *Autres règles...* pour définir votre nuance de couleur.

❺ Affiche dans chaque cellule une icône situant la valeur par rapport à celle de la plage, sélectionnez un jeu d'icônes ou sélectionnez *Autres règles* pour définir votre jeu d'icônes.

Lorsque vous êtes en train de modifier les paramètres de mise en évidence dans une règle, le résultat s'affiche directement sur la feuille de calcul, avant même que vous ayez validé.

CRÉER VOS RÈGLES DE MISE EN FORME CONDITIONNELLE

- Sélectionnez la plage de cellules à mettre en forme.
- Sous l'onglet **Accueil**>groupe **Style**, cliquez sur le bouton **Mise en forme conditionnelle**, puis sur la commande *Nouvelle règle...* Le dialogue *Nouvelle règle de mise en forme* s'affiche.
- Dans la zone <Sélectionnez un type de règle> : sélectionnez l'un des types de règles proposés.
- Dans la zone <Modifier la description de la règle> : définissez votre règle.

MISE EN FORME CONDITIONNELLE

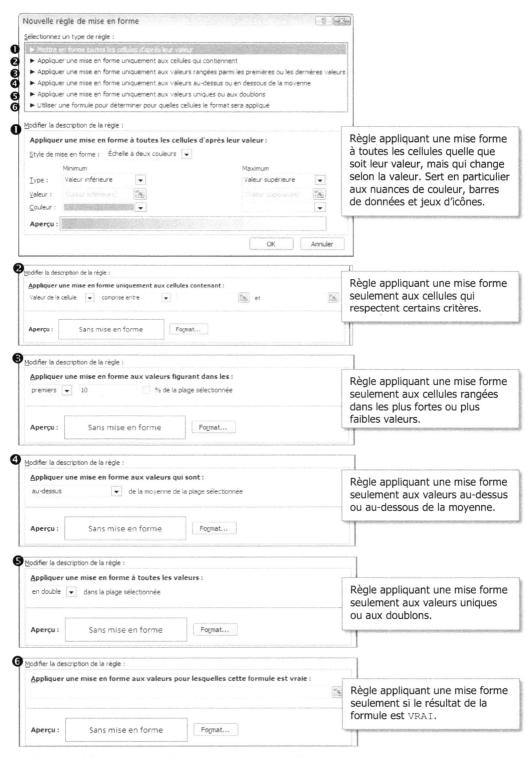

Règle appliquant une mise forme à toutes les cellules quelle que soit leur valeur, mais qui change selon la valeur. Sert en particulier aux nuances de couleur, barres de données et jeux d'icônes.

Règle appliquant une mise forme seulement aux cellules qui respectent certains critères.

Règle appliquant une mise forme seulement aux cellules rangées dans les plus fortes ou plus faibles valeurs.

Règle appliquant une mise forme seulement aux valeurs au-dessus ou au-dessous de la moyenne.

Règle appliquant une mise forme seulement aux valeurs uniques ou aux doublons.

Règle appliquant une mise forme seulement si le résultat de la formule est VRAI.

- Après avoir défini la règle, validez en cliquant sur [OK].

MISE EN FORME CONDITIONNELLE

GÉRER LES RÈGLES DE MISE EN FORME CONDITIONNELLE

Plusieurs règles de mise en forme conditionnelle peuvent être combinées sur une même cellule. Si plusieurs règles sont contradictoires pour une valeur de cellule, le format appliqué est celui de la dernière règle définie dont les critères sont satisfaits. Mais vous pouvez changer les priorités.

- Sélectionnez une cellule sur laquelle s'appliquent plusieurs mises en forme conditionnelles.
- Onglet **Accueil**>groupe **Style** cliquez sur le bouton **Mise en forme conditionnelle**, puis sur la commande *Gérer les règles...*. Le dialogue *Gestionnaire des règles de mise en forme conditionnelle* s'affiche.

Le dialogue affiche les règles de mise en forme pour la sélection actuelle ou pour la feuille actuelle ou pour le classeur. Les règles situées en haut de la liste sont prioritaires par rapport à celles qui les suivent : en cas de conflit pour une valeur, c'est la règle prioritaire qui s'applique.

- Pour créer une nouvelle règle : cliquez sur [Nouvelle règle...] qui affiche le dialogue *Nouvelle règle*. Une fois la règle définie, il faut sélectionner la plage sur laquelle elle s'applique.
- Pour modifier une règle : double-cliquez sur la règle ou sélectionnez la règle puis cliquez sur le bouton [Modifier la règle...].
- Pour monter ou descendre la priorité d'une règle : sélectionnez la règle, puis cliquez sur le bouton ⬆ *Monter* ou ⬇ *Descendre*.
- Pour supprimer une règle : sélectionnez la règle, puis cliquez sur [Supprimer la règle].

L'évaluation des règles se fait dans l'ordre prioritaire, vous pouvez arrêter l'évaluation à une règle si vous cochez la case <☑ Interrompre si vrai>.

- Cliquez sur [OK] pour valider.

EFFACER LES RÈGLES DE MISE EN FORME CONDITIONNELLE

- Onglet **Accueil**>groupe **Style**, cliquez sur le bouton **Mise en forme conditionnelle**, puis sur la commande *Effacer les règles...* Puis sélectionnez :
- *Cellules sélectionnées* : efface les règles pour les cellules sélectionnées.
- *Feuille entière* : efface les règles pour toutes les cellules de la feuille active.
- *Ce tableau* : efface les règles pour toutes les cellules du tableau actif.
- *Ce tableau croisé dynamique* : efface les règles pour toutes les cellules du tableau croisé dynamique actif.

COPIER UNE MISE EN FORME CONDITIONNELLE SUR D'AUTRES CELLULES

- Sélectionnez la cellule ayant cette mise en forme conditionnelle, puis sous l'onglet Accueil>groupe **Presse-papiers**, cliquez sur le bouton **Copier**. Sélectionnez les cellules sur lesquelles vous voulez appliquer la mise en forme conditionnelle, puis cliquez sur la flèche du bouton **Coller**, cochez uniquement et exclusivement la case <☑ Formats> (les autres cases ne doivent pas être cochées), cliquez sur [OK].

UTILISER DES LIENS HYPERTEXTES

Un lien hypertexte permet un accès immédiat, à partir du classeur en cours, à un classeur existant ou à un nouveau classeur, à un autre emplacement dans le classeur en cours, à un document créé à l'aide d'une autre application, à une page Web ou à une adresse e-mail.

Un lien hypertexte apparaît dans le classeur sous la forme d'un texte de couleur bleue et souligné, ou bien sous la forme d'une image : il suffira de cliquer dessus pour afficher l'élément associé.

UTILISER UN LIEN HYPERTEXTE

Afficher l'adresse associée au lien

- Sans cliquer, amenez le pointeur sur le lien. Une infobulle affiche l'adresse associée au lien.

Suivre un lien hypertexte

- Cliquez sur le lien. La couleur d'un lien qui a été visité change en violet.
  La mise en forme des liens est définie par les styles prédéfinis, *Lien hypertexte* et *Lien Hypertexte visité*.

Sélectionner la cellule ou l'image du lien hypertexte sans activer le lien

- Si le lien est dans une cellule : cliquez sur le lien en maintenant la pression sur le bouton droit de la souris, jusqu'à ce que le pointeur se transforme en une croix ⇧. Ou utilisez les touches fléchées pour amener le curseur de cellule sur le lien.
- Si le lien est associé à une image : maintenez appuyée la touche [Ctrl] en cliquant sur l'image.

CRÉER UN LIEN HYPERTEXTE VERS UN AUTRE DOCUMENT

- Cliquez sur la cellule qui va contenir le lien puis appuyez sur [Ctrl]+K, ou
  sous l'onglet **Insertion**>groupe **Liens**, cliquez sur le bouton **Lien Hypertexte**, ou
  cliquez droit sur la cellule puis sur la commande contextuelle *Lien hypertexte*.

Le dialogue *Insérer un lien hypertexte* s'affiche.

- Dans la zone <Lier à > ❶ : cliquez sur le bouton *Fichier ou Page Web existant(e)*.

❷ Sélectionnez le dossier contenant le fichier.

❸ Sélectionnez le nom du fichier.

❹ Saisissez le texte du lien qui apparaîtra dans la cellule.

- Validez par [OK].

UTILISER DES LIENS HYPERTEXTES

Lien vers un emplacement dans un classeur Excel, un document Word ou PowerPoint

- Pour créer un lien vers une cellule d'un classeur Excel par son adresse ou son nom : sélectionnez le fichier classeur Excel, puis cliquez sur le bouton [Signets...], sélectionnez l'adresse de cellule ou le nom de cellule/plage, cliquez sur [OK].

- Pour créer un lien vers un signet d'un document Word : sélectionnez le document puis dans la zone <Adresse> ❻ : après le nom du fichier, tapez # suivi du nom du signet, par exemple : `D:\Tsoft\Manuel Excel.docx#Consolider`.

- Pour créer un lien vers une diapositive PowerPoint : sélectionnez le fichier PowerPoint, puis dans la zone <Adresse> ❻ : après le nom du fichier, tapez # suivi du numéro de la diapositive après le nom de fichier, par exemple : `D:\Tsoft\Show.pptx#12`.

CRÉER UN LIEN VERS UN EMPLACEMENT DU CLASSEUR ACTIF

- Procédez comme précédemment, mais dans le dialogue *Insérer un lien hypertexte* : dans la zone <Lier à >❶, cliquez sur l'icône *Emplacement dans ce document*.

- Saisissez la référence de la cellule ou sélectionnez un nom défini. Validez par [OK].

CRÉER UN LIEN VERS UNE PAGE WEB

- Procédez comme précédemment (illustration page précédente). Dans le dialogue *Insérer un lien hypertexte*, dans la zone <Lier à >, cliquez sur l'icône *Fichier ou Page Web existant(e)* ❶.

- Effectuez une des actions suivantes :

- Cliquez sur le bouton 🔍 *Naviguer sur le web* ❷, la fenêtre de votre navigateur s'ouvre. Naviguez jusqu'à la page que vous souhaitez puis réduisez la fenêtre de votre navigateur. L'adresse de la page Web affichée dans le navigateur est inscrite automatiquement dans la zone <Adresse>.

- Dans la zone <Adresse> : saisissez l'adresse (URL) de la page Web.

- Cliquez sur le bouton *Pages parcourues* pour sélectionner la page parmi la liste des dernières pages ayant été consultées.

- Validez par [OK].

UTILISER DES LIENS HYPERTEXTES

CRÉER UN LIEN VERS UN DOCUMENT QUI N'EXISTE PAS ENCORE

- Procédez comme précédemment, mais dans le dialogue *Insérer un lien hypertexte*, dans la zone <Lier à >, cliquez sur l'icône *Créer un document*.

- Saisissez un nom pour le document, spécifiez le chemin d'accès d'enregistrement du nouveau document, saisissez un texte pour le lien, indiquez si vous voulez créer le nouveau document maintenant ou ultérieurement, cliquez sur [OK].

CRÉER UN LIEN VERS UNE ADRESSE DE MESSAGERIE

- Procédez comme précédemment, mais dans le dialogue *Insérer un lien hypertexte*, dans la zone <Lier à >, cliquez sur l'icône *Adresse de messagerie*.

- Saisissez le texte du lien, renseignez l'adresse de messagerie du destinataire du message, saisissez l'objet du message, cliquez sur [OK].

 Vous pouvez sélectionner une adresse parmi les adresses de messagerie utilisées récemment qui sont listées dans la zone <Adresses de messagerie récemment utilisées>.

Lorsqu'un utilisateur cliquera sur ce lien, la fenêtre de création de message de son programme de messagerie sera ouverte avec l'adresse du destinataire et l'objet du message déjà renseignés.

MODIFIER LES CARACTÉRISTIQUES D'UN LIEN

- Cliquez droit sur le lien, puis cliquez sur *Modifier le lien hypertexte* pour réafficher le dialogue de définition du lien, modifiez ses caractéristiques, cliquez sur [OK].

SUPPRIMER UN LIEN

- Cliquez droit sur le lien, puis cliquez sur *Supprimer le lien hypertexte*.

Le texte du lien reste dans la cellule, mais le lien est supprimé.

Vous pouvez automatiser les tâches répétitives par la création de macros. Une macro est une série d'actions enregistrées que vous pouvez exécuter à volonté. Lors de l'enregistrement d'une macro, les actions sont converties par Excel en une suite d'instructions VBA (*Visual Basic Application*) qui sont enregistrées dans une feuille de type Module dans un classeur.

Les macros enregistrées dans le classeur de macros personnelles, `Personal.xlsb`, sont disponibles au lancement d'Excel. Ce classeur est généré dans le dossier : `C:\Users\nom_user\Application Data\Roaming\Microsoft\Excel\XLStart`, lorsque que vous y créez une macro pour la première fois (voir ci-dessous). Ce classeur est ouvert automatiquement au lancement d'Excel, mais il n'est pas visible car c'est un classeur masqué par défaut.

Pour afficher l'onglet **Développeur** : cliquez sur l'onglet **Fichier**, puis sur **Options**. Sélectionnez la rubrique *Personnaliser le ruban*, cochez l'onglet principal<☑ Développeur>, validez par [OK].

CRÉER UNE MACRO

- Cliquez sur l'icône ▫ *Enregistrer une macro*, situé à gauche de la barre d'état, ou
  Onglet **Développeur**>groupe **Code**, cliquez sur le bouton **Enregistrer une macro**.

❶ Saisissez le nom de la macro (pas d'espace dans le nom mais vous pouvez utiliser _).
❷ Attribuez un raccourci clavier.
❸ Sélectionnez l'emplacement de stockage de la macro : *Classeur de macros personnelles* (`Personal.xlsb`)/*Nouveau classeur*| *Ce classeur*.
❹ Vous pouvez saisir un descriptif.

- Validez par [OK].
- Effectuez les actions qui vont constituer la macro.
- Dans la barre d'état, cliquez sur l'icône ▫ *Arrêter l'enregistrement,* ou
  Onglet **Développeur**>groupe **Code**, cliquez sur le bouton **Arrêter l'enregistrement**.

Si vous avez choisi de stocker les macros dans le classeur actuel et que le format est `.xlsx`, au moment d'enregistrer le classeur, un message vous informe que ce format (standard d'Excel 2007) ne peut pas contenir de macro.

- Soit vous supprimez les macros : cliquez sur [Oui], vos macros seront supprimées.
- Soit vous enregistrez le classeur au format `.xlsm` : cliquez sur [Non] puis enregistrez sous le format `.xlsm` via le dialogue *Enregistrer sous...*

UTILISER OU NON LES RÉFÉRENCES RELATIVES

Si la macro doit déplacer le curseur de cellule ou sélectionner à partir de la cellule active, il faut indiquer que les références doivent être relatives :

- Onglet **Développeur**>groupe **Code**, cliquez sur le bouton **Utiliser les références relatives**.

Il s'agit d'un bouton bascule, utilisez le même bouton pour désactiver l'utilisation des références relatives, et rendre le code généré indépendant de la position de la cellule active.

AUTOMATISER AVEC LES MACROS

VISUALISER LE CONTENU DE LA MACRO

- ▣ Alt + F8, ou sous l'onglet **Développeur**>groupe **Code**, cliquez sur le bouton **Macros**, sélectionnez le nom de la macro, cliquez sur [Modifier].

Sont listées les macros des classeurs ouverts. Dans `Personal.xlsb`, placez des macros qui peuvent s'exécuter indépendamment du contexte.

L'éditeur Visual Basic est lancé et la macro affichée.

- ▣ Pour quitter l'éditeur : *Fichier>Fermer et retourner à Microsoft Excel*, ou appuyez sur Alt +Q.

Macro enregistrée dans Personal.xlsb

Si vous voulez visualiser ou modifier une macro stockée dans le classeur de macros personnelles `Personal.xlsb`, il faut commencer par afficher ce classeur qui est masqué.

- ▣ Onglet **Affichage**>groupe **Fenêtre**, cliquez sur le bouton **Afficher**, sélectionnez `Personal.xlsb`, validez par [OK].

🔖 Quand vous quittez l'éditeur Visual Basic, ne refermez pas le classeur `Personal.xlsb`, mais masquez-le : sous l'onglet **Affichage**>groupe **Fenêtre**, cliquez sur le bouton **Masquer**.

EXÉCUTER UNE MACRO

- ▣ Utilisez le raccourci clavier défini à la création de la macro, ou Alt + F8, ou sous l'onglet **Développeur**>groupe **Code**, cliquez sur le bouton **Macros**, sélectionnez le nom de la macro, cliquez sur [Exécuter].

Vous pouvez affecter une macro à un bouton sur la barre d'outils *Accès rapide*.

- ▣ Cliquez sur l'onglet **Fichier**, puis sur **Options**. Sélectionnez *Barre d'outils Accès rapide*, dans la zone <Choisir les commandes dans les catégories suivantes> : sélectionnez *Macros*, sélectionnez la macro et cliquez sur le bouton [Ajouter≫], puis cliquez sur le nom de macro dans la zone de droite puis sur [Modifier], sélectionnez une icône pour la macro, validez par [OK].

LES NIVEAUX DE SÉCURITÉ

Lorsque vous recevez un classeur dont vous ne connaissez pas l'origine, il se peut que des virus y soient présents sous forme de macro. Excel peut vous alerter lorsqu'un classeur contient une macro, vous pouvez régler les paramètres de sécurité Excel pour les macros :

- Onglet **Développeur**>groupe **Code**, cliquez sur le bouton **Sécurité des macros**.

- Sous la section Paramètres des macros, vous avez quatre niveaux de sécurité
- – <⊙ Désactiver toutes les macros sans notification> : toutes les macros sont désactivées.
- – <⊙ Désactiver toutes les macros avec notification> : les macros sont désactivées, mais une alerte vous informe que le classeur contient des macros et vous pouvez les activer.
- – <⊙ Désactiver toutes les macros à l'exception des macros signées numériquement> : exécute les macros signées par un émetteur approuvé (défini dans *Éditeurs approuvés*). Une alerte vous informe si le classeur contient aussi des macros signées d'une source inconnue, dans ce cas vous pouvez décider d'activer ces macros ou d'approuver l'émetteur. Les macros non signées sont désactivées sans notification.
- – <⊙ Activer toutes les macros> : toutes les macros sont exécutées sans notification. Utilisez cette option de façon temporaire pour tester des macros, elle rend votre ordinateur vulnérable.

Signer les macros d'un classeur

Office version 2010 permet aux créateurs de macros de signer numériquement un fichier ou une macro. Le certificat utilisé pour créer cette signature confirme que la macro ou le fichier provient du signataire, et la signature confirme que la macro ou le fichier n'a pas été modifié.

 Un certificat est obtenu auprès d'une autorité de certification ou auprès de l'administrateur de la sécurité informatique de votre entreprise.

- Onglet **Développeur**>groupe **Code**, cliquez sur le bouton **Visual Basic**, dans la fenêtre *Visual Basic*, utilisez la commande *Outils>Signature électronique*.

- Cliquez sur [Choisir...], sélectionnez le certificat, validez par [OK].

Chaque fois qu'une macro ou un fichier signé est modifié, il perd sa signature numérique. Mais si vous disposez du certificat sur votre ordinateur, il est automatiquement signé à nouveau lorsque vous l'enregistrez.

DESSINS, IMAGES ET OBJETS GRAPHIQUES

INSÉRER UNE IMAGE OU UN CLIPART

On peut illustrer un classeur en y insérant des images, des photos ou des cliparts que l'on positionnera ensuite dans la feuille (habillage). Ces images peuvent provenir de diverses sources : elles peuvent être extraites d'un document existant ou d'une page Web, provenir d'un fichier image enregistré, ou encore de la bibliothèque multimédia.

INSÉRER UNE IMAGE OU UN CLIPART

Insérer une image contenue dans un autre document ou une page Web

Le document contenant l'image à récupérer peut être au format Excel ou Word, mais aussi dans un autre format, par exemple une présentation PowerPoint ou une page Web.

- Ouvrez dans son application d'origine le document contenant l'image, cliquez droit sur l'image, puis sur la commande contextuelle *Copier*.
- Basculez vers le classeur Excel, cliquez sur la cellule à l'emplacement où l'image doit être insérée puis, sous l'onglet **Accueil**>groupe **Presse-papiers**, cliquez sur **Coller** ou Ctrl +V.

Insérer une image à partir d'un fichier

- Onglet **Insertion**>groupe **Illustration**, cliquez sur le bouton **Image**, choisissez le dossier contenant le fichier image❶, sélectionnez le fichier image ❷ et cliquez sur [Insérer] ou double-cliquez sur le fichier image (vous pouvez filtrer les fichiers image ❸).

📌 Office 2007 et Office 2010 ne possèdent plus la commande d'Office 2003 qui permettait d'insérer une image directement à partir d'un scanneur, *Insertion>Image>À partir d'un scanneur*. Cependant une commande de la *Bibliothèque multimédia Microsoft* permet de numériser, *Fichier>Ajouts de clips dans la Bibliothèque multimédia>À partir d'un scanneur...*

Insérer un clipart

La Bibliothèque Multimédia de Microsoft Office, fournit des cliparts et autres clips (photographies, films et sons) organisés dans des collections avec des mots-clés associés pour les retrouver.

Dans Excel, vous pouvez ouvrir un volet *Images clipart*, qui permet de rechercher des cliparts dans la bibliothèque multimédia Microsoft en fonction de leurs mots-clés, de les visualiser avant de les insérer dans le classeur.

- Pour ouvrir le volet *Images clipart*, sous l'onglet **Insertion**>groupe **Illustrations**, cliquez sur le bouton **Images clipart**.

INSÉRER UNE IMAGE OU UN CLIPART

- Dans la zone <Rechercher>❶, saisissez un mot-clé pouvant être associé à l'image voulue, cliquez sur [OK].

Les vignettes des cliparts trouvés s'affichent dans la zone ❷, vous pouvez faire défiler les vignettes pour choisir celle que vous souhaitez.

- Cliquez droit sur la vignette du clipart à insérer dans le document, ou cliquez sur la flèche à droite de la vignette, puis sur *Insérer*.
- Vous pouvez élargir la recherche aux collections Web sur Internet (présentes sur le site Microsoft.com) en cochant la case <☑ Inclure le contenu Office.com>. ❸.
- Vous pouvez éliminer de la recherche certains types de clips en décochant les options dans la zone <Les résultats devraient être>❹.

Les mots-clés sont essentiels pour retrouver les clips que vous voulez utiliser. Des mots-clés existent initialement pour chaque clip ; pour ajouter, supprimer ou modifier des mots-clés associés à un clip, cliquez droit sur le clip, puis sur la commande *Modifier les mots-clés*...

LA BIBLIOTHÈQUE MULTIMÉDIA

Bibliothèque Multimédia Microsoft est aussi un programme. Il vous permet d'accéder aux bibliothèques de cliparts fournies et d'ajouter des clips dans vos propres bibliothèques.

- Pour démarrer ce programme, cliquez sur le bouton *Démarrer* de Windows, saisissez `bibli`, puis sélectionnez *Bibliothèque multimédia Microsoft*.

Les collections Office sont fournies avec Microsoft Office, les collections Web donnent accès aux cliparts sur Office.com.

Cliquez sur le signe + qui précède *Collections Office* pour ouvrir la liste des collections, cliquez sur une collection pour voir les images de la collection dans le volet droit de la fenêtre.

Vous pouvez ajouter des clips à la bibliothèque multimédia Microsoft.

- Cliquez sur *Fichier>Ajouts de clips dans la bibliothèque multimédia>Moi-même*. Sélectionnez les images à ajouter, cliquez sur [Ouvrir] pour ajouter les clips

La bibliothèque multimédia ne copie, ni ne déplace les fichiers sur votre disque, elle les laisse à leur emplacement d'origine et crée des raccourcis vers les fichiers dans ses collections. Ces raccourcis servent à afficher l'aperçu d'un fichier, à l'ouvrir ou l'insérer sans avoir à vous rendre à son emplacement.

INSÉRER UNE IMAGE OU UN CLIPART

METTRE EN FORME UNE IMAGE OU UN CLIPART

- Cliquez sur l'image à mettre en forme, puis utilisez les outils du Ruban sous l'onglet contextuel **Outils Image/Format**.

Utiliser les styles d'image

Un style d'image regroupe des effets d'images, de bord de l'image et de forme de l'image.

- Pour appliquer un style prédéfini, cliquez sur la vignette du style d'image dans la galerie, la flèche déroulante ❶ sert à agrandir la fenêtre de la galerie.

Vous pouvez affiner directement ces effets à l'aide des boutons ❷ du groupe **Styles d'image**.

Ajuster la luminosité, le contraste et les couleurs

- Onglet **Outils Image/Format**>groupe **Ajuster**, utilisez les boutons ❸ :
- **Corrections** : pour modifier la luminosité ou le contraste des couleurs.
- **Couleur** : pour recolorier l'image afin de lui donner un ton particulier.
- **Effets artistiques** : pour faire ressembler l'image à une esquisse ou à un dessin.

Régler la compression

Lorsque vous insérez une image dans un classeur Excel, elle est automatiquement compressée au moment de l'enregistrement du fichier, selon l'option Excel <Sortie cible par dafaut> définie sous la rubrique *Options avancées*, section Taille et qualité de l'image.

Vous pouvez modifier cette option, par défaut de 220 ppp, pour l'adapter à l'utilisation prévue du fichier : impression, affichage seulement, envoi électronique. Ou, si la qualité de l'image importe plus que la taille du fichier, vous pouvez indiquer que les images ne doivent pas être compressées.

Vous pouvez aussi changer la compression seulement pour certaines images sélectionnées :

- Onglet **Outils Image/Format**>groupe **Ajuster**, cliquez sur **Compresser les images** ❹.

Ce dialogue sert aussi pour ne pas supprimer les zones que vous avez rognées (elles le sont par défaut) lors de la compression, afin de pouvoir les restaurer.

L'option <Utiliser la résolution du document>, est la sortie cible définie dans les options Excel.

Rogner

Le rognage consiste à supprimer une ou plusieurs parties latérales de l'image. Vous pouvez rogner une photo ou un clipart, mais pas une forme automatique.

- Onglet **Outils Image/Format**>groupe **Taille**, cliquez sur le bouton **Rogner** ⬚, le curseur se transforme en outil de rognage et des poignées de rognage apparaissent autour de l'image.
- Faites glisser les poignées pour rogner la partie de l'image.
- Pour rogner ensemble de façon égale deux côtés opposés : maintenez ⌨Ctrl appuyée en faisant glisser une poignée de l'un de ces côtés.
- Pour rogner ensemble de façon égale les quatre côtés : maintenez ⌨Ctrl appuyée en faisant glisser une des poignées d'angle.

- Pour terminer, cliquez à nouveau sur le bouton ⬚ **Rogner** ou ⌨Echap ou cliquez dans la feuille.

CRÉER UNE ZONE DE TEXTE

CRÉER UNE ZONE DE TEXTE

- Onglet **Insertion**>groupe **Texte**, cliquez sur le bouton **Zone de texte**, tracez la zone de texte dans la feuille et saisissez le texte.
- Pour définir la taille et la police des caractères : sélectionnez les caractères, puis utilisez les outils du Ruban sous l'onglet **Accueil**>groupe **Police** ou la minibarre d'outils.
- Pour positionner la zone : amenez le pointeur sur le contour, et faites-le glisser.
- Pour ajuster la zone à la taille des caractères : cliquez droit sur la zone, puis sur *Format de la forme*, cliquez sur la catégorie *Zone de texte* et cochez <☑ Ajuster la forme au texte>.

Il est possible de créer une zone de texte directement avec un style WordArt :

- Onglet **Insertion**>groupe **Texte**, cliquez sur le bouton **WordArt**. Dans la galerie, cliquez sur une vignette, la zone de texte est créée avec l'effet choisi. Saisissez votre texte.

 Aventure lointaine

UTILISER LES STYLES WordArt

WordArt sert à créer des effets décoratifs sur les caractères.

- Cliquez sur la zone de texte, le contour apparaît en pointillé, cliquez sur le contour pour sélectionner toute la zone. Cliquez sur l'onglet contextuel **Outils de dessin/Format**.

- Utilisez les outils du groupe **Styles WordArt** ❶.

Sélectionnez une vignette dans la galerie des styles WordArt, puis affinez la décoration avec les autres outils :

  <u>A</u> ˅ **Remplissage de texte** : couleur, dégradé et texture des caractères.

  ✎ ˅ **Contour du texte** : tracé, épaisseur et couleur du contour des lettres.

  🅰 ˅ **Effets du texte** : effets de réflexion, de lumière, de rotation 3D et transformations.

UTILISER LES STYLES DE FORMES

Il s'agit de modifier le fond et le contour de la zone.

- Sous l'onglet contextuel **Outils de dessin/Format**>groupe **Styles de formes** ❷.

Sélectionnez une vignette dans la galerie des styles de formes, puis affinez la décoration avec les autres outils :

  ⬚ **Remplissage de forme** : couleur, dégradé et texture du fond de la zone.

  ✎ **Contour de forme** : tracé, épaisseur et couleur du contour de la zone.

  ⬡ **Effets sur la forme** : effets de réflexion, de lumière, de rotation 3D et transformations.

INSÉRER UN SMARTART

Un objet SmartArt est une représentation graphique d'une idée, d'un concept, d'un processus, etc. Il existe sept types de SmartArt : Liste, Processus, Cycle, Hiérarchie, Relation, Matrice ou Pyramide.

INSÉRER UN OBJET SMARTART

- Onglet **Insertion**>groupe **Illustrations**, cliquez sur le bouton **SmartArt**.

- Sélectionnez une catégorie de SmartArt dans le volet de droite, puis cliquez sur une vignette dans la galerie et lisez le descriptif dans la partie droite du dialogue. Pour insérer le SmartArt que vous avez choisi, après avoir cliqué dessus, cliquez sur [OK] pour insérer.

Dans cet exemple, on a choisi le SmartArt Zone de liste verticale.

- Saisissez les textes dans les zones [Texte] ou dans le *Volet Texte* ❶.
  Vous pouvez fermer le volet texte en cliquant sur sa case de fermeture, et l'ouvrir à nouveau en cliquant sur les flèches situées sur le bord gauche ❷ de l'objet SmarArt lorsqu'il est sélectionné.

MODIFIER UN SMARTART

Un SmartArt est constitué de plusieurs formes, vous pouvez modifier un SmartArt dans son ensemble, vous pouvez aussi modifier, ajouter ou supprimer des formes.

Modifier l'ensemble du SmartArt : la disposition ou les couleurs

- Double-cliquez sur le SmartArt, cliquez sur l'onglet **Outils SmartArt/Création**, les outils de formatage du SmarArt s'affichent sur le Ruban :
- L'outil **Modifier la disposition** ❸: permet de choisir une autre disposition dans la galerie.
- Les outils du groupe **Styles SmartArt** ❹ permettent de choisir un autre style ou de changer les couleurs.

Insérer un Smartart

Sélectionner une forme (ou plusieurs) d'un SmartArt

- Cliquez sur la forme jusqu'à ce qu'elle soit entourée du rectangle de sélection.
Vous pouvez sélectionner plusieurs formes en appuyant sur la touche ⌈Ctrl⌉.

Ajouter une forme

- Sélectionnez la forme à côté de laquelle vous souhaitez ajouter la nouvelle forme puis, sous l'onglet **Outils SmartArt/Création**>groupe **Créer un graphique**, cliquez sur la flèche du bouton **Ajouter une forme**. Choisissez la commande pour ajouter la forme au même niveau et après la forme sélectionnée, ou à un niveau au-dessus ou en dessous dans le cas hiérarchique.

Supprimer une forme

- Cliquez sur la forme, puis appuyez sur ⌈Suppr⌉.

Modifier l'aspect d'une forme

- Sélectionnez une ou plusieurs formes dont vous voulez modifier l'aspect, puis cliquez sur l'onglet **Outils SmartArt/Format**>groupe **Styles de forme** ❶.

Ces outils vous permettent de modifier la couleur de remplissage, le contour, les effets 3D, mais il est conseillé de ne pas en abuser pour conserver l'homogénéité d'ensemble du SmartArt.

Modifier les textes

- Ouvrez le *Volet Texte* : cliquez sur les flèches sur le bord de l'objet SmarArt ❶ lorsqu'il est sélectionné ; ou sous l'onglet **Outils SmartArt/Création**>groupe **Formes**, cliquez sur le bouton **Volet Texte**. Modifiez ensuite le texte de la forme voulue.

Selon la disposition du graphique SmartArt choisie, chaque puce du volet *Texte* est représentée dans le graphique SmartArt par une nouvelle forme ou par une puce à l'intérieur d'une forme.

INSÉRER UN ORGANIGRAMME

Un organigramme est un objet SmartArt. Illustrons la création d'un organigramme par un exemple.

■ Onglet **Insertion**>groupe **Illustrations**, cliquez sur le bouton **SmartArt**. Dans le dialogue *Choisir un graphique SmartArt*, cliquez sur la catégorie *Hiérarchie* dans le volet gauche, puis cliquez sur une vignette d'organigramme hiérarchique (ici *Hiérarchie libellée*), cliquez sur [OK].

– Pour entrer vos textes : cliquez dans une forme du SmartArt puis tapez votre texte, ou dans le volet *Texte*, que vous faites apparaître en cliquant sur l'icône double flèche sur le bord gauche de l'objet, cliquez sur [Texte], puis saisissez les textes.

MODIFIER UN ORGANIGRAMME

Ajouter une personne au même niveau à droite des personnes existantes

■ Cliquez sur la dernière forme du niveau, puis sous l'onglet **Outils SmartArt/Création**>groupe **Créer un graphique**, cliquez sur ▢ **Ajouter une forme**, ou cliquez droit sur la forme, puis sur *Ajouter une forme*, puis sur *Ajouter la forme après*.

Ajouter un niveau au-dessous du dernier niveau actuel

■ Cliquez sur une forme du dernier niveau, puis sous l'onglet **Outils SmartArt/Création**>groupe **Créer un graphique**, cliquez sur la flèche du bouton ▢ **Ajouter une forme**, puis sur *Ajouter la forme en dessous*.

Promouvoir ou abaisser une forme

■ Cliquez sur une forme, onglet **Outils SmartArt/Création**>groupe **Créer un graphique**, cliquez sur **Abaisser** ou **Promouvoir**, ou dans le volet *Texte*, utilisez ⬚ et ⬚+⬚.

Modifier l'aspect des formes et la couleur

■ Onglet **Outils SmartArt/Création**>groupe **Styles SmartArt**, la galerie permet de choisir un aspect avec un entourage, des reliefs ou un effet 3D. Le bouton **Modifier les couleurs** sert à choisir des couleurs qui s'appliquent à toutes les formes.

■ Onglet **Outils SmartArt/Format**>groupe **Styles de forme** ou groupe **Styles WordArt**, ces outils permettent de modifier le style et les caractères d'une ou plusieurs formes sélectionnées, différemment du style de l'ensemble du SmartArt.

INSÉRER DES FORMES

Vous pouvez insérer des formes prédéfinies (flèche, trait, rectangle, cercle, bulles, éléments d'organigramme...) et créer vos propres formes en groupant des formes simples.

INSÉRER DES FORMES

- Onglet **Insertion**>groupe **Illustration**, cliquez sur le bouton **Formes**.

- Amenez le pointeur sur la forme pour afficher sa description dans une infobulle.

- Cliquez sur la forme choisie, le pointeur se transforme en +, faites glisser le pointeur dans le document pour tracer de dessin.

- Pour obtenir des formes parfaites : carrés, cercles, triangle isocèle..., maintenez la touche ⇧ appuyée en traçant.

- Pour obtenir des formes homothétiques par rapport au centre du dessin, maintenez Ctrl appuyée en traçant le dessin.

Si, au lieu de tracer le dessin, vous cliquez simplement dans la page, le dessin est créé avec une taille standard, que vous pouvez modifier ensuite.

AJUSTER ET DIMENSIONNER UNE FORME

- Cliquez sur le dessin, un contour de sélection apparaît autour du dessin, avec des poignées d'ajustement (losanges jaunes) pour certaines formes, une poignée de rotation (rond vert) et des poignées de dimensionnement (carrés et ronds bleus).

LES TRAITS DROITS

- Cliquez sur l'outil ◳ *Trait*, amenez le pointeur sur la feuille, il se transforme en +. Cliquez à l'endroit où débuter le trait, faites glisser le pointeur jusqu'à l'endroit où terminer le trait.

- Pour imposer au trait des angles de 15 degrés à partir du point de départ : maintenez la touche ⇧ appuyée tout en faisant glisser la souris.

- Pour allonger le trait : cliquez sur le trait, puis faites glisser une poignée de redimensionnement.

LES FLÈCHES

- Pour tracer une flèche : cliquez sur l'outil ◳ *Flèche* ou ◳ *Flèche à deux pointes*, puis procédez de la même façon que pour un trait.

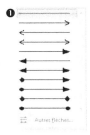

- Pour ajouter/supprimer une pointe de flèche à un trait : cliquez sur le trait, sous l'onglet **Outils de dessin/Format**>groupe **Styles de forme**, cliquez sur le bouton **Contour de forme**, puis sur la commande *Flèches...*, puis cliquez sur le style de flèche voulu (pour supprimer les têtes de flèche, sélectionnez *Flèche 1* ❶). La commande *Autres flèches...* ouvre un dialogue servant à personnaliser la flèche.

INSÉRER DES FORMES

LES COURBES, LIGNES BRISÉES OU TRACÉS À MAIN LEVÉE

Trois outils permettent de tracer des lignes sur mesure :

☐ *Courbe* : cliquez sur le bouton, puis cliquez sur la feuille et déplacez le pointeur. Pendant le tracé, cliquez à chaque point de courbure, terminez par un double-clic.

☐ *Forme libre* (ligne brisée) : cliquez sur le bouton, puis cliquez sur la feuille et déplacez le pointeur. Pendant le tracé chaque clic crée un angle, terminez par un double-clic. Vous pouvez passer temporairement en *Dessin à main levée* en maintenant la pression sur le bouton de la souris pendant le tracé.

☐ *Dessin à main levée* : cliquez sur le bouton, cliquez sur la feuille, maintenez le bouton gauche de la souris enfoncé. Le pointeur se transforme en crayon, faites glisser le crayon, le tracé est totalement libre, terminez en relâchant le bouton de la souris.

Affiner le tracé réalisé avec ces trois outils

- Cliquez droit sur la forme, puis sur la commande contextuelle *Modifier les points*, ou Onglet **Outils de dessin/Format>Insérer des formes**, cliquez sur le bouton ⁛ **Modifier les points**, puis sur la commande *Modifier les points*.

Des points carrés noirs sont disposés sur le tracé à chaque angle ou point de courbure.

- Pour déplacer un point : faites glisser le point à déplacer.
- Pour insérer un point : cliquez sur l'endroit voulu sur un segment et faites glisser le point le long du segment.
- Pour supprimer un point : appuyez sur Ctrl en cliquant sur le point. Un segment droit se trace entre les deux points avant et après le point supprimé.

Chaque segment entre deux points est soit droit, soit courbe. Vous pouvez transformer un segment courbe entre deux points en un segment droit et vice versa :

- Cliquez droit sur un segment, puis cliquez sur *Segment droit/Segment courbé*.

Chaque point peut être lisse, symétrique ou un point d'angle. Pour changer la nature d'un point :

- Cliquez droit sur le point puis sélectionnez *Point lisse/Point symétrique/Point d'angle*.

Lorsque vous avez tracé une forme de plusieurs segments, vous pouvez fermer la trajectoire. Excel ajoute un segment entre le point d'arrivée et le point de départ :

- Cliquez droit sur la forme, puis sur *Fermer la trajectoire*.

Lorsqu'une forme tracée est fermée, vous pouvez ouvrir la trajectoire :

- Cliquez droit sur un segment, puis sur *Ouvrir la trajectoire*. Le point de départ du segment est séparé du point d'arrivée du précédent.

AJOUTER DES CONNECTEURS

Un connecteur est un trait qui se termine par des points de connexion et qui reste connecté aux formes auxquelles vous l'attachez. Il existe trois types de connecteurs : droit, en angle et en arc.

Lorsque vous déplacez des formes reliées par des connecteurs, ceux-ci restent attachés et se déplacent avec ces formes. Si vous déplacez l'une ou l'autre des extrémités d'un connecteur, celle-ci se détache de la forme et vous pouvez alors la raccorder à un autre point de connexion sur la même forme ou sur une autre forme.

- Cliquez sur un outil *Ligne* qui peut être connecteur, amenez le pointeur sur une forme, des points ronds rouges signalent les endroits où vous pouvez attacher le connecteur. Cliquez sur le point de connexion voulu, puis pointez sur l'autre forme et cliquez sur le point de connexion.

INSÉRER DES FORMES

METTRE DU TEXTE SUR UNE FORME

Vous pouvez insérer du texte sur toute forme, sauf sur un trait ou une flèche :

■ Cliquez sur la forme, puis saisissez le texte.

Le texte fait partie intégrante de la forme, il est déplacé et il pivote avec la forme.

MODIFIER L'ASPECT D'UNE FORME

■ Double-cliquez sur la forme, l'onglet **Outils de dessin/Format** s'affiche sur le Ruban.

Utilisez les styles de formes

■ Cliquez sur la forme dont vous souhaitez modifier l'aspect.
Vous pouvez sélectionner plusieurs formes en cliquant sur les formes avec ⌈Ctrl⌉ appuyée.

■ Dans le groupe **Styles de formes ❶**, sélectionnez un style dans la galerie.
Le style est un ensemble d'attributs de remplissage, de contours et
d'ombres. Vous pouvez ensuite affiner l'aspect avec les autres outils.

Remplir avec une image

■ Dans le groupe **Styles de formes ❶**, cliquez sur **Remplissage de forme**, puis sur
Image, sélectionnez le fichier image, puis cliquez sur [Insérer].

Transparence

■ Dans le groupe **Styles de formes ❶**, cliquez sur **Remplissage de forme**, puis sur la commande
Autres couleurs de remplissage. Au bas du dialogue *Couleurs*, déplacez le curseur
Transparence ou entrez une valeur dans la zone à côté du curseur.
Vous pouvez faire varier le pourcentage de transparence de 0 % (totalement opaque, la valeur
par défaut) à 100 % (totalement transparent).

Effets sur la forme

■ Dans le groupe **Styles de formes ❶**, cliquez sur **Effets sur la forme**,
choisissez dans le menu. *Prédéfini* : définit des profondeurs 3D ;
Ombre : définit des ombres portées ; *Réflexion* : donne des effets de
reflets ; *Lumière* : définit des variations de lumière ; *Bordures
arrondies* : donne du flou aux bordures ; *Biseau* : donne des bordures
biseautées ; *Rotation 3D* : sert à effectuer des rotations 3D.

POSITIONNER LES OBJETS

SÉLECTIONNER LES OBJETS

Sélectionner un objet

- Cliquez sur l'objet ou sur son tracé si l'objet n'est pas plein. Vous pouvez aussi cliquer sur le nom de l'objet dans le volet sélection.

 L'objet sélectionné apparaît alors bordé de traits, de carrés et de cercles : les poignées.

Sélectionner ensemble plusieurs objets

- Maintenez Ctrl appuyée et sélectionnez successivement les objets, ou dans le volet sélection cliquez sur les noms des objets en maintenant Ctrl appuyée.

Utiliser le volet de sélection

- Sous l'onglet **Mise en page**>groupe **Organiser** ou, si un objet est sélectionné, sous l'onglet contextuel **Format**>groupe **Organiser**, cliquez sur le bouton **Volet de sélection**.
- Pour masquer/réafficher un objet : cliquez sur l'icône affichant un œil à droite du nom de l'objet, si l'objet est masqué l'œil est aussi masqué sur l'icône.
- Pour masquer/réafficher tous les objets : cliquez sur le bouton [Masquer tout], pour les réafficher tous, cliquez sur [Afficher tout].
- Pour fermer le volet de sélection, cliquez sur la case de fermeture X à droite du titre du volet.

POSITIONNER UN OBJET

- Positionnez un objet en faisant glisser l'objet sur la feuille.

 Aimantation sur une grille, la forme la plus proche, ou le quadrillage de cellules.

- Sous l'onglet contextuel **Format**>groupe **Organiser**, cliquez sur le bouton **Aligner**, puis sur
- *Aligner sur la grille* : active/désactive l'aimantation sur l'intersection la plus proche dans la grille.
- *Aligner sur la forme* : active/désactive l'aimantation sur le bord de la forme la plus proche.

Vous pouvez activer l'aimantation sur le quadrillage des cellules : maintenez Alt appuyée en faisant glisser l'objet, ou en le redimensionnant.

Vous pouvez aligner des objets par rapport aux autres.

- Sélectionnez les objets, puis sous l'onglet **Format**>groupe **Organiser**, cliquez sur le bouton **Aligner**, puis cliquez sur la commande d'alignement voulue.

Positionner les objets à égale distance.

- Sélectionnez les objets, puis sous l'onglet **Format**>groupe **Organiser**, cliquez sur le bouton **Aligner**, puis cliquez sur *Distribuer horizontalement/Distribuer verticalement*.

REDIMENSIONNER UN OBJET

- Sélectionnez l'objet, puis faites glisser l'une des poignées de dimensionnement.

 Utilisez les poignées situées dans les coins en appuyant sur ⇧ pour conserver les proportions.

POSITIONNER LES OBJETS

SUPPRIMER UN OBJET

- Sélectionnez l'objet, appuyez sur `Suppr`.

GROUPER/DISSOCIER DES OBJETS

Vous pouvez grouper des objets pour les manipuler ensemble.

- Sélectionnez les objets à grouper, sous l'onglet **Format**> groupe **Organiser**, cliquez sur le bouton **Grouper**.

> Vous pouvez modifier la mise en forme d'un objet groupé en le sélectionnant à l'intérieur du groupe : cliquez sur le groupe, puis cliquez sur l'objet, puis effectuez les modifications d'aspect.

- Pour déplacer/dimensionner un seul des objets d'un groupe, il faut dissocier les objets : sous l'onglet **Format**>groupe **Organiser**, cliquez sur le bouton **Grouper**, puis sur *Dissocier*.

> Pour regrouper les objets qui ont été dissociés, cliquez sur le bouton **Grouper** puis sur la commande *Regrouper*, cette commande regroupe les derniers objets qui ont été dissociés.

ORGANISER LA SUPERPOSITION DES OBJETS

Lorsque des objets sont superposés, un objet masque partiellement les objets situés dans son arrière-plan. Pour organiser la superposition des objets :

- Cliquez droit sur l'objet, puis sur la commande contextuelle *Mettre au premier plan/Mettre en arrière-plan*, ou cliquez sur la flèche de ces commandes puis sur la commande *Avancer/Reculer*.

Un objet mis au premier plan est placé au-dessus de tous les autres, un objet mis à l'arrière-plan est en dessous de tous les autres. Les commandes *Avancer* ou *Reculer* permettent de monter ou de descendre d'un niveau.

> Si un objet est masqué par un autre, vous pouvez le sélectionner par le *Volet de Sélection* ; ou cliquez sur un autre objet puis tapez `⇥` jusqu'à le sélectionner.

EFFECTUER DES ROTATIONS ET RETOURNEMENTS

- Rotation : amenez le pointeur sur la poignée de rotation, rond de couleur verte situé au-dessus, le pointeur se transforme, faites glisser dans le sens de rotation, ou Onglet **Format**>groupe **Organiser**, cliquez sur le bouton **Rotation** et choisissez la commande de rotation.
- Retournement : cliquez sur le bouton **Rotation**, puis sur la commande de retournement.

PROPRIÉTÉS DES FORMES ET DES OBJETS

- Cliquez droit sur un objet, puis sur la commande contextuelle *Taille et propriétés*...
- Cliquez sur l'onglet *Propriétés*, activez l'option :
- ❶ L'objet est déplacé et redimensionné lorsque les cellules sous-jacentes sont déplacées ou redimensionnées.
- ❷ L'objet est déplacé mais pas redimensionné lorsque les cellules sous-jacentes le sont.
- ❸ L'objet n'est pas déplacé ni dimensionné lorsque les cellules sous-jacentes le sont.

Le verrouillage est effectif lorsque la feuille a été protégée.

REPRÉSENTATION GRAPHIQUE DES DONNÉES

- Sélectionnez la plage de cellules à représenter, incluant les étiquettes des lignes et des colonnes, dans l'exemple la plage A6:E9.

	A	B	C	D	E	F
5						
6		Trim1	Trim2	Trim3	Trim4	**Année**
7	Ordinateurs	1.860	2.540	7.690	4.270	16.360
8	Logiciels	1.250	2.890	4.580	3.250	11.970
9	Services	850	1.780	2.650	4.520	9.800
10	**Total**	3.960	7.210	14.920	12.040	38.130

- Onglet **Insertion**>groupe **Graphiques**, cliquez sur le bouton correspondant au type de graphique à créer **Colonnes/Lignes/Secteurs**... ou cliquez sur le **Lanceur** du groupe pour obtenir un menu de tous les types de graphiques.

- Cliquez sur la vignette du sous-type de graphique.

Le graphique est créé dans la feuille en cours.

Un graphique est composé d'un ensemble d'éléments, Excel affiche le nom d'un élément lorsque vous placez le pointeur sur l'élément.

Zone du graphique : ensemble du graphique et de ses éléments constitutifs.

Zone de traçage : zone délimitée par les axes et qui comprend toutes les séries de données.

Titre : texte descriptif automatiquement centré en haut du graphique ou aligné sur un axe.

Axes : lignes bordant la zone de traçage et servant de référence pour la mesure.

Série de données : série de points de données groupés représentant une série de données.

Point de donnée : forme représentant une donnée.

Étiquette de données : étiquette qui fournit une information sur un point de donnée ou sa valeur.

Légende : zone qui identifie les motifs ou les couleurs attribués aux séries de données.

L'élément sélectionné est signalé par des poignées de sélection.

- Pour sélectionner un élément du graphique, cliquez sur l'élément sélectionné à l'aide de la souris ou sous l'onglet **Mise en forme**>groupe **Sélection active**, cliquez sur la flèche de la zone **Éléments de graphique** puis cliquez sur l'élément.

Des éléments comme les séries de données forment un groupe composé d'éléments individuels qui peuvent à leur tour être sélectionnés individuellement en cliquant dessus une deuxième fois après la sélection du groupe.

MODIFIER LES DONNÉES SOURCE

ÉTENDRE OU RÉDUIRE LA PLAGE DE CELLULES SOURCE

Lorsque les données sont dans une plage de cellules contiguës.

- Sélectionnez le graphique, les cellules de données source sont délimitées par un rectangle avec des poignées couleur bleu aux quatre coins. Les étiquettes de lignes et les étiquettes de colonnes sont également délimitées par un rectangle avec des poignées noires.
- Amenez le pointeur sur cet encadrement, il devient plus épais. Amenez le pointeur sur un des angles d'une plage encadrée, le pointeur se transforme, faites glisser le contour.

AJOUTER, SUPPRIMER UNE SÉRIE DE DONNÉES

Lorsque les données que vous voulez ajouter ne sont pas contiguës, vous ne pouvez pas procéder par extension de la plage cellules de données source.

- Sélectionnez le graphique, sous l'onglet **Création**>groupe **Données**, cliquez sur le bouton **Sélectionner des données** ou cliquez droit sur le graphique, puis sur la commande contextuelle *Sélectionner des données...*

- Pour ajouter une série de données : cliquez sur le bouton [Ajouter], puis dans le dialogue *Modifier la série*, ❶ saisissez le nom de la nouvelle série ou sélectionnez la cellule qui contient le nom. ❷ Sélectionnez la plage de cellules contenant les données, validez par [OK].
- Pour modifier l'ordre d'affichage des séries de données : cliquez sur une série et déplacez-la en utilisant les boutons ❸ 🔼 🔽 *Déplacer vers le haut* et *Déplacer vers le bas*.
- Pour supprimer une série de données : cliquez sur la série, puis sur le bouton [Supprimer].

Cas des cellules vides et des lignes et colonnes masquées :

Par défaut, les cellules vides et les cellules des lignes et colonnes masquées ne sont pas représentées. Vous pouvez choisir de les représenter dans le graphique :

- Cliquez sur le bouton [Cellules masquées et cellules vides], et vous pouvez cocher l'option ❹.

INTERVERTIR LIGNES ET COLONNES

Lorsque les données source sont dans une plage de cellules contiguës.

- Sélectionnez le graphique puis, sous l'onglet **Création**>groupe **Données**, cliquez sur le bouton **Intervertir les lignes/colonnes** ; ou, dans le dialogue *Sélectionner la source de données*, cliquez sur le bouton [Changer de ligne ou de colonne].

DISPOSER LES ÉLÉMENTS SUR LE GRAPHIQUE

Vous pouvez modifier la disposition des éléments sur un graphique immédiatement après l'avoir créé. Au lieu d'ajouter ou de modifier manuellement des éléments du graphique, vous pouvez lui appliquer rapidement une disposition prédéfinie, que vous pouvez ensuite affiner.

📌 Vous ne pouvez pas enregistrer une disposition personnalisée. Toutefois, si vous voulez réutiliser la même disposition, vous pouvez enregistrer le graphique comme modèle.

APPLIQUER UNE DISPOSITION PRÉDÉFINIE

- Sélectionnez le graphique à modifier, puis sous l'onglet contextuel **Outils de graphique/Création>** groupe **Dispositions du graphique**, cliquez sur la flèche déroulante ❶ pour afficher la galerie, puis cliquez sur la vignette de la disposition qui vous convient.

MODIFIER LA DISPOSITION DES ÉLÉMENTS

- Sélectionnez le graphique à modifier, utilisez les outils du Ruban sous l'onglet contextuel **Outils de graphique/Disposition**.

Modifier les titres, les étiquettes et la légende

- Sous le groupe **Étiquettes**, utilisez les boutons :
- **Titre du graphique** : pour afficher ou non, positionner et mettre en forme le titre du graphique.
- **Titre des axes** : pour afficher ou non et mettre en forme les titres des axes horizontal et vertical.
- **Légende** : pour afficher ou non, positionner et mettre en forme la légende sur le graphique.
- **Étiquettes de données** : pour afficher ou non et mettre en forme les étiquettes de données sur la série de données ou le point de donnée sélectionné.
- **Table de données** : afficher ou non la table des données source sous le graphique.

Modifier les axes

- Sous le groupe **Axes**, utilisez les boutons :
- **Axes** : pour afficher ou non et mettre en forme les axes horizontal et vertical.
- **Quadrillage** : pour afficher ou non les quadrillages principal et secondaire.

Modifier l'arrière-plan

- Sous le groupe **Arrière-plan**, utilisez les boutons :
- **Zone de traçage** : pour mettre en forme la zone de traçage.
- **Paroi du graphique** : pour mettre en forme la paroi verticale (graphiques en 3D).
- **Plancher du graphique** : pour mettre en forme le plancher sur les graphiques en 3D.
- **Rotation 3D** : pour modifier avec précision les paramètres 3D.

METTRE EN FORME LES ÉLÉMENTS DU GRAPHIQUE

Vous pouvez mettre en forme chacun des éléments sur le graphique. Si vous voulez réutiliser ces mises en forme, vous pouvez enregistrer le graphique comme modèle. En ce qui concerne les couleurs des séries de données et des parois du graphique, vous pouvez commencer par appliquer un style prédéfini et ensuite affiner la mise en forme des différents éléments.

APPLIQUER UN STYLE PRÉDÉFINI

Les styles prédéfinis concernent seulement les couleurs des séries de données, le remplissage des parois et du plancher du graphique, le fond de la zone de traçage.

- Sélectionnez le graphique à modifier puis, sous l'onglet contextuel **Outils de graphique/Création**> groupe **Styles du graphique**, cliquez sur la flèche déroulante ❶ pour afficher la galerie, puis cliquez sur la vignette de style qui vous convient.

Les choix proposés varient en fonction du type de représentation.

MODIFIER L'APPARENCE DES ÉLÉMENTS

- Sélectionnez l'élément du graphique, puis cliquez droit sur l'élément. Ensuite, sélectionnez la commande contextuelle *Mise en forme du xxxxx...* (où xxxxx est le type de l'élément), ou

- Sous l'onglet **Disposition** ou l'onglet **Mise en forme**>groupe **Sélection active**, cliquez sur la flèche de la zone **<Élément de graphique>** ❶ et sélectionnez l'élément, puis cliquez sur le bouton **Mise en forme de la sélection** ❷.

- Dans dialogue, spécifiez les paramètres, validez par [OK].

Modifier l'apparence d'un point de donnée

- Sélectionnez la série de données, puis cliquez sur le point de donnée.
  Le point de donnée sélectionné est signalé par des poignées de sélection.

- Cliquez droit sur le point de données, puis sur *Mettre en forme le point de données.* Sélectionnez les rubriques dans le volet de gauche et spécifiez les paramètres en face.

Options des séries : intervalle séparant les formes en largeur et en profondeur, plus l'intervalle est grand plus la forme est étroite.

Remplissage : couleur, motif, texture de remplissage de la forme.

Si vous sélectionnez la série de données, la rubrique *Forme* permet de modifier la forme (bâton, pyramide, cylindre, cône...) pour tous les points de la série de données.

METTRE EN FORME LES ÉLÉMENTS DU GRAPHIQUE

Modifier la rotation d'un graphique 3D

- Sélectionnez l'élément *Zone du graphique*, puis sous l'onglet **Disposition**>groupe **Sélection active**, cliquez sur le bouton **Mise en forme de la sélection** et sélectionnez *Rotation 3D*.

- Vous pouvez modifier la rotation autour des axes et la perspective en 3D.
  Le graphique se met à jour en aperçu instantané et vous permet de visualiser vos choix.

Modifier l'apparence des axes

- Cliquez droit sur l'axe vertical, puis sur *Mise en forme de l'axe...* Dans le dialogue *Format de l'axe*, cliquez sur une rubrique dans le volet de gauche et définissez les paramètres.
- *Options d'axe* : une valeur minimale et maximale. L'espace entre les graduations. L'unité d'affichage en milliers, millions, etc., éventuellement une échelle logarithmique, et la position des graduations.
- *Nombre* : le formatage des étiquettes de graduation. Avec <☑ Lier à la source>, le format des cellules de la feuille est appliqué aux étiquettes de graduation.

- *Remplissage* : le remplissage de l'axe.
- *Couleur du trait* : la couleur de l'axe.
- *Style de trait* : les caractéristiques du trait (continu, pointillé, épaisseur...).
- *Ombre* : paramètres d'ombrage de l'axe.
- *Format 3D* : effets 3D sur l'axe (lumière, éclairage...).
- *Alignement* : alignement et l'inclinaison du texte des étiquettes de graduation.

Excentrer des secteurs dans un graphique en secteur

- Cliquez droit sur le graphique en secteur, puis sur *Mettre en forme une série de données...*
- Pour excentrer tous les secteurs : cliquez sur la rubrique *Options des séries*, déplacez le curseur de la zone <Éclatement de point>, [OK].
- Pour excentrer un seul secteur, faites glisser le secteur vers l'extérieur.

MODIFIER LE TYPE DE GRAPHIQUE

- Sélectionnez le graphique à modifier, puis sous l'onglet **Création**>groupe **Type**, cliquez sur le bouton **Modifier le type de graphique**, ou cliquez droit sur le graphique, puis sur la commande contextuelle *Modifier le type de graphique...*
- Dans le dialogue *Modifier le type de graphique*, sélectionnez le nouveau type de graphique, validez par [OK].

UTILISER DEUX TYPES DE GRAPHIQUE SUR UN MÊME GRAPHIQUE

Vous pouvez par exemple faire cohabiter des courbes et des histogrammes sur un même graphique.

- Construisez le graphique avec un même type de graphique pour toutes les séries.
- Sous l'onglet **Disposition** ou sous l'onglet **Mise en forme**>groupe **Sélection active**, cliquez sur la flèche de la zone **<Élément de graphique>** et sélectionnez la série de données, puis cliquez sur le bouton **Mise en forme de la sélection**.
- Dans le dialogue, choisissez le type de graphique à appliquer aux séries sélectionnées.

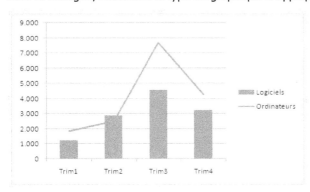

AJOUTER UN AXE SECONDAIRE

Vous voulez représenter sur un graphique une série dont les ordres de grandeur sont différents de ceux des autres séries, par exemple des prix et des quantités. La série de faible ordre de grandeur prix sera éloignée des autres séries. Il est même possible qu'une série de points soit confondue avec l'axe des abscisses si ses valeurs sont insignifiantes par rapport à celles des autres séries, par exemple si vous représentez des pourcentages de marge à des chiffres d'affaires.

Il faut activer un deuxième axe des ordonnées gradué pour cette série :

- Sélectionnez la série à associer au deuxième axe : sous l'onglet **Disposition** ou sous l'onglet **Mise en forme**>groupe **Sélection active**, cliquez sur la flèche de la zone **<Élément de graphique>** et sélectionnez la série de données.

■ Cliquez sur le bouton **Mise en forme de la sélection**, puis dans le dialogue *Mise en forme des séries de données*, cliquez sur la rubrique *Options des séries*, et cochez <⊙ Axe secondaire>.

L'axe secondaire apparaît à droite du graphique. Il est paramétrable, comme l'axe principal.

Pour supprimer un axe secondaire :

■ Sous l'onglet **Disposition**>groupe **Axes**, cliquez sur le bouton **Axes**, puis sur *Axe vertical secondaire* ou *Axe horizontal secondaire*, puis sur *Aucun*.

AJOUTER UNE COURBE DE TENDANCE

Une courbe de tendance est une représentation graphique des tendances d'une série de données. Vous pouvez ajouter directement une courbe de tendance au graphique d'une série de données.

■ Sélectionnez la série de données sur le graphique, puis sous l'onglet **Disposition**>groupe **Analyse**, cliquez sur le bouton **Courbe de tendance**, sélectionnez le type de courbe de tendance le plus approprié ou cliquez sur *Autres options de la courbe de tendance...* puis définissez les options de la courbe de tendance à appliquer :

– *Exponentielle* : pour les évolutions qui s'accélèrent avec le temps.

– *Linéaire* : pour les évolutions régulières.

– *Logarithmique* : pour les évolutions qui se ralentissent avec le temps.

– *Polynomiales* : courbe polynomiale.

– *Puissance* : pour les évolutions qui s'accélèrent avec le temps.

– *Moyenne mobile* : pour lisser des variations.

❶ Spécifiez un nombre de périodes dans <Transférer> : pour prolonger la tendance dans le futur ou dans <Reculer> : pour prolonger dans le passé.

❷ Pour afficher l'équation sur le graphique ou le coefficient de détermination.

■ Cliquez sur [Fermer].

Une fois la courbe de tendance tracée, elle fait partie du graphique. Vous pouvez modifier ses paramètres : cliquez droit sur la courbe, puis sur *Format de la courbe de tendance*.

Les rubriques *Couleur du trait*, *Styles de trait* et *Ombre* servent à mettre en forme la courbe de tendance.

■ Pour supprimer une courbe de tendance : sélectionnez-la et appuyez sur Suppr.

MODIFIER LE TYPE DE GRAPHIQUE

LIGNES DE SÉRIES OU DE PROJECTION, LIGNES HAUT/BAS ET BARRES D'ERREUR

Les **lignes de séries** ❶ relient les points des séries de données des graphiques 2D en barres ou histogrammes empilés.

Les **lignes de projection** ❷ dans les graphiques 2D et 3D en aires ou en courbes relient les points de données à l'axe des x.

Les **lignes haut/bas** ❸ et les **barres haut et bas** ❹ sont disponibles dans les graphiques 2D en courbes.

- Pour ajouter des lignes : sélectionnez une série de données, sous l'onglet **Disposition**>groupe **Analyse**, cliquez sur le bouton **Lignes**, sélectionnez *Lignes de projection* ou *Lignes haut/bas* ou *Lignes de série* (pour les barres empilées).
- Pour ajouter des barres haut et bas : sélectionnez une série de données, sous l'onglet **Disposition**>groupe **Analyse**, cliquez sur le bouton **Barres haut et bas**, puis sélectionnez une des barres haut/bas prédéfinies ou *Autres options de barres haut et bas...* pour définir le format des barres.

AJOUTER DES BARRES D'ERREUR

Vous pouvez ajouter des barres d'erreur sur un graphique en aires, en barres, en histogramme, en courbes, en nuages de points (XY) et en bulles 2D. Ces barres représentent la marge d'erreur que vous affectez à chaque valeur de données.

- Sélectionnez la série de données, sous l'onglet **Disposition**> groupe **Analyse**, cliquez sur le bouton **Barres d'erreur**, puis sélectionnez une des barres d'erreur prédéfinies ou *Autres options de barres d'erreur...* pour définir le format des barres d'erreur.

LISSER LES ANGLES D'UN GRAPHIQUE EN COURBES

- Cliquez droit sur la série de données, puis sur la commande contextuelle *Mise en forme des séries de données...*, ou sous l'onglet **Disposition** ou **Mise en forme**>groupe **Sélection active**, cliquez sur le bouton **Mise en forme de la sélection**.
- Cliquez sur la rubrique *Style de trait* dans le volet de gauche, puis cochez <☑ Lissage>.

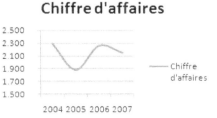

COPIER LE GRAPHIQUE COMME UNE IMAGE

Par un simple copier-coller d'un graphique dans un autre document, vous collez un objet graphique avec toutes les références aux séries de données du classeur Excel.

Si vous voulez coller simplement une image du graphique, utilisez la procédure suivante :

■ Sélectionnez le graphique, sous l'onglet **Accueil**>groupe **Presse-papiers**, cliquez sur la flèche du bouton **Copier** puis sur la commande *Copier comme image...*
Dans le dialogue *Copier une image*, activez les options en fonction de l'usage du document final, puis validez par [OK].

■ Puis dans le document destination, sus l'onglet **Accueil**>groupe **Presse-papiers** cliquez sur le bouton **Coller** ou ⌷Ctrl⌷+V.

UTILISER UN MODÈLE DE GRAPHIQUE

Pour réutiliser un type de graphique que vous avez personnalisé, vous pouvez enregistrer le graphique en tant que modèle de graphique (`*.crtx`) dans le dossier des modèles de graphiques. Il existe aussi des modèles de graphique téléchargeables sur Office.com.

Créer un modèle de graphique

■ Sélectionnez le graphique à enregistrer en tant que modèle, puis sous l'onglet contextuel **Création**>groupe **Type**, cliquez sur le bouton **Enregistrer comme modèle.**

■ Dans la zone <Enregistrer dans> : vérifiez que le dossier des modèles de graphique est sélectionné `Microsoft/Templates/Charts`, dans la zone <Nom de fichier> : tapez un nom approprié pour le modèle de graphique, validez par [OK].

Appliquer un modèle de graphique

■ Pour créer un nouveau graphique à partir d'un modèle : sous l'onglet **Insertion**>groupe **Graphiques**, cliquez sur un bouton de type de graphique, puis sur *Tous types de graphiques*, ou cliquez sur le **Lanceur** de dialogue du groupe **Graphiques**. Cliquez sur la rubrique 📁*Modèles* en en haut du volet de gauche, puis double-cliquez sur le modèle à utiliser.

■ Pour qu'un type de graphique sélectionné corresponde à un modèle : sous l'onglet **Création**> groupe **Type**, cliquez sur **Modifier le type de graphique**, cliquez sur la rubrique 📁*Modèles* en haut du volet de gauche, puis double-cliquez sur le modèle à utiliser.

Supprimer un modèle de graphique

■ Onglet **Insertion**>groupe **Graphiques**, cliquez sur un bouton de type de graphique, puis sur *Tous types de graphiques*, ou cliquez sur le **Lanceur** de dialogue du groupe. Cliquez sur le bouton [Gérer les modèles...], cliquez droit sur le nom du modèle, puis cliquez sur *Supprimer*.

MODIFIER L'EMPLACEMENT DU GRAPHIQUE

Le graphique est créé dans la feuille active, vous pouvez le déplacer dans une feuille de graphique.

■ Sélectionnez le graphique, sous l'onglet **Création**>groupe **Emplacement**, cliquez sur le bouton **Déplacer le graphique.**

– Cochez <⊙ Nouvelle feuille> et saisissez le nom de la feuille pour placer le graphique dans la nouvelle feuille.

– Cochez <⊙ Objet dans> et sélectionnez la feuille dans laquelle placer le graphique.

■ Validez par [OK].

GESTION ET ANALYSE DE DONNÉES

CONSOLIDATION

Une consolidation combine les données de plusieurs plages source dans une plage destination, selon une fonction (somme, moyenne...) spécifiée. Vous pouvez consolider :

- en fonction de la position des cellules : on consolide les cellules occupant la même position dans les plages source de consolidation ;
- en fonction des étiquettes de ligne ou de colonnes : on consolide les cellules ayant les mêmes étiquettes de ligne et de colonne dans les plages source de consolidation.

Les plages source et la destination de consolidation peuvent être situées dans des feuilles distinctes du même classeur ou de classeurs distincts.

CONSOLIDER LES CELLULES SELON LEUR POSITION DANS LES PLAGES

Vous disposez de feuilles de calcul présentant les résultats d'un magasin. Vous désirez les consolider pour obtenir les résultats pour l'ensemble. Dans l'exemple, on consolide dans une nouvelle feuille.

- Créez une nouvelle feuille *France* pour y placer le résultat de la consolidation, cliquez sur la première cellule de la zone destination de la consolidation.
- Onglet **Données**>groupe **Outils de données**, cliquez sur le bouton **Consolider**.
- Ajoutez une référence de plage source : cliquez sur l'icône à droite de la zone <Référence> ❶, la boîte de dialogue se réduit. Cliquez alors sur l'onglet de feuille Marseille, sélectionnez la plage de données à consolider, B2:E6 dans la feuille Marseille, cliquez à nouveau sur l'icône à droite de la zone ❶, puis cliquez sur [Ajouter] ❷.
- Ajoutez de la même façon une référence à une deuxième plage source, D2:G6 dans la feuille Lyon, et ainsi de suite pour d'autres plages source de consolidation.

Vous pouvez choisir une autre fonction que la somme, dans la zone <Fonction> ❺. Si vous avez commis une erreur de référence source, vous pouvez la supprimer : cliquez sur l'adresse de la référence ❸, puis sur [Supprimer] ❹.

- Terminez par [OK].

	A	B	C	D	E
1					
2		101	71	121	293
3		51	61	69	181
4		121	97	139	357
5		34	50	68	152
6		307	279	397	983

Les cellules numériques ayant la même position dans les plages source ont été consolidées. Il faut copier les étiquettes de ligne et de colonnes et ajouter les colonnes et lignes de totaux pour terminer le tableau de consolidation.

CONSOLIDATION

CONSOLIDER LES DONNÉES SELON LES ÉTIQUETTES

Les cellules des plages de données source ne sont pas consolidées suivant qu'elles occupent un emplacement identique dans la plage source et destination, mais en fonction d'une étiquette de ligne ou de colonne correspondante. Les étiquettes doivent être dans la ligne du haut et dans la colonne de gauche des plages source et destination.

Le texte des étiquettes doit être strictement identique pour que les lignes ou les colonnes puissent être mises en correspondance. Si une étiquette de ligne ou de colonne ne correspond à aucune étiquette de la plage source, elle est ajoutée en tant que nouvelle ligne ou colonne.

- Saisissez les étiquettes que vous voulez consolider dans la plage destination, puis sélectionnez la plage destination puis, sous l'onglet **Données**>groupe **Outils de données**, cliquez sur le bouton **Consolider**.

- Dans le dialogue *Consolider*, définissez les plages source incluant les étiquettes de ligne et de colonne.

- Au bas du dialogue, cochez les cases <☑ Ligne du haut> et/ou <☑ Colonne de gauche>.
- Cliquez sur [OK].

📌 Les paramètres des plages de consolidation et des plages destination sont enregistrés : tout classeur dans lequel une consolidation a été définie conserve ces paramètres, de sorte que vous les retrouvez à l'ouverture du classeur.

CONSOLIDER AVEC LIAISON

Dans les options de la boîte de dialogue de consolidation, vous pouvez cocher <☑ Lier aux données source> pour créer une liaison permanente entre la plage destination et les plages source. Le tableau généré est alors structuré en mode Plan et mis à jour en permanence, grâce à des formules de référence externe.

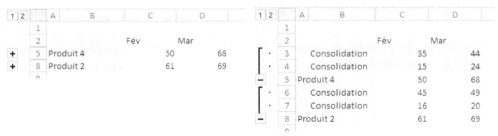

La cellule C3 contient la référence externe =Lyon!$F$6, la cellule C4 contient la référence externe =Marseille!$D$6 et la cellule C5 contient la somme =SOMME(C3:C4).

La cellule C6 contient la référence externe =Lyon!$F$4, la cellule C7 contient la référence externe =Marseille!$D$4 et la cellule C8 contient la somme =SOMME(C6:C7).

TRIER UNE PLAGE DE CELLULES

Trier les lignes sur une seule clé

- Cliquez dans une cellule de la colonne constituant la clé, puis sous l'onglet **Données**>groupe **Trier et filtrer**, cliquez sur le bouton **Trier de A à Z** ❶ ou le bouton **Trier de Z à A** ❷.

Trier sur plusieurs clés ou trier les colonnes

- Cliquez dans une cellule de la plage à trier.
  Excel étend automatiquement la sélection jusqu'à la première colonne vide et jusqu'à la première ligne vide. Donc si votre plage de cellules contient une colonne vide, vous devez sélectionner l'intégralité de la plage avant le tri.

- Onglet **Données**>groupe **Trier et filtrer**, cliquez sur le bouton **Trier** ❸, ou
  Onglet **Accueil**>groupe **Édition**, cliquez sur **Trier et filtrer** puis sur *Tri personnalisé...*

- Définissez les options et la ou les clés (ou niveaux) de tri.

  ❶ [Options...] pour spécifier l'orientation du tri : tri des lignes ou des colonnes, et si le tri doit respecter la casse : distinction des majuscules et minuscules dans les valeurs texte.

  ❷ Cette case est cochée pour considérer les valeurs de première ligne ou colonne comme des en-têtes et donc ne pas les inclure dans le tri ; décochez cette case si ce n'est pas votre cas.

  ❸ Définissez la première clé, sous <Colonne> : sélectionnez l'en-tête de colonne ou la colonne servant de clé, sous <Ordre> : sélectionnez l'ordre de tri. Puis ajoutez une clé en cliquant sur [Ajouter un niveau] et définissez la clé, etc. Une nouveauté de la version 2007 est que vous pouvez avoir jusqu'à 64 clés au lieu de 3.

  ❹ La plupart du temps vous voulez trier sur les valeurs. Une nouveauté depuis la version 2007 est que vous pouvez trier sur les couleurs de cellule ou les couleurs de police ou bien sur les icônes associées aux cellules.

- Terminez par [OK] pour effectuer le tri.

📌 Si, dans la plage de cellules, des formules font référence relative à des cellules ne se trouvant pas sur la même ligne, le tri va les rendre erronées.

TRANSPOSER UNE PLAGE DE CELLULES

Transposer consiste à inverser les lignes et les colonnes. Il faut procéder par copier-coller dans un autre emplacement de la feuille ou du classeur.

- Sélectionnez la plage de cellules à transposer, puis sous l'onglet **Accueil**>groupe **Presse-papiers**, cliquez sur le bouton **Copier** 📋 ou Ctrl+C. Cliquez sur la cellule destination, cliquez sur la flèche du bouton **Coller** , puis sur l'icône 📋 *Transposer* (ou sur *Collage spécial* puis cochez <Transposer> et validez par [OK]).

CRÉER UN TABLEAU DE DONNÉES

Pour gérer et analyser des données, utilisez un tableau de données. Un tableau de données est une série de lignes et de colonnes qui contiennent des données connexes gérées indépendamment des autres données situées ailleurs dans la feuille de calcul.

Par défaut, chaque colonne du tableau dispose d'une fonction de filtrage dans son en-tête pour vous permettre de filtrer ou de trier rapidement les données. Vous pouvez ajouter à votre tableau une ligne des totaux. Une poignée de redimensionnement située dans le coin inférieur droit vous permet, quant à elle, de redimensionner le tableau à la taille voulue.

Un tableau Excel est traité comme une table de base de données : les lignes sont les enregistrements et les colonnes sont les champs de base de données. Les étiquettes de colonnes sont les noms des champs.

Vous pouvez gérer plusieurs tableaux de données dans la même feuille de calcul. En revanche, il n'est pas possible de créer un tableau de données dans un classeur partagé.

CRÉER UN TABLEAU DE DONNÉES

- Commencez par saisir les étiquettes de colonnes, puis les lignes de données au-dessous.
- Cliquez dans une cellule quelconque du tableau, sous l'onglet **Insertion**>groupe **Tableaux**, cliquez sur le bouton **Tableau**, le dialogue *Créer un tableau s'affiche*, cliquez sur [OK].

Le tableau est automatiquement mis en forme, l'en-tête de chaque colonne est associé à une liste déroulante, une poignée de redimensionnement apparaît en bas à droite du tableau.

AJOUTER DES DONNÉES À UN TABLEAU

- Saisissez des données dans une ligne ou une colonne vide adjacente au tableau, celui-ci est dynamiquement étendu pour intégrer cette ligne ou cette colonne. Les lignes insérées ou ajoutées reprennent les formules et les validations de la première ligne de données.

Dès que vous avez entré une donnée dans une cellule de la ligne vide au-dessous du tableau, cette ligne est intégrée dynamiquement au tableau.

INSÉRER, SUPPRIMER DES LIGNES OU DES COLONNES DE TABLEAU

Il s'agit d'insérer ou de supprimer une ligne ou une colonne dans un tableau. La procédure est semblable pour les lignes et les colonnes.

- Cliquez droit sur une cellule de la ligne à supprimer, puis sur la commande contextuelle *Supprimer*, puis sur *Ligne de tableau* ou *Colonne de tableau*.
- Cliquez droit sur une cellule, puis sur la commande contextuelle *Insérer*, puis sur *Ligne de tableau en haut* ou *Colonne de tableau à gauche*.

CRÉER UN TABLEAU DE DONNÉES

NOM ET PLAGE DU TABLEAU

- Cliquez dans le tableau, sous l'onglet **Création**>groupe **Propriétés** :
- – Dans la zone **<Nom du tableau>**, saisissez le nom du tableau.
- – Le bouton **Redimensionner le tableau** : permet de spécifier à nouveau la plage de cellules du tableau.

CARACTÉRISTIQUES DU TABLEAU

- Cliquez dans le tableau, sous l'onglet **Création**>groupe **Options de style de tableau** :

- – **<☑ Ligne d'en-tête>** : attribue une mise en forme différente à la première ligne.
- – **<☑ Ligne des totaux>** : affiche une ligne supplémentaire au bas du tableau, avec le terme `Total` dans la cellule de la colonne de gauche et une formule de total est inscrite dans la cellule de la colonne de droite. Cliquez sur une cellule de la ligne des totaux, cliquez sur la flèche apparue à droite de la cellule, choisissez un calcul, Excel insère une formule de sous-total.
- – **< ☑ Lignes à bandes>** : les lignes de données adoptent des couleurs alternées.
- – **<☑ À la première colonne>** : attribue une mise en forme différente à la première colonne.
- – **<☑ À la dernière colonne>** : attribue une mise en forme différente à la dernière colonne.
- – **< ☑ Colonnes à bandes>** : les colonnes de données adoptent des couleurs alternées.

MISE EN FORME GLOBALE DU TABLEAU

Utilisez la galerie de styles prédéfinis de tableau pour définir la présentation globale du tableau.

- Cliquez dans le tableau, sous l'onglet **Création**>groupe **Styles de tableau.**
- Cliquez sur la flèche déroulante ❶, le menu affiche la galerie. Faites défiler les vignettes et cliquez sur le style voulu.

Deux commandes au bas du menu :

- – *Nouveau style rapide de tableau* : créer de nouveaux styles de tableau, en spécifiant les formats des éléments du tableau.
- – *Effacer* : effacer la mise en forme du tableau.

SÉLECTIONNER DES LIGNES OU DES COLONNES

- Sélectionnez une colonne, amenez le pointeur dans la première cellule de la colonne sur le haut, il se transforme en ↓, cliquez.
- Sélectionner une ligne : amenez le pointeur dans la première cellule de la ligne sur la gauche, ils se transforme en ↓, cliquez.

CONVERTIR UN TABLEAU EN PLAGE DE CELLULES

- Cliquez dans le tableau, sous l'onglet **Création**>groupe **Outils**, cliquez sur le bouton **Convertir en plage.**

FILTRER UN TABLEAU DE DONNÉES

Filtrer une plage de données consiste à ne rendre visibles que les enregistrements qui répondent à un ou plusieurs critères.

 Pendant qu'un filtre est actif, les opérations telles que la copie, la suppression, le tri ou encore l'impression, ne s'appliquent qu'aux données visibles.

FILTRE AUTOMATIQUE

Sur un tableau de données la fonction filtrage est activée automatiquement. Sur une plage de données vous devez l'activer vous-même (voir Désactiver/réactiver la fonction filtrage, page 66). Des boutons flèche apparaissent à côté des étiquettes de chaque étiquette de colonne :

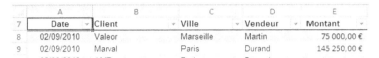

- Pour filtrer par valeurs d'une colonne : cliquez sur la flèche de l'étiquette, cochez ou décochez la case à cocher d'une ou de plusieurs valeurs à filtrer ❶. Si la colonne contient un grand nombre de valeurs, désactivez la case à cocher <☐ Sélectionner tout> et cochez les valeurs sur lesquelles le filtre doit porter.

- Pour filtrer par couleur : cliquez sur la flèche de l'étiquette, puis sur la commande *Trier par couleur* ❷, sélectionnez la couleur de police ou de fond à filtrer. Cette commande est active seulement si vous avez formaté des cellules en couleur ou associé une icône.

- Pour utiliser un filtre plus élaboré : cliquez sur la flèche de l'étiquette, puis sur la commande *Filtres textuels|Filtres numériques|Filtres chronologiques* ❸ selon que la colonne contient des valeurs texte, nombre ou date.

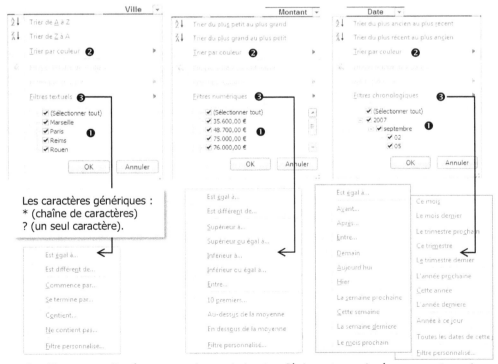

Lorsqu'un filtre est appliqué sur une colonne, le bouton flèche est remplacé par un entonnoir.

FILTRER UN TABLEAU DE DONNÉES

Exemples de filtres élaborés

Filtres numériques> 10 premiers...

Afficher les n valeurs les plus élevées, ou les valeurs les plus élevées représentant n % du total général.

Filtres chronologiques> Entre...

Effacer les filtres

- Pour effacer le filtre sur une colonne : cliquez sur la flèche de l'étiquette, puis sur *Effacer le filtre de* ou cochez la case <☑ Sélectionner tout>.
- Pour effacer tous les filtres : sous l'onglet **Données**>groupe **Trier et filtrer**, cliquez sur le bouton **Effacer**.

Désactiver/réactiver la fonction filtrage

- Cliquez dans une cellule du tableau de données, sous l'onglet **Données**>groupe **Trier et filtrer**, cliquez sur le bouton **Filtrer** ou, sous l'onglet **Accueil**>groupe **Édition**, cliquez sur le bouton **Trier et filtrer** puis sur la commande *Filtrer*.

FILTRES AVANCÉS

Lorsque la définition des critères dépasse les possibilités des filtres automatiques ou que l'on veut copier le résultat du filtre vers un autre emplacement, il faut créer une zone de critères dans la feuille pour y inscrire les critères.

Définir la zone de critères

- Dans la première ligne, placez des étiquettes de colonne identiques à celles du tableau de données. Sous chaque étiquette, inscrivez les critères relatifs à ce champ.

Date	Client	Ville	Vendeur	Montant
		<>Paris		>=50000
		Paris		

Filtrer le tableau de données

Le filtrage masque les lignes ne correspondant pas aux critères.

- Cliquez dans le tableau de données, puis sous l'onglet **Données**>groupe **Trier et filtrer**, cliquez sur **Avancé**.
  Dans <Plage> : vérifiez que la plage est celle du tableau de données, <Zone de critères> : référencez la plage de cellules de la zone de critères (*), cliquez sur [OK] pour filtrer.

📌 (*) Chaque ligne de la zone de critères doit contenir au moins un critère : si une ligne reste vide, c'est l'ensemble des données qui est extrait. Si vous effacez toutes les cellules de la dernière ligne de la zone des critères, vous devez l'exclure de la zone de critères dans le dialogue *Filtre avancé*.

Extraire des données

L'extraction copie les données correspondant aux critères dans un autre emplacement.

Vous devez, en plus de la zone des critères, prévoir une zone d'extraction. Cette zone est constituée simplement d'une ligne de cellules contenant les étiquettes des colonnes dont vous voulez extraire les données. Vous pouvez y copier-coller toutes les étiquettes puis supprimer celle que vous ne voulez pas. Les données extraites seront placées sous cette ligne d'étiquettes.

FILTRER UN TABLEAU DE DONNÉES

- Pour extraire : procédez comme pour le filtrage, mais dans le dialogue *Filtre avancé*, activez l'option <⊙ Copier vers un autre emplacement>, et dans la zone <Copier dans> : sélectionnez la plage des étiquettes de la zone d'extraction, cliquez sur [OK] pour extraire.

- Pour ne pas prendre les doublons dans l'extraction, cochez la case <☑ Extraction sans doublon> dans le dialogue *Filtre avancé*.

Pour effacer les données extraites, effacez la plage de cellules de données sous les étiquettes de l'emplacement destination, ou faites une extraction qui ne génère aucun résultat.

Conseils sur l'emplacement des zones de critères et d'extraction

Il ne faut pas que les ajouts et suppressions dans le tableau de données aient un impact sur la zone des critères, ni que le masquage des lignes ne masque aussi la zone de critères. Placez de préférence la zone de critères au-dessus du tableau de données, prévoyez le nombre de lignes suffisant, laissez une ligne vide entre les critères et le tableau de données.

Pour les même raisons, placez de préférence la zone d'extraction dans une autre feuille. Ou si vous la placez dans la même feuille, placez-la à droite du tableau de données, mais alors évitez de faire des filtrages « sur place », qui masqueraient en partie les données extraites.

Vous pouvez nommer la zone de critères (par exemple `Critères`), la plage de données (par exemple `Données`), et la zone d'extraction (par exemple `Extraction`) et spécifier ces noms dans le dialogue *Filtre avancé*.

Règles de critères de la zone de critères

Pour combiner plusieurs critères avec l'opérateur `Ou`, placez les critères sur des lignes différentes. Pour les combiner par l'opérateur `Et`, placez-les dans la même ligne. Par exemple, les clients non parisiens dont le montant est `>=50000` OU les clients de Paris.

Date	Client	Ville	Vendeur	Montant
		<>Paris		>=50000
		Paris		

Pour les critères textuels, vous pouvez utiliser les caractères génériques * (remplace une chaîne quelconque de caractères) et ? (remplace un seul caractère). Par exemple, les clients dont le nom commence par M.

Date	Client	Ville	Vendeur	Montant
	M*			

Pour combiner plusieurs critères sur la même colonne de données, par exemple `Montant` ≥50000 et `Montant<=100000`, placez deux fois la même étiquette dans la zone de critères, et sous chacune d'elles, spécifiez un critère.

Date	Client	Ville	Vendeur	Montant	Montant
				>=50000	<=100000

Vous pouvez utiliser des critères calculés par des formules ayant pour résultat `VRAI` ou `FAUX`. Ces formules ne peuvent référencer un champ de données que par la référence relative à la première cellule de données de la colonne ou par son étiquette. Pour cela, placez dans la zone d'extraction une étiquette différente de celles du tableau de données, et sous cette étiquette saisissez la formule de critère. Dans l'exemple, `E8` est la première cellule de données du champ *Montant*.

	F3	▼	f_x	=E8>=MOYENNE(Tableau1[Montant])	
	A	B	C	D	E	F
2	Date	Client	Ville	Vendeur	Montant	Moyenne
3						FAUX
4						

FONCTIONS STATISTIQUES SUR BASE DE DONNÉES

Ces fonctions permettent d'effectuer des calculs statistiques sur les valeurs d'un champ dans les enregistrements satisfaisant des critères spécifiés dans une zone de critères (définie comme dans les filtres avancés, page 67). Leur syntaxe générale est :

`=Fonction(Données;"nom_champ";Critères)` ou `=Fonction(Données;n;Critères)`

n est le numéro du champ (colonne) dans le tableau de données.

Exemple : `=BDSOMME(A4:E10;"Bénéfice";A1:F2)` ou `=BDSOMME(A4:E10;5;A1:F2)`.

FONCTIONS

BDECARTYPE	Calcule l'écart type à partir d'un échantillon de population représenté par les valeurs du champ dans les enregistrements satisfaisant les critères.
BDECARTYPEP	Calcule l'écart type à partir de la population entière représentée par les valeurs du champ dans les enregistrements satisfaisant les critères.
BDLIRE	Extrait d'une base de données l'enregistrement qui correspond aux critères spécifiés.
BDMAX	Valeur la plus élevée du champ dans les enregistrements satisfaisant les critères.
BDMIN	Valeur la moins élevée du champ dans les enregistrements satisfaisant les critères.
BDMOYENNE	Moyenne des valeurs du champ dans les enregistrements satisfaisant les critères.
BDNB	Nombre de cellules du champ contenant des valeurs numériques dans les enregistrements satisfaisant les critères.
BDNBVAL	Nombre de cellules non vides du champ dans les enregistrements satisfaisant les critères.
BDPRODUIT	Multiplie les valeurs du champ dans les enregistrements satisfaisant les critères.
BDSOMME	Additionne les valeurs numériques du champ dans les enregistrements satisfaisant les critères.
BDVAR	Calcule la variance à partir d'un échantillon de population représenté par les valeurs du champ dans les enregistrements satisfaisant les critères.
BDVARP	Calcule la variance à partir de la population entière représentée par les valeurs du champ dans les enregistrements satisfaisant les critères.

INSÉRER UNE FONCTION DE BASE DE DONNÉES

- Placez le curseur dans la cellule devant afficher le résultat, cliquez sur l'icône dans la barre de formule ou, sous l'onglet **Formule**>groupe **Bibliothèque de fonction**, cliquez sur le bouton **Insérer une fonction**.

- Dans la zone <Sélectionnez une catégorie> : sélectionnez *Base de données*, puis dans la zone <Sélectionnez une fonction> : sélectionnez le nom de la fonction, validez par [OK]

- Spécifiez la plage de base de données, saisissez le nom du champ entre guillemets ou un nombre représentant la position de la colonne du champ dans la plage de base de données, spécifiez la plage de la zone de critères, validez par [OK].

SOUS-TOTAUX

Pour qu'Excel puisse insérer des sous-totaux au sein d'une plage de données, celle-ci doit être préalablement triée sur le champ qui va servir de regroupement.

Date	Client	Ville	Vendeur	Montant
02/09/2007	Valeor	Marseille	Martin	75.000,00 €
02/09/2007	Marval	Paris	Durand	145.250,00 €
05/09/2007	AMT	Paris	Durand	35.600,00 €
05/09/2007	SysLog	Reims	Morel	182.500,00 €

Les sous-totaux ne sont pas possibles dans un tableau de données. Si les données sont dans un tableau de données, convertissez le tableau de données en plage de cellules (voir page 64).

CRÉER DES SOUS-TOTAUX

- Pour obtenir des sous-totaux par client, triez les données selon le champ *Client*, puis sous l'onglet **Données**>groupe **Plan**, cliquez sur le bouton **Sous-totaux**.

  ➊ Sélectionnez le champ de regroupement, *Client* pour des sous-totaux par client.

  ➋ Sélectionnez la fonction de synthèse : *Somme, Nombre, Moyenne...*

  ➌ Cochez le ou les champs sur lesquels appliquer la fonction.

  ➍ Spécifiez les options que vous souhaitez.

    ① Cochez pour que les sous-totaux précédents soient d'abord supprimés, sinon ils sont conservés.

    ② Cochez pour séparer les groupes à l'impression, sinon ils sont imprimés sans discontinuité.

    ③ Cochez pour placer les lignes de sous-totaux au-dessous des lignes de détails, sinon elles sont placées au-dessus.

- Validez par [OK].

Des niveaux de plan sont créés automatiquement. Les lignes de synthèse par client ont été insérées sous les lignes de détails de chaque client. Une ligne de synthèse générale est ajoutée sous la plage de données.

Dans la colonne du champ *Client* qui a servi à regrouper, chaque ligne de synthèse contient **Total xxx**, où xxx est le nom de client.

Si les données sont triées comme il faut, vous pouvez utiliser à nouveau la commande **Sous-totaux**, en désactivant l'option ① pour obtenir un deuxième niveau de sous-totaux.

SUPPRIMER LES SOUS-TOTAUX

- Cliquez sur une cellule de la plage de données puis, sous l'onglet **Données**>groupe **Plan**, cliquez sur le bouton **Sous-totaux**. Dans le dialogue, cliquez sur [Supprimer tout].

TRIER AVEC DES SOUS-TOTAUX

Si vous avez affiché seulement le niveau des sous-totaux, vous pouvez trier par blocs de données selon le champ de regroupement ou le champ sur lequel a été appliquée la fonction de synthèse.

- Masquez les lignes de détails en cliquant sur le symbole de plan [2], puis triez les données. Si les conditions ne sont pas remplies, Excel demande de supprimer les sous-totaux avant de trier.

Si vous souhaitez regrouper et synthétiser les données d'un tableau de données, vous pouvez créer un plan comportant jusqu'à huit niveaux (un par groupe). Chaque niveau (représenté par un numéro) affiche les détails du niveau supérieur (représenté par un numéro moins élevé). Un plan vous permet d'afficher rapidement les lignes ou les colonnes de synthèse ou de révéler à la demande les détails de certains groupes. Vous pouvez créer un plan de lignes (comme dans l'exemple ci-après), un plan de colonnes ou un plan de lignes et de colonnes.

CRÉER UN PLAN AUTOMATIQUE

Chaque colonne doit comporter une étiquette dans la première ligne du tableau et contenir des informations similaires. Aucune ligne ou colonne du tableau ne doit être complètement vide.

Préparer des lignes de synthèse pour séparer les niveaux de plan

Une ligne de synthèse regroupe un ensemble de lignes de détails, elle peut contenir des formules de synthèse sur les valeurs des lignes de détails.

- Vous pouvez insérer manuellement des lignes au-dessus ou au-dessous des lignes de détail, et en faire des lignes de synthèse en y saisissant les formules de somme ou de moyenne des valeurs des lignes de détail.

  Si les lignes du tableau sont triées selon les valeurs d'une colonne servant au regroupement, il est possible d'insérer automatiquement des lignes de synthèse. Utilisez pour cela la commande Sous-total (voir *Créer des sous-totaux* page 69), les fonctions SOUS.TOTAL sont insérées en dessous ou au-dessus de chaque groupe de lignes de détails.

- Indiquez si l'emplacement de la ligne de synthèse est en dessous ou au-dessus des lignes de détails : sous l'onglet **Données**>groupe **Plan**, cliquez sur le **Lanceur** du groupe.

  L'option <☑ Lignes de synthèse sous les lignes de détails> indique que les formules de synthèse sont sous les lignes de détails. Décochez l'option si les formules de synthèse sont au-dessus des lignes de détails. [OK].

Grouper les lignes en niveaux de plan

Excel peut créer automatiquement un plan, si les lignes de synthèse contiennent des fonctions telles que SOMME(), MOYENNE(), Sous.Total().

- Cliquez dans la plage de données, puis sous l'onglet **Données**>groupe **Plan**, cliquez sur la **flèche** du bouton **Grouper**, puis sur *Plan automatique*.

	A	B	C	D	E	F	G	H	I	J
3		Janvier	Février	Mars	Trimestre 1	Avril	Mai	Juin	Trimestre 2	Juillet
4	Europe									
5	Allemagne	1.588	1.882	2.258	5.708	2.154	2.585	3.102	7.841	3.541
6	Autriche	2.546	3.055	3.666	9.267	3.625	4.350	5.220	13.195	6.845
7	Danemark	1.587	1.904	2.285	5.777	2.157	2.588	3.106	7.851	4.574
8	Espagne	3.256	3.907	4.689	11.852	3.541	4.249	5.099	12.889	6.588
9	Finlande	4.512	5.414	6.497	16.424	4.152	4.982	5.979	15.113	6.882
10	France	6.521	7.825	9.390	23.736	5.417	6.500	7.800	19.718	8.744
11	Sous-total Europe	19.990	23.988	28.786	72.764	21.046	25.255	30.306	76.607	37.174
12	Afrique									
13	Algérie	6.497	4.982	2.258	13.736	10.745	2.258	9.910	22.913	10.745
14	Égypte	9.390	6.500	3.666	19.557	11.825	3.666	12.591	28.082	11.825
15	Gabon	10.860	7.505	2.285	20.651	11.729	2.285	14.766	28.780	11.729
16	Sous-total Afrique	26.748	18.988	8.209	53.945	34.298	8.209	37.267	79.775	34.298

CRÉER UN PLAN EN REGROUPANT MANUELLEMENT LES NIVEAUX

- Veillez à ce que toutes les données soient affichées pour éviter de grouper incorrectement les lignes. Sélectionnez toutes les lignes subordonnées à la ligne de synthèse générale, s'il y en a une, puis sous l'onglet **Données**,>groupe **Plan**, cliquez sur **Grouper**.
  Les symboles du plan s'affichent à côté du groupe à l'écran.

- Pour chaque groupe imbriqué, sélectionnez les lignes subordonnées à la ligne de synthèse du groupe, puis sous l'onglet **Données**>groupe **Plan**, cliquez sur **Grouper**. Continuez à grouper les lignes de niveau inférieur jusqu'à ce que vous ayez créé tous les niveaux souhaités dans le plan.

Dissocier les lignes

Dissocier est le contraire de grouper, les lignes que vous dissociez remontent d'un niveau de plan.

- Sélectionnez les lignes, puis sous l'onglet **Données**>groupe **Plan**, cliquez sur **Dissocier**.
  Vous pouvez également dissocier une section du plan : maintenez la touche MAJ appuyée et cliquez sur la case + ou sur la case - du groupe puis, sous l'onglet **Données**>groupe **Plan**, cliquez sur **Dissocier**.

Important : si vous dissociez des sections du plan alors que les données de détails sont masquées, les lignes de détails peuvent rester masquées. Pour afficher les données, faites glisser le pointeur sur les numéros des lignes visibles adjacentes aux lignes masquées, sous l'onglet **Accueil**>groupe **Cellules**, cliquez sur la flèche du bouton **Format**, pointez sur *Masquer et afficher*, puis cliquez sur *Afficher les lignes*.

UTILISER LES SYMBOLES DE PLAN

1 2 3	A	B Janvier	C Février	D Mars	E Trimestre 1	F Avril	G Mai	H Juin	I Trimestre 2	J Juillet
4	Europe									
5	Allemagne	1.568	1.882	2.258	5.708	2.154	2.585	3.102	7.841	3.541
6	Autriche	2.546	3.055	3.666	9.267	3.625	4.350	5.220	13.195	6.845
7	Danemark	1.587	1.904	2.285	5.777	2.157	2.588	3.106	7.851	4.574
8	Espagne	3.256	3.907	4.689	11.852	3.541	4.249	5.099	12.889	6.568
9	Finlande	4.512	5.414	6.497	16.424	4.152	4.982	5.979	15.113	6.882
10	France	6.521	7.825	9.390	23.736	5.417	6.500	7.800	19.718	8.744
11	Sous-total Europe	19.990	23.988	28.786	72.764	21.046	25.255	30.306	76.607	37.174
12	Afrique									
13	Algérie	6.497	4.982	2.258	13.738	10.745	2.258	9.910	22.913	10.745
14	Égypte	9.390	6.500	3.666	19.557	11.825	3.666	12.591	28.082	11.825
15	Gabon	10.860	7.505	2.285	20.651	11.729	2.285	14.766	28.780	11.729
16	Sous-total Afrique	26.748	18.968	8.209	53.945	34.298	8.209	37.267	79.775	34.298

- Les symboles de plan ➕ et ➖ en face des lignes de synthèse servent à masquer ou réafficher les lignes de détails. Vous obtenez le même résultat avec l'onglet **Données**>groupe **Plan**, cliquez sur le bouton **Afficher les détails** (➕) ou **Masquer les détails** (➖).
- Chaque symbole numéroté, en haut à gauche de la fenêtre 1 2 3, correspond à un niveau de plan. Cliquez sur un symbole de niveau pour afficher les détails de ce niveau et masquer tous les niveaux inférieurs.

Masquer/réafficher les symboles du mode Plan

- Cliquez sur l'onglet **Fichier**, puis sur **Options**. Sélectionnez la rubrique *Options avancées*, et sous la section Afficher les options pour cette feuille de calcul, sélectionnez la feuille de calcul et décochez ou cochez la case <☐ Afficher les symboles du plan si un plan est appliqué>.

SUPPRIMER LE MODE PLAN

- Cliquez sur une cellule du tableau puis, sous l'onglet **Données**>groupe **Plan**, cliquez sur la **flèche** du bouton **Dissocier**, puis cliquez sur *Effacer le plan*.

COPIER SEULEMENT LES DONNÉES VISIBLES EN MODE PLAN

- Utilisez les symboles du plan pour masquer les données de détails à ne pas copier. Sélectionnez les lignes à copier, puis sous l'onglet **Accueil**>groupe **Édition**, cliquez sur **Rechercher et remplacer**, puis sur *Sélectionner les cellules*. Dans le dialogue, activez <⊙ Cellules visibles seulement>, validez par [OK] puis copiez les données.

TABLEAUX CROISÉS DYNAMIQUES

Les tableaux croisés dynamiques permettent des analyses multidimensionnelles des données issues d'une plage/tableau de données ou d'une source de données externe. Ils regroupent les données selon les valeurs de certains champs et calculent des valeurs de synthèse pour ces groupes.

Par exemple, si vous disposez des ventes journalières effectuées par les vendeurs dans un tableau, vous pouvez présenter une synthèse des ventes par vendeur, par semaine.

	G	H	I	J	K	L
7	Date	Client	Ville	Vendeur	Montant	Semaine
8	02/09/2010	Valeor	Marseille	Martin	75 000,00 €	36
9	02/09/2010	Marval	Paris	Durand	145 250,00 €	36
10	05/09/2010	AMT	Paris	Durand	35 600,00 €	36
11	05/09/2010	SysLog	Reims	Morel	182 500,00 €	36
12	05/09/2010	Champagnes	Reims	Morel	76 000,00 €	36
13	05/09/2010	Bolor Sarl	Rouen	Martin	48 700,00 €	36
14	07/09/2010	JBM Consult	Rouen	Martin	126 000,00 €	37

CRÉER UN TABLEAU CROISÉ DYNAMIQUE

- Cliquez dans la plage de cellules ou dans le tableau de données puis, sous l'onglet **Insertion**>groupe **Tableaux**, cliquez sur le bouton **Tblcroisé dynamique**. Dans le dialogue, définissez :

  ❶ L'emplacement des données à analyser : soit vous spécifiez une plage ou un tableau de données, soit vous utilisez une source de données externe et vous cliquez sur [Choisir la connexion] pour chercher la source de données.

  ❷ L'emplacement du tableau croisé dynamique : soit une nouvelle feuille de calcul, soit une feuille existante dont vous sélectionnez le nom et spécifiez l'emplacement sur la feuille.

- Validez par [OK].

La feuille contenant l'emplacement du tableau croisé dynamique s'affiche. Le volet *Liste de champs de tableau croisé dynamique* est ouvert à droite de la fenêtre. Il disparaît si vous cliquez hors du tableau croisé dynamique et se réaffiche lorsque vous cliquez dans le tableau croisé dynamique.

- Glissez-déposez le champ *Vendeur* dans la zone <Étiquettes de lignes>, glissez-déposez le champ *Semaine* dans la zone <Étiquettes de colonnes>, glissez-déposez le champ *Montant* dans la zone <Valeurs>.

TABLEAUX CROISÉS DYNAMIQUES

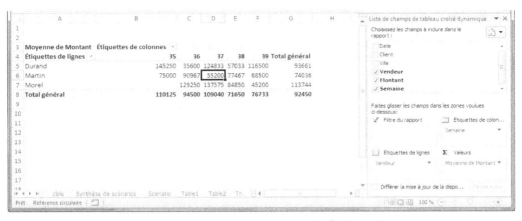

Afficher/masquer le volet Liste de champs de tableau croisé dynamique

Le volet s'affiche automatiquement lorsque la cellule active est dans le tableau croisé, sauf si vous avez désactivé la liste de champs.

- Pour afficher/masquer le volet *Liste de champs*, cliquez dans le tableau puis, sous l'onglet contextuel **Options**>groupe **Afficher**, cliquez sur le bouton **Liste de champs**.

LES FONCTIONS DE SYNTHÈSE

Changer la fonction de synthèse

- Dans la zone <Σ Valeurs> du volet *Liste de champs de tableau croisé dynamique*, cliquez sur `Somme de montant`, puis sur *Paramètres des champs de valeur*, un dialogue s'affiche.
  - ❶ Sélectionnez la fonction de synthèse (dans l'exemple `Moyenne`).
  - ❷ Spécifiez un libellé qui s'affichera à la place de `Montant moyen`.
  - ❸ Cliquez sur le bouton [Format de nombre] pour formater les valeurs de synthèse, [OK].

Plusieurs champs de synthèse

- Dans le volet *Liste de champs de tableau croisé dynamique*, glissez-déposez un deuxième champ (ici à nouveau `Montant`) dans la zone <Σ Valeurs>. Puis, dans cette zone, cliquez sur le nouveau bouton `Somme de montant` puis sur *Paramètres de champ*, un dialogue s'affiche. Sélectionnez la fonction de synthèse (ici `Nombre`), spécifiez le libellé (`Nb factures`).

Le tableau donne maintenant deux valeurs de synthèse : le montant moyen et le nombre de factures. Les valeurs de synthèse sont en colonnes. Pour les avoir en ligne, faites glisser le bouton `Σ Valeurs` ▼ dans la zone <Étiquettes de lignes>.

- Pour modifier la position relative des colonnes ou lignes de synthèse : déplacez les boutons de champ l'un par rapport à l'autre dans la zone <Σ Valeurs>.

TABLEAUX CROISÉS DYNAMIQUES

LES CHAMPS DE REGROUPEMENT

Vous pouvez avoir champs de regroupement en ligne ou en colonne.

- Dans le volet *Liste de champs de tableau croisé dynamique*, glissez-déposez un deuxième champ de regroupement dans la zone <Étiquettes de lignes> (par exemple `Client`) ou <Étiquettes de colonnes>.

- Pour modifier les hiérarchies de regroupement : changez l'ordre des boutons de champ dans la zone <Étiquettes de lignes> ou dans la zone <Étiquettes de colonnes>.

- Pour afficher ou masquer le détail d'une étiquette : double-cliquez sur l'étiquette de groupe dans le tableau, ou cliquez sur les cases + ou – situées devant l'étiquette de groupe.

- Pour afficher ou masquer tous les détails inférieurs à un niveau : cliquez sur une étiquette du niveau, puis sous l'onglet **Options**>groupe **Champ actif**, utilisez les boutons ⬆ ou ⬇.

SUPPRIMER UN CHAMP DE REGROUPEMENT OU DE SYNTHÈSE

- Dans le volet *Liste de champs de tableau croisé dynamique*, glissez-déposez le bouton du champ en dehors de la zone où il figure.

FILTRER UN TABLEAU CROISÉ DYNAMIQUE

Masquer des étiquettes du tableau croisé dynamique

- Pour masquer certaines étiquettes de vendeur par exemple : cliquez sur la flèche ❶ associée à *Étiquettes de lignes* dans le tableau croisé. Une fenêtre ❷ s'affiche avec des commandes de tri et de filtres : décochez les noms des vendeurs que vous voulez masquer, validez par [OK].

- Pour masquer des étiquettes de semaine par exemple : cliquez sur la flèche ❸ associée à *Étiquettes de colonnes* dans le tableau croisé. Une fenêtre s'affiche avec des commandes de tri et de filtres : décochez les numéros des semaines que vous voulez masquer, validez par [OK].

- Pour désactiver le filtre, afin de réafficher toutes les lignes et les colonnes, cochez la case devant <Sélectionner tout> dans la fenêtre.

TABLEAUX CROISÉS DYNAMIQUES

Ajouter un champ de filtre

- Dans le volet *Liste de champs de tableau croisé dynamique*, glissez-déposez un champ dans la zone <Filtre du rapport>, par exemple *Ville*. Une zone de filtre apparaît au-dessus du tableau croisé dynamique.

- Pour filtrer les données selon les valeurs du filtre : cliquez sur la flèche ❶ et sélectionnez une valeur de ce champ (plusieurs valeurs si vous activez <☑ Sélectionner plusieurs éléments>).

Vous pouvez placer plusieurs champs dans la zone <Filtre du rapport>.

Filtre sur les valeurs de synthèse

- Cliquez droit sur une étiquette, puis sur *Filtrer*, puis sur *Filtres s'appliquant aux valeurs*...

- Spécifiez le filtre, validez par [OK].

Filtrer sur les étiquettes

- Cliquez droit sur une étiquette, puis sur *Filtrer*, puis sur *Filtre s'appliquant aux étiquettes*... (ou *Filtres chronologiques*... s'il s'agit de dates), spécifiez le filtre, validez par [OK].

TRIER UN TABLEAU CROISÉ DYNAMIQUE

- Cliquez dans une des valeurs d'étiquette en ligne (ou en colonne). Sous l'onglet contextuel **Options**>groupe **Trier**, cliquez sur le bouton **Trier** ou cliquez droit sur une valeur puis sur la commande contextuelle *Trier* et enfin sur *Options de tri supplémentaires*...
- Spécifiez l'ordre de tri, <⊙ Ascendant>/<⊙ Descendant>, et le critère de tri. Dans l'exemple, les clients seront listés dans l'ordre descendant du montant total des ventes.
- Validez par [OK].

Vous pouvez toujours modifier l'ordre manuellement en faisant glisser dans la colonne (ligne), la cellule contenant l'étiquette du tableau croisé dynamique.

ACTUALISER LES DONNÉES

Après modification des données source, il faut actualiser le tableau croisé dynamique.

- Sous l'onglet contextuel **Options**>groupe **Données** cliquez sur le bouton **Actualiser**, ou cliquez droit dans une cellule de valeur de synthèse puis sur la commande *Actualiser*.

SUPPRIMER UN TABLEAU CROISÉ DYNAMIQUE

- Cliquez dans le tableau puis, sous l'onglet **Options**>groupe **Actions**, cliquez sur le bouton **Sélectionner**, puis sur *Tableau croisé dynamique complet*. Le tableau étant sélectionné, appuyez sur Suppr.

TABLEAUX CROISÉS DYNAMIQUES

MODIFIER L'EMPLACEMENT DES DONNÉES SOURCE D'UN TABLEAU CROISÉ DYNAMIQUE

Si vous voulez ajouter une colonne calculée à la plage source de données pour l'inclure dans le tableau croisé dynamique, il faut changer l'emplacement des données source.

- Cliquez dans le tableau dynamique croisé, sous l'onglet contextuel **Options**>groupe **Données**, cliquez sur le bouton **Changer la source de données**, puis sur la commande *Changer la source de données*...

AFFICHER LES DONNÉES DE DÉTAILS D'UNE VALEUR DE SYNTHÈSE

- Si vous double-cliquez sur une valeur du tableau croisé, la liste des lignes de détails qui sont la source de cette valeur est automatiquement créée dans une nouvelle feuille de calcul dans le même classeur.

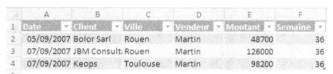

	A	B	C	D	E	F
1	Date	Client	Ville	Vendeur	Montant	Semaine
2	05/09/2007	Bolor Sarl	Rouen	Martin	48700	36
3	07/09/2007	JBM Consult	Rouen	Martin	126000	36
4	07/09/2007	Keops	Toulouse	Martin	98200	36

OPTIONS DU TABLEAU CROISÉ DYNAMIQUE

Le dialogue *Options du tableau croisé dynamique* permet de définir plusieurs paramètres pour créer un rapport de tableau croisé dynamique.

- Cliquez droit dans une cellule du tableau croisé, puis sur *Options du tableau croisé dynamique*... Consultez l'aide en cliquant sur la case ⬚ du dialogue pour obtenir des explications sur les options.

GRAPHIQUE CROISÉ DYNAMIQUE

Un graphique croisé dynamique fournit une représentation graphique des données contenues dans un rapport de tableau croisé.

■ Cliquez sur une cellule du tableau, puis sous l'onglet **Insertion**>groupe **Tableaux**, cliquez sur la flèche du bouton **Tablcroisé dynamique**, puis sur *Graphique croisé dynamique*.

■ Dans le dialogue, spécifiez l'emplacement des données à analyser et l'emplacement du graphique croisé dynamique (voir page 72), puis validez par [OK].

Le volet *Liste de champs de tableau croisé dynamique* s'ouvre à droite de la fenêtre. Il disparaît si vous cliquez hors du graphique croisé dynamique et se réaffiche lorsque vous cliquez dans le graphique croisé dynamique.

■ Glissez-déposez le champ *Vendeur* dans la zone <Champs Axe>, glissez-déposez le champ *Semaine* dans la zone <Champs Légende>, glissez-déposez le champ *Montant* dans la zone <Σ Valeurs>. Un tableau croisé dynamique se construit avec son graphique à l'emplacement que vous avez choisi.

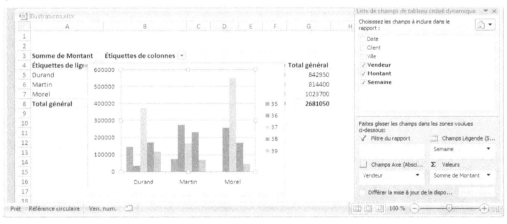

Comme pour un tableau croisé dynamique, vous pouvez masquer des étiquettes, ajouter un champ de valeurs ou ajouter un champ de filtre (voir tableaux croisés dynamiques page 73).

Lorsque vous cliquez sur le graphique, les onglets contextuels **Création**, **Disposition** et **Mise en forme** des graphiques sont présents sur le Ruban.

L'avantage de se connecter à des données externes est de pouvoir les analyser régulièrement dans Excel sans avoir à les copier à chaque fois, ce qui prend du temps et est sujet à erreur. Après vous être connecté aux données externes, vous pouvez actualiser vos classeurs Excel à partir de la source de données d'origine si celle-ci a été mise à jour.

Microsoft Office fournit des pilotes pour extraire des données des sources de données suivantes : dBase, Excel, MS Access (ODBC), Microsoft SQL Server et SQL Server Analysis Services (OLAP), Oracle (OLE DB), Bases de données de fichiers texte. Vous pouvez aussi utiliser des pilotes d'autres fabricants pour extraire des informations de sources de données spécifiques.

CRÉER UNE CONNEXION

- L'Assistant *Connexion de données* sert à créer une connexion à une source de données externe : sous l'onglet **Données**>groupe **Données externes**, cliquez sur **Autres sources**, puis cliquez sur *Provenance : Assistant Connexion de données*. Sélectionnez *DSN ODBC*, puis sur [Suivant], par exemple, sélectionnez *MS Access Database*, puis cliquez sur [Suivant].
- Sélectionnez le dossier, puis le fichier Access, validez par [OK].
- Sélectionnez la table ou la requête, validez par [Terminer].
- Sélectionnez la méthode d'affichage et l'emplacement des données, validez par [OK].

SE CONNECTER À UNE SOURCE DE DONNÉES EXTERNE

Un fichier de connexion de l'ordinateur (.odc) a été enregistré sur l'ordinateur dans votre dossier *Mes documents/Toutes les sources de données* et une connexion a été créée dans le classeur.

En créant la connexion, dans le dialogue *Importation de données* (cf. page précédente), vous pouvez générer la plage de données externes comme un tableau (par défaut) ou comme un tableau croisé dynamique ou un graphique croisé dynamique.

ACTUALISER LES DONNÉES DES PLAGES DE CONNEXION EXTERNE

- Cliquez dans la plage de données de connexion externe puis, sous l'onglet **Création**>groupe **Données de tableau externe**, cliquez sur le bouton **Actualiser**.
  Pour actualiser les données de toutes les connexions : cliquez sur la **flèche** du bouton **Actualiser** puis sur la commande *Actualiser tout...*
- Pour actualiser automatiquement les données à l'ouverture du classeur : sous l'onglet **Données**>groupe **Connexions**, cliquez sur la **flèche** en regard de **Actualiser**, puis cliquez sur *Propriétés de connexion*. Cliquez sur l'onglet *Utilisation*, cochez <☑ Actualiser à l'ouverture du fichier>.
  Dans ce cas, vous pouvez ne pas enregistrer dans le classeur les données externes importées, mais simplement la définition de requête : cochez <☑ Supprimer les données externes de la table générée par la requête> avant d'enregistrer le classeur.

SUPPRIMER LA LIAISON

- Cliquez sur une cellule de la plage de données externes puis, sous l'onglet **Outils**>groupe **Données de tableau externe**, cliquez sur **Supprimer la liaison**.
  La plage de données est conservée avec le même nom, mais la connexion est supprimée dans le classeur. Toutefois, le fichier de connexion sur cet ordinateur (.odc) existe toujours.

Si vous choisissez une connexion dans les catégories Fichiers de connexion du réseau ou Fichiers de connexion de cet ordinateur, le fichier de connexion est copié dans le classeur en tant que nouvelle connexion de classeur.

UTILISER LA LISTE DES CONNEXIONS EXISTANTES

- Sous l'onglet **Données**>groupe **Données externes**, cliquez sur **Connexions existantes**.
- Sous Connexions de ce classeur : la liste des connexions du classeur actif.
- Sous Fichiers de connexion du réseau : la liste des fichiers de connexion à disposition dans une bibliothèque de documents située sur un site Microsoft Office SharePoint Services, gérée par votre administrateur qui définit les connexions.
- Sous Fichiers de connexion de cet ordinateur : la liste des fichiers de connexion définis sur votre ordinateur dans votre dossier *Mes documents/Toutes les sources de données*.

Si vous voulez supprimer un fichier de connexion de l'ordinateur, cliquez sur le bouton [Rechercher...]. Le contenu du dossier *Mes documents/Toutes les sources de données* s'affiche, vous pouvez supprimer le fichier de connexion.

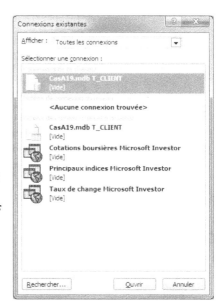

Microsoft Query vous permet de vous connecter à des sources de données pour y sélectionner des données ou des tables, définir des requêtes, importer le résultat des requêtes dans des feuilles de calcul, et synchroniser le résultat de ces extractions avec les données des sources externes.

Vous pouvez extraire des données de diverses bases de données ODBC (Microsoft Office Access et Microsoft SQL Server, dBASE, Oracle, Paradox), et des services OLAP de Microsoft SQL Server. Vous pouvez également extraire des données de classeurs Excel et de fichiers de texte.

Une fois que vous avez configuré une source de données pour une base de données particulière, Microsoft Query utilise la source de données pour se connecter à la base de données externe et pour afficher les données disponibles. Vous créez votre requête dans Microsoft Query, le résultat de la requête est importé dans la feuille de calcul.

CRÉER LA SOURCE DE DONNÉES

- Sous l'onglet **Données**>groupe **Données externes**, cliquez sur **Autres sources**, puis sur *Provenance : Microsoft Query*. Le dialogue *Choisir une source de données* s'affiche.
- Pour désigner une source de données pour une base de données, un fichier texte ou un classeur Excel, cliquez sur l'onglet *Bases de données*.
- Pour spécifier la source de données d'un cube OLAP, cliquez sur l'onglet *Cubes OLAP*. Cet onglet n'est disponible que si vous avez exécuté Microsoft Query à partir d'Excel.
- Cliquez sur le choix *<Nouvelle source de données>*, puis sur [OK].
  La boîte de dialogue *Créer une nouvelle source de données* s'affiche.

  - 1 : tapez un nom pour identifier la source de données.

  - 2 : sélectionnez un pilote pour le type de source de données.

    Si la source de données externe à laquelle vous voulez accéder n'est pas prise en charge par les pilotes ODBC

  ou OLAP qui sont installés avec Microsoft Query, contactez le fabricant de la base de données pour obtenir des instructions pour installer le pilote.

  - 3 : cliquez sur [Connexion...] : fournissez les informations nécessaires pour vous connecter à la source de données, en particulier sélectionnez la base. Si vous ne souhaitez pas taper votre nom de connexion et votre mot de passe à chaque utilisation de la source de données, cliquez sur [Avancé...] pour les spécifier une fois pour toutes (attention, le mot de passe enregistré n'est pas chiffré). Après avoir entré les informations requises, cliquez sur [OK] ou sur [Terminer]. La boîte de dialogue *Créer une nouvelle source de données* se réaffiche.

- Validez par [OK].
  Le nom de la source de données apparaît dans la boîte de dialogue *Choisir une source de données*.

DÉFINIR UNE REQUÊTE

- Dans le dialogue *Choisir une source de données*, sélectionnez la source que vous avez créée et validez par [OK]. La fenêtre Microsoft Query s'affiche.

- Ajoutez les tables dont vous voulez extraire des données ❶, créez les jointures entre les tables ❷, faites glisser les noms des champs des tables dans la feuille résultat de la requête ❸.

- Vous pouvez définir un filtre en cliquant sur le bouton *Afficher/masquer les critères* ❹ et trier les résultats de la requête selon la colonne sélectionnée ❺.
- Pour enregistrer la requête : cliquez sur l'icône *Enregistrer la requête* ❻.
  Les requêtes sont enregistrées en tant que fichiers de requête `.dqy` que vous pouvez ensuite modifier, réutiliser et partager.
- Pour ouvrir une requête enregistrée : cliquez sur l'icône *Ouvrir une requête* ❼.
  Excel peut aussi ouvrir directement les fichiers `.dqy`, ce qui permet de créer des plages de données externes supplémentaires à partir de la même requête.

EXPLOITER LES DONNÉES DANS EXCEL

Après avoir créé une requête Microsoft Query, vous pouvez envoyer les résultats de la requête dans une feuille de calcul. Les données sont présentées dans une plage de données externes ou dans un rapport de tableau croisé dynamique que vous pouvez mettre en forme et actualiser.

- Cliquez sur l'icône *Renvoyer les données* ❽ (vous pouvez ouvrir un fichier de requête `.dqy`).

- Spécifiez la méthode d'affichage et l'emplacement des données extraites, validez par [OK].

- Pour modifier la requête, cliquez droit dans le tableau, puis sur *Table*, puis sur *Modifier la requête*...

CONTRÔLE, ÉCHANGE ET COLLABORATION

Vous pouvez limiter les valeurs acceptables dans certaines cellules, et prévoir des messages descriptifs d'aide à la saisie pour les utilisateurs.

La règle de validité n'est pas une composante du format de cellule, elle n'est donc pas copiée par copie de format. Mais elle peut l'être par copier-coller spécial en sélectionnant <⊙ Validation>.

■ Sélectionnez les cellules pour lesquelles vous désirez définir une règle de validité.

■ Onglet **Données**>groupe **Outils de données**, cliquez sur le bouton **Validation de données**.

– Onglet *Options* : spécifiez le type de données autorisées et l'intervalle des valeurs possibles, ces critères restent sans effet sur les valeurs déjà présentes dans les cellules.

– Onglet *Message de saisie* : spécifiez le message descriptif d'aide à la saisie.

– Onglet *Alerte d'erreur* : spécifiez l'action, par exemple *Arrêt* pour refuser la saisie d'une valeur erronée, et un message descriptif de l'erreur.

❶ Sélectionnez *Tout* (par défaut), ou *Nombre entier, Décimal, Liste, Date, Heure, Longueur du texte, Personnalisé*.

❷ Indiquez si les cellules peuvent être vides.

❸ Spécifiez l'intervalle de valeur ou la liste des données, ou la plage des données admises, ou la formule de validation dans le cas Personnalisé.

Spécifiez le titre et le texte du message d'aide à la saisie qui seront affichés dans une infobulle, lorsque que la cellule est sélectionnée.

❶ *Arrêt* : les entrées non valides sont refusées.
Avertissement ou *Information* : un dialogue donnera le choix entre annuler la saisie ou l'accepter.

❷ Le titre et le message d'erreur qui seront affichés dans une infobulle en cas de saisie de données non valide.

■ Cliquez sur [OK] pour terminer.

CONTRÔLER L'ACCÈS FICHIER PAR MOT DE PASSE

CONTRÔLER L'OUVERTURE D'UN CLASSEUR PAR MOT DE PASSE

Vous pouvez enregistrer un classeur avec un mot de passe pour la lecture et un mot de passe pour la modification. Seules les personnes connaissant le premier pourront ouvrir le fichier, seules les personnes connaissant le second pourront enregistrer le fichier.

Définir un mot de passe

- Ouvrez le document, cliquez sur l'onglet **Fichier**, puis sur **Enregistrer sous**... (ou raccourci clavier F12), le dialogue *Enregistrer sous* s'affiche. Cliquez sur la **flèche** du bouton **Outils**, puis sur la commande *Options générales*...

- Saisissez un mot de passe pour la lecture ❶, et éventuellement un mot de passe pour la modification ❷, cliquez sur [OK]. Excel demande confirmation : retapez le mot de passe pour la lecture et validez par [OK], retapez le mot de passe pour la modification et validez par [OK].
- Cliquez sur [Enregistrer].

Si vous avez protégé le fichier classeur avec les deux protections, les deux mots de passe sont demandés à l'ouverture du document. Si vous avez entré un seul mot de passe, seul ce mot de passe est demandé et le classeur une fois ouvert pourra être modifié et enregistré.

Attention : dans un mot de passe, Excel fait la différence entre les majuscules et les minuscules.

Retirer la protection de fichier par mot de passe

- Ouvrez le classeur, cliquez sur l'onglet **Fichier**, puis sur **Enregistrer sous**... (ou raccourci clavier F12), cliquez sur la **flèche** du bouton **Outils**, puis sur la commande *Options générales*...
- Effacez le(s) mot(s) de passe, cliquez sur [OK], puis sur [Enregistrer].

RECOMMANDER LA LECTURE SEULE

Pour éviter que les relecteurs ne modifient accidentellement un fichier, vous pouvez prévoir l'affichage d'une invite à l'ouverture du fichier qui recommande mais n'impose pas l'ouverture du fichier en lecture seule.

- Ouvrez le classeur, cliquez sur l'onglet **Fichier**, puis sur **Enregistrer sous**... (ou raccourci clavier F12), cliquez sur la **flèche** du bouton **Outils**, puis sur la commande *Options générales*... Cochez l'option <☑ Lecture seule recommandée>, cliquez sur [OK], puis sur [Enregistrer].
- À l'ouverture du fichier, une invite mentionne que la lecture seule est recommandée.

Si le relecteur choisit [Oui], il peut tout de même modifier le classeur, mais il ne peut pas l'enregistrer sauf dans un autre fichier, sous un autre nom.

VERROUILLER OU DÉVERROUILLER DES CELLULES

Lorsque vous avez protégé la feuille, les cellules verrouillées ne peuvent plus être modifiées. Par défaut, toutes les cellules sont verrouillées, par conséquent si vous voulez protéger la feuille en laissant modifiables certaines cellules, vous devez déverrouiller ces cellules auparavant.

- Si la feuille de calcul est protégée, supprimez la protection.
- Sélectionnez les cellules à déverrouiller, puis utilisez le raccourci ⌈Ctrl⌉+⌈⇧⌉+F, ou
  Onglet **Accueil**>groupe **Cellules**, cliquez sur le bouton **Format**, puis sur *Format de cellule...*, ou
  Onglet **Accueil**> groupe **Police**, cliquez sur le **Lanceur** du groupe, ou
  Cliquez droit sur la sélection, puis sur la commande *Format de cellule...*
- Dans le dialogue *Format de cellule* qui s'affiche, sous l'onglet *Protection*, désactivez la case à cocher <□ Verrouillé>, cliquez sur [OK].

> Si vous cochez l'option <☑ Masquée>, le contenu de la cellule ne s'affichera pas dans la barre de formule lorsque le classeur sera protégé. Une formule peut ainsi être masquée.

- Protégez la feuille.

PROTÉGER OU DÉPROTÉGER LA FEUILLE

Ôter la protection de la feuille

- Onglet **Révision**>groupe **Modifications**, cliquez sur **Ôter la protection de la feuille**, ou
  Onglet **Accueil**>groupe **cellules**, cliquez sur **Format**, puis sur *Ôter la protection de la feuille...*
- À l'invite, entrez le mot de passe pour désactiver la protection de la feuille de calcul.

Protéger la feuille

- Onglet **Révision**>groupe **Modifications**, cliquez sur le bouton **Protéger la feuille**, ou
  Onglet **Accueil**>groupe **Cellules**, cliquez sur **Format**, puis sur *Protéger la feuille...*
- Dans le dialogue *Protéger la feuille*, saisissez un mot de passe (facultatif), validez par [OK], saisissez à nouveau le mot de passe, validez par [OK].

> Le mot de passe est facultatif. Si vous ne fournissez aucun mot de passe, tous les utilisateurs pourront déprotéger la feuille de calcul et modifier les éléments protégés. Mais attention, si vous mettez un mot de passe et vous si l'oubliez, il vous sera impossible de modifier les éléments protégés de la feuille.

Dans le dialogue *Protéger la feuille*, cochez toutes les actions que les utilisateurs sont autorisés à faire. Toutes les actions qui ne sont pas cochées seront interdites.

VERROUILLAGE ET PROTECTION DES CELLULES

PROTÉGER LE CLASSEUR

La protection du classeur empêche de modifier la structure du classeur (ajouter ou supprimer des feuilles ou afficher des feuilles masquées). Il est possible en plus d'empêcher de modifier la taille et la position des fenêtres classeurs à l'intérieur de la fenêtre Excel.

- Pour protéger le classeur, sous l'onglet **Révision**>groupe **Modifications**, cliquez sur **Protéger le classeur**, saisissez le mot de passe, validez par [OK], confirmez le mot de passe.

- Pour ôter la protection du classeur, sous l'onglet **Révision**>groupe **Modifications**, cliquez sur **Ôter la protection du classeur**. À l'invite de mot de passe, entrez le mot de passe.

AUTORISER LA MODIFICATION D'UNE PLAGE DE CELLULES

Vous pouvez limiter par mot de passe la modification d'une plage de cellules : seuls les utilisateurs connaissant le mot de passe pourront modifier les cellules. Vous pouvez définir plusieurs plages de cellules autorisées, en les désignant chacune par un nom. Cette fonctionnalité n'est opérante que lorsque la feuille a été protégée.

- Onglet **Révision**>groupe **Modifications**, cliquez sur le bouton **Permettre la modification de plage**, le dialogue *Permettre la modification des plages* s'affiche.

- Cliquez sur le bouton [Nouvelle...], le dialogue *Nouvelle plage* s'affiche :
  - <Titre> : saisissez un nom désignant la plage de cellules ;
  - <Fait référence à> : sélectionnez la plage de cellules ;
  - <Mot de passe de la plage> : saisissez le mot de passe, [OK], confirmez le mot de passe, [OK].

  Le bouton [Autorisations d'accès...] sert à désigner certains utilisateurs qui pourront modifier les cellules sans connaître le mot de passe.
- Validez la nouvelle plage autorisée par [OK].
- Cliquez sur [Protéger la feuille...], saisissez le mot de passe de protection de feuille, validez par [OK].
- Cliquez sur [OK].

Une fois la feuille protégée, si vous essayez de saisir une donnée dans une cellule de la plage autorisée, Excel vous invitera à entrer le mot de passe d'autorisation de modification de la plage de cellules.

Vous pouvez indiquer que certains utilisateurs ou groupes sont autorisés par exception à modifier la plage sans le mot de passe : sélectionnez la plage dans la zone <Plages déverrouillées...>, et cliquez sur [Autorisations...], cliquez sur [Ajouter...] puis saisissez un nom d'utilisateur, cliquez sur [Vérifier les noms] pour vérifier si ce nom est connu, validez par [OK].

- Pour modifier ou supprimer une plage autorisée : sélectionnez la plage, puis utilisez le bouton [Modifier] ou [Supprimer].

GESTION DES DROITS RELATIFS À L'INFORMATION (IRM)

La Gestion des droits relatifs à l'information (IRM) permet de spécifier des autorisations d'accès aux documents que vous diffusez, de façon à empêcher une personne non autorisée d'imprimer, transférer ou copier des informations confidentielles.

La gestion IRM nécessite une version Windows prenant en charge les services RMS (*Rights Management Services*). Dans ce contexte, vous devez installer le logiciel client Windows Right Management : lors de la première utilisation du service IRM dans Office 2010, vous êtes guidé dans cette installation. Cette installation requiert l'accès à un serveur de licence. Microsoft offre un service de licence sur .NET Passport (sur Internet) que vous pouvez utiliser en vous identifiant.

CONTRÔLE DES AUTORISATIONS À L'OUVERTURE DU DOCUMENT

Chaque fois qu'une personne ouvre un fichier à autorisation limitée, Microsoft Office envoie son identification à un serveur de licence et une licence d'utilisation est téléchargée sur son système définissant ses droits IRM.

Si la personne n'est pas autorisée pour le document, un message s'affiche pour lui permettre de demander l'autorisation nécessaire à l'auteur. Si l'autorisation lui est refusée, elle reçoit un message d'avertissement.

LIMITER LES AUTORISATIONS

- Cliquez sur l'onglet **Fichier**, puis sur **Informations**, puis sur l'icône *Protéger le fichier*, puis sur *Restreindre l'autorisation par les personnes*, enfin cliquez sur *Accès restreint* (vous cliquerez sur *Accès illimité* pour désactiver la gestion IRM).
  Dans le dialogue *Sélectionner l'utilisateur*, sélectionnez le compte utilisateur à utiliser pour créer ou modifier du contenu à accès restreint. [OK]. Le dialogue *Autorisation* s'affiche :

❶ Cochez l'option <☑ Restreindre l'autorisation à ce document>.

❷ Saisissez les adresses de messagerie des utilisateurs dans les zones d'autorisation de lecture ou de modification, ou utilisez les liens *Lire...* ou *Modifier...* pour sélectionner les noms dans le Carnet d'adresses.

❸ Cliquez sur [Autres options...] pour affiner les droits et définir une date d'expiration du document (si vous disposez de l'autorisation de contrôle total).

- Cliquez sur [OK] puis enregistrez le document.

Une barre de messages apparaît pour indiquer que le classeur est en accès restreint. Si vous voulez modifier les autorisations d'accès au classeur, cliquez sur [Modifier l'autorisation...].

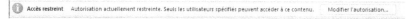

Niveaux d'autorisation

- *Lire* : autorisation de lire le document mais interdiction de modifier/imprimer/copier.
- *Modifier* : autorisation de lire/modifier/enregistrer mais interdiction de copier/imprimer.
- *Contrôle total* : l'auteur du document a toujours le contrôle total, autorisation qui permet de tout faire, en particulier de modifier la date d'expiration ou changer les droits IRM. Pour attribuer une autorisation *Contrôle total* à un utilisateur, cliquez sur [Autres options...], cliquez en regard de l'utilisateur sur la flèche de la colonne *Niveau d'accès*, cliquez sur *Contrôle total*.

TRAVAILLER À PLUSIEURS SUR UN CLASSEUR

CONFIGURER LE CLASSEUR EN MODE « PARTAGÉ »

- En tant que propriétaire du classeur, vous pouvez le partager : sous l'onglet **Révision**>groupe **Modifications**, cliquez sur **Partager le classeur** (ou sur **Protéger et partager le classeur** si vous voulez partager et empêcher par mot de passe les autres utilisateurs de désactiver le mode « partagé »).

- Cochez la case de partage, modifiez éventuellement les options de votre choix sous l'onglet *Avancé*, validez par [OK].

Une fois que le classeur est configuré en mode « partagé », les modifications faites par n'importe quel utilisateur sont intégrées chaque fois que celui-ci enregistre le classeur. Et un historique de toutes les modifications est constitué dans le classeur et mis à jour à chaque enregistrement.

Les fonctionnalités suivantes ne peuvent plus être modifiées une fois le classeur partagé : cellules fusionnées, mises en forme conditionnelles, validation de données, graphiques, images, objets (y compris les objets dessins), liens hypertextes, scénarios, plans, sous-totaux, tableaux de données, rapports de tableau croisé dynamique, protection de classeur et de feuille de calcul, macros.

 L'enregistrement d'un classeur partagé Office Excel 2010 ou 2007 dans un format de fichier d'une version antérieure met fin au partage du classeur et supprime l'historique des modifications.

TRAVAILLER À PLUSIEURS SUR LE MÊME CLASSEUR

Pour autoriser plusieurs utilisateurs à ajouter ou à modifier des données simultanément, vous devez configurer le classeur en mode « partagé » puis le rendre accessible aux autres utilisateurs en l'enregistrant dans un dossier partagé en réseau (et non sur un serveur Web).

Les modifications faites par d'autres vous seront signalées lorsque vous enregistrerez votre classeur partagé. Vous pouvez paramétrer le partage pour qu'Excel intègre périodiquement à votre classeur les modifications faites par d'autres.

Si vos modifications entrent en conflit avec celles d'autres utilisateurs, un dialogue de résolution de conflit s'affiche pour vous permettre de choisir les modifications à conserver.

Les cellules ayant été modifiées par d'autres utilisateurs peuvent être mises en évidence, et vous pouvez revenir dessus une à une pour refuser ou accepter les modifications.

- Pour mettre en évidence les cellules ayant été modifiées par d'autres : cliquez sur **Suivi des modifications** puis sur *Afficher les modifications...*, spécifiez vos choix de sélection des modifications, validez par [OK]. Les cellules modifiées sont marquées par un petit triangle en haut à gauche d'une couleur différente pour chaque utilisateur. Si vous cliquez sur une cellule modifiée, une infobulle indique les détails de la dernière modification sur la cellule.

- Pour accepter ou refuser les modifications : cliquez sur **Suivi des modifications**, puis sur *Accepter ou refuser les modifications...*, spécifiez vos choix de sélection des modifications, validez par [OK]. La première cellule comportant des modifications faites par d'autres est sélectionnée et le dialogue *Accepter ou refuser* présente la liste des modifications pour cette cellule : acceptez ou refusez telle ou telle modification ou toutes les modifications. La cellule suivante modifiée par d'autres est sélectionnée, acceptez ou refusez les modifications, et ainsi de suite pour toutes les cellules comportant des modifications.

- Pour afficher l'historique des modifications : cliquez sur **Suivi des modifications** puis sur *Afficher les modifications...*, spécifiez vos choix de sélection des modifications, cochez <☑ Lister les modifications dans une autre feuille, validez par [OK].

Si vous cessez de partager le classeur, seules les dernières modifications sont conservées et l'historique des modifications est effacé.

TRAVAILLER À PLUSIEURS SUR UN CLASSEUR

DISTRIBUER DES COPIES D'UN CLASSEUR ET FUSIONNER LES MODIFICATIONS

Vous devez d'abord configurer le classeur en mode « partagé » (voir page précédente) et ensuite faire des copies du classeur que vous distribuez aux autres utilisateurs. Ces derniers y apportent leurs modifications puis vous renvoient les copies modifiées du classeur.

Il vous reste ensuite à stocker les différentes copies du classeur dans un dossier, puis à les comparer avec le classeur maître pour reconstituer l'historique des modifications apportées par les autres utilisateurs.

Il faut ajouter l'outil *Comparaison et fusion de classeurs* dans la barre d'outils *Accès rapide* : cliquez sur l'onglet **Fichier**, puis sur **Options**, sélectionnez *Barre d'outils Accès rapide*. Dans la zone <Choisir les commandes dans les catégories suivantes>, sélectionnez *Toutes les commandes*, puis sélectionnez *Comparaison et fusion de classeurs*, cliquez sur [Ajouter] et enfin sur [OK].

- Ouvrez votre classeur maître qui est en mode « partagé », puis cliquez sur l'outil *Comparaison et fusion de classeurs* (ajouté dans la barre d'outils *Accès rapide*). Dans le dialogue *Sélectionner les fichiers à fusionner dans le classeur en cours*, sélectionnez les copies modifiées par les autres utilisateurs, puis validez par [OK].

Un historique des modifications est reconstitué par comparaison des contenus des cellules des copies modifiées avec celles du classeur maître.

- Pour mettre en évidence les cellules comportant des modifications : cliquez sur **Suivi des modifications** puis sur *Afficher les modifications...*, spécifiez vos choix de sélection des modifications, validez par [OK].

- Vous pouvez passer en revue les modifications et accepter celles que vous souhaitez conserver et utiliser dans le classeur maître : cliquez sur **Suivi des modifications**, puis sur *Accepter ou refuser les modifications...*, spécifiez vos choix de sélection des modifications, validez par [OK].

- Pour afficher l'historique des modifications : cliquez sur **Suivi des modifications** puis sur *Afficher les modifications...*, spécifiez vos choix de sélection des modifications, cochez <☑ Lister les modifications dans une autre feuille, validez par [OK].

Si vous désactivez le mode partage du classeur, l'historique des modifications est effacé. Vous pouvez en faire une copie dans un autre classeur avant de désactiver le partage.

CONSOLIDER LES DONNÉES DE PLUSIEURS COPIES

Si vous avez préparé des feuilles de calcul d'un classeur avec des présentations similaires et que vous envoyez des copies de ce classeur à d'autres utilisateurs afin qu'ils complètent les feuilles, vous pouvez rassembler par consolidation les résultats dans un classeur maître.

- Pour consolider des données, sous l'onglet **Données**>groupe **Outils de données** cliquez sur le bouton **Consolider**, puis saisissez ou sélectionnez les références aux données que vous souhaitez consolider (pour plus de détails, voir page 60).

Vous pouvez consolider les données par :

- *Position* : choisissez cette option lorsque les données, qui figurent dans l'ensemble des feuilles de calcul, sont classées dans le même ordre et positionnées au même emplacement.

- *Catégorie* : choisissez cette option lorsque les données de chaque feuille de calcul sont organisées de façon différente, mais que les lignes et les colonnes portent la même étiquette, ce qui permet d'établir la correspondance entre les données.

- *Formules 3D* : choisissez cette option lorsque les feuilles de calcul ne suivent pas le même modèle. Vous pouvez créer des formules qui font référence à des cellules dans chacune des plages de données que vous combinez. Les formules qui font référence à des cellules situées dans plusieurs feuilles de calcul différentes sont appelées des formules 3D.

© Tsoft/Eyrolles – Excel 2010 Avancé

TRAVAILLER À PLUSIEURS SUR UN CLASSEUR

COMPATIBILITÉ AVEC LES VERSIONS ANTÉRIEURES D'EXCEL

Lorsque vous souhaitez échanger des classeurs avec des utilisateurs qui possèdent des versions antérieures d'Excel, vous pouvez enregistrer votre classeur au format Excel 97-2003 (`.xls`) et travailler sur le document en mode de compatibilité. Le mode de compatibilité est activé automatiquement lorsque vous ouvrez un classeur Excel 97-2003. La mention Mode de compatibilité apparaît dans la barre de titre Excel lorsque vous travaillez dans un format de fichier d'une version antérieure.

Le mode de compatibilité force la compatibilité avec les versions 2000 à 2003, en supprimant les fonctions d'Office Excel 2010/2007 non compatibles avec les versions antérieures.

Lorsque vous enregistrez un classeur ouvert en mode de compatibilité, Excel exécute automatiquement le Vérificateur de compatibilité afin d'identifier tout problème de compatibilité potentiel. Si vous n'utilisez pas le mode compatibilité, le Vérificateur de compatibilité peut également vous aider à enregistrer un classeur au format Office 2010/2007 dans le format d'une version antérieure d'Excel. Le vérificateur de compatibilité vous avertit si le contenu d'un classeur n'est pas compatible avec les versions antérieures et qu'il risque donc d'être affecté par la conversion dans un autre format de fichier.

DISTRIBUER DES VERSIONS AU FORMAT PDF OU XPS

Avec les programmes Microsoft Office 2010, vous pouvez convertir les fichiers aux formats PDF (*Portable Document Format*) ou XPS (*XML Paper Specification*) sans recours à un complément ou à un logiciel supplémentaire.

Vous pouvez ainsi partager des fichiers Excel dans un format standard afin qu'ils puissent être lus et imprimés, sans pouvoir être modifiés, sur tous les ordinateurs et sur le Web, sans utiliser Excel.

- Cliquez sur l'onglet **Fichier**, puis sur **Enregistrer et envoyer** ; puis dans le panneau central, sous Type de fichiers, cliquez sur *Créer un document PDF/XPS*. Dans le panneau de droite, cliquez sur l'icône *Créer PDF/XPS*.

- Dans la zone <Nom du fichier> : saisissez un nom pour le fichier, dans la zone <Type > : sélectionnez *PDF(*.pdf)* ou *Document XPS(*.xps)*.

- Si vous voulez ouvrir le fichier immédiatement après l'avoir enregistré, cochez la case <☑ Ouvrir le fichier après la publication>, (cette case à cocher n'est disponible que si un lecteur PDF est installé sur votre ordinateur), spécifiez la qualité d'impression, puis cliquez sur [Publier].

DISTRIBUER DANS D'AUTRES FORMATS DE FICHIERS

Vous pouvez enregistrer des classeurs Excel dans d'autres formats de fichiers pour les ouvrir dans d'autres applications.

Vous pouvez enregistrer des fichiers Excel sous forme de fichiers XML, de fichiers texte (voir page 94), de pages Web (fichiers HTML) et dans d'autres formats (pour plus de détails, dans l'Aide recherchez sur *Formats de fichier*).

> Les fonctionnalités Excel, mises en forme et formules, ne sont en général pas conservées sous d'autres formats.

Données XML (*.xml)
Page Web à fichier unique (*.mht;*.mhtml)
Page Web (*.htm;*.html)
Modele Excel (*.xltx)
¹ Modele Excel (prenant en charge les macros) (*.xltm)
Modele Excel 97 - 2003 (*.xlt)
Texte (séparateur : tabulation) (*.txt)
Texte Unicode (*.txt)
Feuille de calcul XML 2003 (*.xml)
Classeur Microsoft Excel 5.0/95 (*.xls)
CSV (séparateur: point-virgule) (*.csv)
Texte (séparateur: espace) (*.prn)
Texte (Macintosh) (*.txt)
Texte (DOS) (*.txt)
CSV (Macintosh) (*.csv)
CSV (DOS) (*.csv)
DIF (*.dif)
SYLK (*.slk)
Macro complémentaire Excel (*.xlam)
Macro complémentaire Excel 97 - 2003 (*.xla)
PDF (*.pdf)
Document XPS (*.xps)
Feuille de calcul OpenDocument (*.ods)

- Pour enregistrer sous un autre format de fichier, cliquez sur l'onglet **Fichier**, puis sur **Enregistrer sous**. Cliquez sur la flèche de la zone <Type>, puis sélectionnez le format de fichier.

IMPORTER ET EXPORTER DES FICHIERS TEXTE

Deux formats de fichiers texte sont couramment utilisés :

- Les fichiers texte délimités (fichiers .txt), dans lesquels les champs de texte sont séparés par des tabulations (caractère ASCII, code 009).
- Les fichiers texte CSV (fichiers .csv, valeurs séparées par un point-virgule), dans lesquels les champs de texte sont en général séparés par des virgules. Vous pouvez modifier le séparateur utilisé dans les fichiers délimités.csv.

IMPORTER UN FICHIER TEXTE

- Cliquez sur la cellule à partir de laquelle les données vont être insérées, puis sous l'onglet **Données**>groupe **Données externes**, cliquez sur le bouton **À partir du texte**. Dans le dialogue *Importer Fichier texte*, sélectionnez le fichier que vous voulez importer, cliquez sur [Ouvrir].
- Excel démarre l'Assistant Importation de texte. L'assistant détermine si les données sont de type Largeur fixe, ou de type Délimité. Suivez les instructions de l'Assistant. [Suivant>] sert à passer à l'étape suivante, [<Précédent] sert à revenir à l'étape précédente. Lorsque vous avez terminé, cliquez sur [Terminer].

Les étapes pour un fichier texte de largeur fixe (.txt).

Les données importées sont insérées dans la feuille de calcul.

Les étapes pour un fichier texte délimité (.csv)

📌 Si vous ouvrez un fichier texte .csv avec la commande Ouvrir, Excel le convertit automatiquement sans passer par l'Assistant Importation de texte. Dans ce cas, Excel utilise les paramètres actifs par défaut de mise en forme des données pour importer chaque colonne de données.

IMPORTER ET EXPORTER DES FICHIERS TEXTE

Traiter les données non converties

Si Excel ne convertit pas les données d'une colonne dans un format qui vous convient, vous pouvez convertir les données après les avoir importées.

Si des nombres ont été stockés sous forme de texte, vous pouvez les transformer en nombres par la fonction CNUM(). Les cellules contenant des nombres stockés sous forme de texte ou précédés d'une apostrophe sont signalées par un indicateur d'erreur dans le coin supérieur gauche. Vous pouvez cliquer sur la cellule, puis sur la balise d'erreur et enfin sur *Convertir en nombre*.

Si des dates ont été stockées sous forme de texte, vous pouvez les transformer en dates, en utilisant la fonction VALEURDATE(). En principe, les cellules contenant une date sous forme de texte sont signalées par un indicateur d'erreur dans le coin supérieur gauche. Vous pouvez cliquer sur la cellule puis sur la balise d'erreur et enfin sur *Convertir en date*.

SE CONNECTER À UN FICHIER TEXTE

Vous pouvez importer les données d'un fichier texte sous forme de plage de données externes.

- Cliquez sur la cellule dans laquelle vous voulez placer les données du fichier texte, sous l'onglet **Données**>groupe **Données externes**, cliquez sur **À partir du texte**. Dans la liste <Regarder dans> : sélectionnez le dossier et double-cliquez sur le nom du fichier texte.

- Suivez les instructions de l'*Assistant Importation de texte*, et quand vous avez terminé, cliquez sur [Terminer]. Le dialogue *Importer des données* s'affiche.

– Spécifiez l'emplacement des données importées, dans la <⊙ Feuille de calcul existante> ou dans une <⊙ Nouvelle feuille de calcul> dans le coin supérieur gauche.

– Cliquez sur [Propriétés] pour définir les options d'actualisation, de mise en forme et de mise en page des données importées.

- Cliquez sur [OK].

EXPORTER LES DONNÉES EN FICHIER TEXTE

- Cliquez sur l'onglet **Fichier**, puis sur **Enregistrer sous**. Le dialogue *Enregistrer sous* s'affiche.

– Dans la zone <Type > : choisissez le format de fichier texte. Les différents formats prennent en charge différentes fonctionnalités (pour plus d'informations sur les fonctionnalités prises en charge par les différents formats de fichier texte, voir *Mises en forme et fonctionnalités d'Excel non transférées dans les autres formats de fichiers*).

– Dans la zone <Enregistrer dans> : sélectionnez le dossier.

– Dans la zone <Nom de fichier> : saisissez le nom pour le nouveau fichier texte.

- Cliquez sur [Enregistrer].

Un dialogue vous prévient que seule la feuille de calcul active sera enregistrée comme nouveau fichier. Si vous êtes sûr que la feuille de calcul active est celle que vous voulez enregistrer comme fichier texte, cliquez sur [OK].

Un second dialogue vous prévient que votre feuille de calcul peut contenir des fonctionnalités qui ne sont pas prises en charge par les formats de fichier texte. Cliquez sur [Oui].

Si vous avez un doute et voulez en savoir plus sur les fonctionnalités d'Excel qui ne sont pas prises en charge par les formats de fichier texte, cliquez sur Aide pour plus d'informations.

CHANGER LE SÉPARATEUR PAR DÉFAUT DANS LES FICHIERS .CSV

- Cliquez sur le menu *Démarrer* de Windows, cliquez sur *Panneau de configuration*, puis sur *Horloge, langue et région*, puis sur *Région et langues*. Cliquez sur l'onglet *Formats*, cliquez sur [Paramètres supplémentaires...], tapez un nouveau séparateur dans la zone <Séparateur de listes>, cliquez deux fois sur [OK].

📌 Une fois changé le caractère de séparation de listes, tous les programmes utiliseront le nouveau caractère. Vous pouvez rétablir le caractère par défaut en suivant la même procédure.

FRACTIONNER UNE COLONNE EN PLUSIEURS COLONNES

Par exemple, si une colonne contient le prénom et le nom séparés par un espace, vous pouvez la convertir en deux colonnes, la première contenant le prénom et la seconde le nom.

- Sélectionnez la colonne puis, sous l'onglet **Données**>groupe **Outils de données**, cliquez sur le bouton **Convertir**. L'Assistant Conversion démarre.

– Dans la première étape, choisissez le type de données <⊙ Délimité>.

– Dans la deuxième étape, choisissez le séparateur <☑ Espace>.

- Cliquez sur [Terminer].

📌 Le fractionnement écrase le contenu des colonnes à droite. Si vous voulez conserver le contenu des colonnes à droite, insérez des colonnes vierges avant d'effectuer le fractionnement.

IMPORTER DES DONNÉES ACCESS DANS EXCEL

Copier/coller d'Access vers Excel

- Dans Access, ouvrez la table, la requête ou le formulaire qui contient les enregistrements que vous souhaitez copier. Sous l'onglet **Accueil**>groupe **Affichages**, cliquez sur la **flèche** du bouton **Affichage**, puis sur *Mode Page*.
  Sélectionnez les enregistrements que vous souhaitez copier. Si vous voulez sélectionner des colonnes spécifiques, faites glisser le pointeur sur les en-têtes des colonnes adjacentes. Puis, sous l'onglet **Accueil**>groupe **Presse-papiers**, cliquez sur **Copier**.
- Dans Excel, cliquez dans la cellule supérieure gauche de la plage de feuille de calcul où vous souhaitez que le premier nom de champ apparaisse. Assurez-vous que les enregistrements copiés ne remplaceront pas des enregistrements existants : vérifiez que la feuille de calcul ne contient pas de données en dessous ou à droite de la cellule sur laquelle vous cliquez. Puis, sous l'onglet **Accueil**>groupe **Presse-papiers**, cliquez sur **Coller**.

Se connecter à une base de données Access

- Dans Excel, cliquez sur la cellule dans laquelle vous voulez placer les données à partir de la base de données Access. Sous l'onglet **Données**>groupe **Données externes**, cliquez sur **Depuis Access**. Dans la zone <Regarder dans> : recherchez la base de données Access à importer et double-cliquez dessus. Dans le dialogue *Sélectionner le tableau*, cliquez sur la table ou la requête à importer, puis cliquez sur [OK].

- Spécifiez la méthode d'affichage et l'emplacement des données dans le classeur.
- – [Propriétés] pour définir les options d'actualisation, de format et de mise en page des données.
- Cliquez sur [OK].

Exporter des données Access vers Excel

L'Assistant Exportation d'Access vous permet d'exporter un objet de base de données Access, tel qu'une table, une requête ou un formulaire ou encore des enregistrements sélectionnés dans une vue vers une feuille de calcul Excel.

Vous pouvez enregistrer les détails d'une exportation pour une utilisation ultérieure et même planifier l'exportation pour qu'elle s'exécute automatiquement à des intervalles spécifiés.

Pour plus d'informations, reportez-vous à l'Aide d'Access.

IMPORTER DANS ACCESS DES DONNÉES EXCEL

Copier/coller de Excel dans Access

- Dans Excel, sélectionnez les lignes que vous souhaitez copier. Sous l'onglet **Accueil**>groupe **Presse-papiers**, cliquez sur **Copier**.
- Dans Access, ouvrez la table, la requête ou le formulaire dans lequel vous voulez copier les lignes. Sous l'onglet **Feuille de données**>groupe **Affichages**, cliquez sur **Affichage**, puis sur *Mode Feuille de données*. Effectuez l'une des actions suivantes :

- Pour remplacer des enregistrements, sélectionnez-les puis, sous l'onglet **Accueil**>groupe **Presse-papiers**, cliquez sur **Coller**.
- Pour ajouter les données en tant que nouveaux enregistrements, sous l'onglet **Accueil**>groupe **Presse-papiers**, cliquez sur la **flèche** du bouton **Coller** puis sur *Coller par ajout*.

Importer des données d'une feuille Excel dans une table Access

Lorsque vous importez des données Excel dans Access, elles sont stockées dans une nouvelle table ou une table existante sans modifier les données dans Excel. Vous ne pouvez importer qu'une feuille de calcul à la fois au cours d'une opération d'importation. Dans Access, « importer » signifie importer une fois sans établir de connexion.

Pour plus d'informations sur l'importation de données Excel dans Access, voir l'Aide d'Access.

Vous ne pouvez pas enregistrer un classeur Excel en tant que base de données Access, il n'y a pas de fonctionnalité permettant de créer une base de données Access à partir de données Excel.

Lier une table Access à une plage de données source Excel

Vous pouvez lier une plage Excel à une base de données Access, Access crée une table liée aux cellules source. Vos données restent dans Excel, mais vous pouvez y accéder à partir de la base de données Access.

Vous créez ce type de liaison à partir de la base de données Access. Toutes les modifications que vous apportez aux cellules sources dans Excel sont reflétées dans la table liée. Attention, vous ne pouvez pas modifier le contenu de la table correspondante dans Access. Si vous voulez ajouter, modifier ou supprimer des données, vous devez le faire dans la plage source Excel.

Cette liaison est utile si vous voulez garder vos données dans des feuilles Excel tout en utilisant les fonctionnalités de génération de requêtes et de rapports d'Access, ou pour mettre à disposition des utilisateurs de la base de données Access les données de vos feuilles Excel.

Pour plus d'informations sur la liaison de données entre Access et Excel, voir l'Aide d'Access.

INSÉRER UN TABLEAU EXCEL DANS UN DOCUMENT WORD

Les possibilités de calcul dans un tableau Word sont limitées, il peut donc être utile d'insérer un tableau Excel dans le document Word. Pour conserver les fonctionnalités d'Excel, il faut soit incorporer un tableau Excel dans le document Word soit faire un lien vers un tableau d'un classeur Excel. Si vous copiez-collez simplement un tableau Excel, il se transforme en un tableau Word.

COPIER/COLLER UN TABLEAU EXCEL

- Ouvrez le document Word et la feuille de calcul Excel contenant le tableau.
- Basculez vers le classeur Excel contenant le tableau, sélectionnez la plage de cellules puis, sous l'onglet **Accueil**>groupe **Presse-papiers**, cliquez sur le bouton **Copier** ou Ctrl+C.
- Basculez vers le document Word, placez le point d'insertion à l'endroit où le tableau doit être inséré, sous l'onglet **Accueil**>groupe **Presse-papiers**, cliquez sur le bouton **Coller** ou Ctrl+V.

Les données du tableau Excel sont placées dans un tableau Word.

INCORPORER UN TABLEAU EXCEL

Créer un tableau Excel incorporé

- Onglet **Insertion**>groupe **Tableaux**, cliquez sur le bouton **Tableau** puis sur la commande *Feuille de calcul Excel*.

Un objet Excel actif, contenant un classeur Excel est incorporé à votre document, les outils Excel remplacent les outils Word dans le Ruban. Pour voir plus ou moins de cellules de la feuille de calcul, vous pouvez redimensionner l'objet Excel en faisant glisser les poignées de redimensionnement.

- Créez et mettez en forme le tableau avec les commandes et les outils d'Excel.

- Cliquez en dehors du tableau pour terminer.

> Le tableau incorporé n'est pas lié à l'original et est enregistré avec le document sous la forme d'un champ {EMBED}. C'est tout un classeur Excel qui est intégré dans le document Word et pas seulement le tableau.

Incorporer un tableau Excel existant

- Ouvrez le classeur Excel, sélectionnez la plage de cellules puis, sous l'onglet **Accueil**>groupe **Presse-papiers**, cliquez sur le bouton **Copier** ou Ctrl+C.
- Basculez vers le document Word, placez le point d'insertion à l'endroit où le tableau doit être inséré puis, sous l'onglet **Accueil**>groupe **Presse-papiers**, cliquez sur la **flèche** sous le bouton **Coller** puis sur *Collage spécial*, puis sélectionnez dans la zone <En tant que> : *Feuille Microsoft Office Excel Objet*. Cliquez sur [OK].

Modifier un tableau incorporé

- Double-cliquez dans le tableau, la feuille de calcul apparaît dans l'objet et les outils Excel remplacent les outils Word dans le Ruban. Modifiez le tableau, puis cliquez en dehors du tableau pour terminer, ou

- Cliquez droit sur l'objet Excel, puis sur la commande *Objet Feuille de calcul*, puis sur *Ouvrir*. Excel est lancé dans une véritable fenêtre Excel et non dans l'objet à l'intérieur du document Word ; effectuez vos modifications. Pour terminer, fermez le classeur Excel.

Les modifications sont prises en compte dans le document Word.

LIAISON VERS UN TABLEAU EXCEL

Lorsqu'un objet Excel est lié, les informations ne peuvent être mises à jour qu'en modifiant le fichier source. Les données liées sont stockées dans le fichier source ; le document Word ne stocke que l'emplacement du fichier source et affiche une représentation des données liées. Utilisez des objets liés pour ne pas grossir la taille du fichier Word ou si vous souhaitez inclure des tableaux mis à jour de façon indépendante. Le tableau source doit avoir été créé et enregistré.

Insérer un tableau Excel lié

- Ouvrez le classeur, sélectionnez la plage de cellules à transférer dans Word puis, sous l'onglet **Accueil**>groupe **Presse-papiers**, cliquez sur le bouton **Copier** ou Ctrl+C.

- Basculez vers le document Word, placez le point d'insertion à l'endroit où le tableau doit être inséré puis, sous l'onglet **Accueil**>groupe **Presse-papiers**, cliquez sur le bouton **Coller.**

- Cliquez ensuite sur le bouton de collage qui est apparu en bas à droite du tableau, cliquez sur l'une des deux commandes du bas du menu contextuel.

❶ La liaison porte sur les données et la mise en forme source.
❷ La liaison porte seulement sur les données source, la mise en forme est celle de Word.

Les données d'un tableau lié ne sont pas enregistrées dans le document, elles figurent sous la forme d'un champ {LINK} qui affiche une représentation des données.

Mise à jour des liaisons

Par défaut, les objets liés sont automatiquement mis à jour : Word actualise les informations liées à chaque ouverture du fichier Word ou à chaque modification apportée au fichier Excel source si le fichier Word est ouvert.

Vous pouvez modifier les paramètres des objets liés individuels ou les options de Word pour empêcher leur mise à jour ou n'autoriser que les mises à jour manuelles. Dans ce cas :

- Lorsque vous ouvrez un document contenant des objets liés, vous êtes invité à mettre à jour le document avec les données provenant des fichiers liés.

- Pour mettre à jour manuellement un objet lié : cliquez sur l'onglet **Fichier**, puis sur **Informations**, puis sur le lien *Modifier les liens d'accès aux fichiers* situé dans le panneau de droite, sous Documents associés. Cliquez sur le lien que vous souhaitez mettre à jour manuellement puis, sous Mettre à jour la méthode du lien sélectionné, cochez <⊙ Mise à jour manuelle > (raccourci clavier Ctrl+⇧+F7).

- Pour verrouiller un lien : cliquez sur l'onglet **Fichier**, puis sur **Informations**, puis sur le lien *Modifier les liens d'accès aux fichiers* dans le panneau de droite sous Documents associés. Cliquez sur le lien dont vous souhaitez empêcher la mise à jour, puis, sous Mettre à jour la méthode du lien sélectionné, cochez l'option <☑ Verrouillé> (F11 verrouille et Ctrl+⇧+F11 déverrouille).

ENVOYER UN CLASSEUR PAR MESSAGERIE

Vous pouvez diffuser un classeur par messagerie, si un logiciel de messagerie est installé sur votre ordinateur, tel Outlook.

ENVOYER UN CLASSEUR

- Cliquez sur l'onglet **Fichier**, puis sur **Enregistrer et envoyer**, puis sur la commande *Envoyer à l'aide de la messagerie*, et enfin sur l'icône *Envoyer en tant que pièce jointe*.

- Spécifiez les destinataires principaux et en copie. Vous pouvez insérer d'autres pièces jointes, les onglets *Message*, *Insertion*, *Options* et *Format du texte* permettent de définir les paramètres d'envoi et de suivi.
- Saisissez le texte du message, puis cliquez sur l'icône *Envoyer*.

ENVOYER LE CLASSEUR SOUS FORME DE FICHIER PDF EN PIÈCE JOINTE

- Cliquez sur l'onglet **Fichier**, puis sur **Enregistrer et envoyer**, puis sur la commande *Envoyer à l'aide de la messagerie*, et enfin sur l'icône *Envoyer en tant que PDF* ou *Envoyer en tant que XPS*.

Chaque feuille de calcul constitue une page du document PDF ou XPS créé.

ENVOYER LA FEUILLE ACTIVE EN TANT QUE CORPS DU MESSAGE

Pour cela, il faut ajouter l'outil *Envoyer au destinataire du message* à la barre d'outils *Accès rapide*. Cela étant fait une fois pour toutes, envoyez le message comme suit :

- Cliquez sur l'outil *Envoyer au destinataire du message* dans la barre *Accès rapide*. Activez l'option <⊙ Envoyer la feuille active en tant que corps du message>, validez par [OK].

Une barre de messagerie est ajoutée sous le Ruban, le nom du document est inscrit dans la zone <Objet>. Une zone <Introduction> est prévue pour y saisir un texte introductif. Lorsque vous avez spécifié les destinataires, l'objet et l'introduction, cliquez sur le bouton *Envoyer cette feuille* dans la barre de messagerie.

Si vous voulez faire disparaître la barre de messagerie sans envoyer le message, cliquez à nouveau sur l'outil *Envoyer au destinataire du message*.

PUBLIER AU FORMAT HTML

Vous pouvez publier des données Excel sur un serveur Web afin qu'elles puissent être visualisées, via un navigateur Internet. Il vous faut enregistrer le classeur au format HTML, et placer ensuite le fichier sur un serveur Web.

- Cliquez sur l'onglet **Fichier**, puis sur **Enregistrer sous**. Le dialogue *Enregistrer sous* s'affiche.
- Sélectionnez le dossier dans lequel vous voulez enregistrer le fichier.
- Dans la zone <Type > : sélectionnez *Page Web (*.htm,*.html)*.
- Dans la zone <Nom du fichier> : saisissez un nom pour le fichier, l'extension `.htm` sera automatiquement ajoutée.
- Activez l'une des options <⊙ Classeur entier> ou <⊙ Sélection : Feuille>. Si avant d'enregistrer vous avez sélectionné une plage, l'option <Sélection : plage> permet d'enregistrer la plage.

- Le bouton [Modifier le titre...] sert à saisir ou modifier le texte dans la zone <Titre de la page>, titre qui s'inscrira dans la barre de titre du navigateur lorsque la page Web sera ouverte.
- Cliquez sur [Enregistrer].
  Vous pouvez également utiliser le bouton [Publier...]. Il ouvre un dialogue *Publier en tant que page web*, qui permet de sélectionner la plage de cellule ou la feuille à publier. Une option < ☑ Republier automatiquement à chaque enregistrement> sert à déclencher la mise à jour automatique du document HTML à chaque enregistrement du classeur.
- Pour visualiser le document créé : double-cliquez sur le nom du fichier `.htm`.

Si le classeur entier a été enregistré au format HTML, les onglets de feuille apparaissent sous forme d'onglets au bas de la page Web affichée.

ANNEXES

CORRESPONDANCE DES COMMANDES EXCEL 2003

Menu Fichier	Onglet | Groupe | Bouton
Fichier	Fichier
Nouveau	Fichier | Nouveau
Ouvrir...	Fichier | Ouvrir
Fermer	Fichier | Fermer
Enregistrer	Barre d'outils *Accès rapide* | outil *Enregistrer*
Enregistrer	Fichier | Enregistrer
Enregistrer sous	Fichier | Enregistrer sous
Enregistrer en tant que page Web	Fichier | Enregistrer sous | <Type> : Page Web
Enregistrer l'espace de travail	Affichage | Fenêtre | Enregistrer l'espace de travail
Recherche de fichiers	Bouton Démarrer de Windows | Rechercher
Autorisation | Accès illimité	Fichier | Informations | Protéger le classeur | Restreindre autorisation/Accès illimité
Autorisation | Ne pas distribuer	Fichier | Informations | Protéger le classeur | Restreindre autorisation/Accès restreint
Autorisation | Limiter les autorisations	Fichier | Informations | Protéger le classeur | Restreindre autorisation/Gérer informations d'identification
Historique des versions	Fichier | Informations | Gérer les versions
Aperçu de la page Web	Fichier | Options | Barre d'outils Accès rapide | Toutes les commandes | Aperçu page Web
Mise en page	Mise en page | Mise en page | Lanceur du dialogue
Zone d'impression | Définir	Mise en page | Mise en page | Zone d'impression | Définir
Zone d'impression | Annuler	Mise en page | Mise en page | Zone d'impression | Annuler
Aperçu avant impression	Fichier | Imprimer
Imprimer	Fichier | Imprimer
Imprimer	Barre d'outils Accès rapide | Aperçu avant impression | Imprimer | Imprimer
Envoyer à | Destinataire	Outils *Destinataire* (Fichier | Options | Barre d'outils Accès rapide | Toutes les commandes)
Envoyer à | Expéditeur initial	Outil *Répondre modifications* (Fichier | Options | Barre d'outils Accès rapide | Toutes les commandes)
Envoyer à | Destinataire du message (pour révision)	Outil *Envoyer pour révision* (Fichier | Options | Barre d'outils Accès rapide | Toutes les commandes)
Envoyer à | Destinataire du message (en tant que pièce jointe)	Fichier | Enregistrer et Envoyer | Envoyer à l'aide de la messagerie | En tant que pièce jointe
Envoyer à | Destinataire du routage	Retiré du produit
Envoyer à | Dossier Exchange	Outil *Dossier Exchange* (Fichier | Options | Barre d'outils Accès rapide | Toutes les commandes)
Envoyer à | Participant en ligne	Retiré du produit
Envoyer à | Destinataire utilisant le service de télécopie Internet	Fichier | Enregistrer et Envoyer | Envoyer à l'aide de la messagerie | Télécopie Internet
Propriétés	Fichier | Informations | Propriétés /Propriétés avancées
Documents récents	Fichier | Récent
Quitter	Fichier | Quitter
Déconnexion	Retiré du produit

Menu Édition	Onglet | Groupe | Bouton
Annuler	Barre d'outils Accès rapide | Outil *Annuler*
Rétablir	Barre d'outils Accès rapide | Outil *Rétablir*
Couper	Accueil | Presse-papiers | Couper
Copier	Accueil | Presse-papiers | Copier
Presse-papiers Office	Accueil | Presse-papiers | Lanceur du dialogue
Coller	Accueil | Presse-papiers | Coller
Collage spécial	Accueil | Presse-papiers | Coller | Collage spécial

CORRESPONDANCE DES COMMANDES EXCEL 2003

Menu Édition	Onglet | Groupe | Bouton
Coller comme lien hypertexte	Accueil | Presse-papiers | Coller | Collage spécial | Lien hypertexte
Remplissage | En bas	Accueil | Édition | Remplissage | En bas
Remplissage | À droite	Accueil | Édition | Remplissage | À droite
Remplissage | En haut	Accueil | Édition | Remplissage | En haut
Remplissage | À gauche	Accueil | Édition | Remplissage | À gauche
Remplissage | Dans toutes les feuilles	Accueil | Édition | Remplissage | Dans toutes les feuilles de données
Remplissage | Séries	Accueil | Édition | Remplissage | Séries
Remplissage | Justifier	Accueil | Édition | Remplissage | Justifier
Effacer | Tout	Accueil | Édition | Effacer | Effacer tout
Effacer | Formats	Accueil | Édition | Effacer | Effacer les formats
Effacer | Contenu	Accueil | Édition | Effacer | Effacer le contenu
Effacer | Commentaires	Accueil | Édition | Effacer | Effacer les commentaires
Supprimer	Accueil | Cellules | Supprimer
Supprimer une feuille	Accueil | Cellules | Supprimer | Supprimer une feuille
Déplacer ou copier une feuille	Accueil | Cellules | Format | Déplacer ou copier une feuille
Rechercher	Accueil | Édition | Rechercher et sélectionner | Rechercher
Remplacer...	Accueil | Édition | Rechercher et sélectionner | Remplacer
Atteindre	Accueil | Édition | Rechercher et sélectionner | Atteindre
Liaisons...	Fichier| Informations | Modifier les liens d'accès aux fichiers
Objet	Sélectionnez un objet pour afficher les outils contextuels de dessin

Menu Affichage	Onglet | Groupe | Bouton
Normal	Affichage | Affichages classeur | Normal
Aperçu des sauts de page	Affichage | Affichages classeur | AperçuSautsDePg
Volet Office	Les lanceurs de certains groupes (Insertion | Images Clipart) affichent un volet Office
Barres d'outils | Standard	Sous l'onglet Accueil et sous l'onglet Fichier
Barres d'outils | Mise en forme	Sous l'onglet Accueil
Barres d'outils | Bordures	Accueil | Police | Bordures
Barres d'outils | Graphique	Sous les onglets contextuels Outils de graphique
Barres d'outils | Boîte à outils Contrôles	Sous l'onglet Développeur
Barres d'outils | Dessin	Sous les onglets contextuels Outils de dessin
Barres d'outils | Données externes	Sous l'onglet Données
Barres d'outils | Formulaires	Sous l'onglet Développeur
Barres d'outils | Audit de formules	Formule | Audit de formules
Barres d'outils | Liste	Sous les onglets contextuels Outils de tableau
Barres d'outils | Image	Sous les onglets contextuels Outils Image
Barres d'outils | Tableau croisé dynamique	Sous l'onglet contextuel Outils de tableau croisé dynamique
Barres d'outils | Protection	Révision | Modifications
Barres d'outils | Révision	Sous l'onglet Révision
Barres d'outils | Volet Office	Les Lanceurs de certains groupes affichent un volet Office
Barres d'outils | Texte en parole	Retiré du produit
Barres d'outils | Visual Basic	Sous l'onglet Développeur
Barres d'outils | Fenêtre Espion	Formules | Audit de formules | Fenêtre Espion
Barres d'outils | Web	Fichier |Options | Barre d'outil Accès rapide | Toutes les commandes
Barres d'outils | WordArt	Sous les onglets contextuels Outils de dessin
Barres d'outils | Personnaliser	Fichier | Options | Personnaliser le ruban
Barre de formule	Affichage | Afficher | Barre de formule
Barre d'état	La barre d'état est toujours visible par défaut

CORRESPONDANCE DES COMMANDES EXCEL 2003

Menu Affichage (suite)	Onglet | Groupe | Bouton
En-tête et pied de page	Insérer | Texte | En-tête et pied de page
Commentaires	Révision | Commentaires | Afficher tous les commentaires
Affichages personnalisés	Affichage | Affichages classeur | Personnalisé
Plein écran	Affichage | Affichages classeur | Plein écran
Zoom	Affichage | Zoom | Zoom
Ajusté à la fenêtre	Retiré du produit
Fenêtre graphique	Retiré du produit

Menu Insertion	Onglet | Groupe | Bouton
Cellules	Accueil | Cellules | Insérer
Lignes	Accueil | Cellules | Insérer | Insérer des lignes dans la feuille
Colonnes	Accueil | Cellules | Insérer | Insérer des colonnes dans la feuille
Feuille	Accueil | Cellules | Insérer | Insérer une feuille
Graphique	Insérer | Graphiques
Symbole	Insertion | Symboles | Caractères spéciaux
Saut de page	Mise en page | Mise en page | Sauts de page | Insérer un saut de page
Rétablir tous les sauts de page	Mise en page | Mise en page | Sauts de page | Rétablir tous les sauts de page
Fonction	Formules | Bibliothèque fonctions | Insérer une fonction
Fonction	Formules | Bibliothèque fonctions | DateHeure
Fonction	Formules | Bibliothèque fonctions | Maths et trigonométrie
Fonction	Formules | Bibliothèque fonctions | Financier
Fonction	Formules | Bibliothèque fonctions | Logique
Fonction	Formules | Bibliothèque fonctions | Recherche et référence
Fonction	Formules | Bibliothèque fonctions | DerniersUtil
Fonction	Formules | Bibliothèque fonctions | Texte
Fonction	Formules | Bibliothèque fonctions | Plus de fonctions | Cube
Fonction	Formules | Bibliothèque fonctions | Plus de fonctions | Ingénierie
Fonction	Formules | Bibliothèque fonctions | Plus de fonctions | Informations
Fonction	Formules | Bibliothèque fonctions | Plus de fonctions | Statistique
Nom | Définir	Formules | Noms définis | Gestionnaire de noms
Nom | Coller	Formules | Noms définis | UtiliserDsFormule | Coller des noms
Nom | Créer	Formules | Noms définis | Depuis sélection
Nom | Appliquer	Formules | Noms définis | Définir un nom | Appliquer les noms
Nom | Étiquette	Formules | Noms définis | Définir un nom
Commentaire	Révision | Commentaires | Nouveau commentaire
Annotations manuscrites	Révision | Commentaires | Afficher les entrées manuscrites | Commencer la saisie manuscrite
Image | Images clipart	Insérer | Illustrations | Images Clipart
Image | À partir du fichier	Insérer | Illustrations | Image
Image | À partir du fichier	Outils de graphique | Disposition | Insertion | Image...
Image | À partir du fichier	Outils de graphique croisé dynamique | Disposition | Insertion | Image...
Image | À partir d'un scanneur ou d'un appareil photo numérique	Retiré du produit
Image | Dessin et écriture manuscrits	Révision | Commentaires | Afficher les entrées manuscrites | Commencer la saisie manuscrite
Image | Formes automatiques	Insérer | Illustrations | Formes
Image | WordArt	Insérer | Illustrations | WordArt
Image | Organigramme hiérarchique	Insertion | Illustrations | SmartArt
Schéma	Insérer | Illustrations | SmartArt
Objet	Insertion | Texte | Objet
Lien hypertexte	Insérer | Liens | Lien hypertexte

CORRESPONDANCE DES COMMANDES EXCEL 2003

Menu Format	Onglet | Groupe | Bouton
Cellules	Accueil | Cellules | Format | Format de cellule
Ligne | Hauteur	Accueil | Cellules | Format | Hauteur de ligne
Ligne | Ajustement automatique	Accueil | Cellules | Format | Ajuster la hauteur de ligne
Ligne | Masquer	Accueil | Cellules | Format | Masquer & afficher | Masquer les lignes
Ligne | Afficher	Accueil | Cellules | Format | Masquer & afficher | Afficher les lignes
Colonne | Largeur	Accueil | Cellules | Format | Largeur de colonne
Colonne | Ajustement automatique	Accueil | Cellules | Format | Ajuster la largeur de colonne
Colonne | Masquer	Accueil | Cellules | Format | Masquer & afficher | Masquer colonnes
Colonne | Afficher	Accueil | Cellules | Format | Masquer & afficher | Afficher colonnes
Colonne | Largeur standard	Accueil | Cellules | Format | Largeur par défaut
Feuille | Renommer	Accueil | Cellules | Format | Renommer la feuille
Feuille | Masquer	Accueil | Cellules | Format | Masquer & afficher | Masquer la feuille
Feuille | Afficher	Accueil | Cellules | Format | Masquer & afficher | Afficher la feuille
Feuille | Arrière-plan	Mise en page | Mise en page | Arrière-plan
Feuille | Couleur d'onglet	Accueil | Cellules | Format | Couleur d'onglet
Mise en forme auto.	Accueil | Style | Mettre sous forme de tableau
Mise en forme conditionnelle	Accueil | Style | Mise en forme conditionnelle
Style	Accueil | Style | Styles de cellules

Menu Outils	Onglet | Groupe | Bouton
Orthographe...	Révision | Vérification | Orthographe
Recherche	Révision | Vérification | Recherche
Vérification des erreurs	Formules | Audit de formules | Vérification des erreurs
Espace de travail partagé	Fichier | Enregistrer et envoyer | Enregistrer dans SharePoint
Partager le classeur	Révision | Modifications | Partager le classeur
Suivi des modifications | Afficher les modifications	Révision | Modifications | Suivi des modifications | Afficher les modifications
Suivi des modifications | Accepter ou refuser les modifications	Révision | Modifications | Suivi des modifications | Accepter ou refuser les modifications
Comparaison et fusion de classeurs	Outil *Comparaison et fusion de classeurs* (Fichier | Options | Barre d'outils Accès rapide | Toutes les commandes)
Protection | Protéger la feuille	Révision | Modifications | Protéger la feuille
Protection | Protéger la feuille	Accueil | Cellules | Format | Protéger la feuille
Protection | Permettre la modification des plages	Révision | Modifications | Permettre la modification des plages
Protection | Protéger le classeur	Révision | Modifications | Protéger le classeur
Protection | Protéger et partager le classeur	Révision | Modifications | Protéger et partager le classeur
Collaboration en ligne | Conférence maintenant	Retiré du produit
Collaboration en ligne | Organiser une conférence	Retiré du produit
Collaboration en ligne | Discussions sur le Web	Retiré du produit
Collaboration en ligne | Terminer la révision	Retiré du produit
Valeur cible	Données | Outils de données | Analyse scénarios | Valeur cible
Scénarios	Données | Outils de données | Analyse scénarios | Gestionnaire scénarios
Audit de formules | Repérer les antécédents	Formules | Audit de formules | Repérer les antécédents
Audit de formules | Repérer les dépendants	Formules | Audit de formules | Repérer les dépendants
Audit de formules | Repérer une erreur	Formules | Audit de formules | Vérification des erreurs | Repérer une erreur
Audit de formules | Supprimer les flèches	Formules | Audit de formules | Supprimer les flèches
Audit de formules | Supprimer les flèches	Formules | Audit de formules | Supprimer les flèches | Supprimer les flèches
Audit de formules | Évaluation de formule	Formules | Audit de formules | Évaluation de formule

CORRESPONDANCE DES COMMANDES EXCEL 2003

Menu Outils (suite)	Onglet | Groupe | Bouton
Audit de formules | Masquer la fenêtre Espion	Formules | Audit de formules | Fenêtre Espion
Audit de formules | Mode Audit de formules	Formules | Audit de formules | Afficher les formules
Audit de formules | Afficher barre Audit formules	Formules | Audit de formules
Macro | Macros	Développeur | Code | Macros
Macro | Macros	Affichage | Macros | Macros
Macro | Nouvelle macro	Développeur | Code | Enregistrer une macro
Macro | Nouvelle macro	Affichage | Macros | Macros | Enregistrer une macro
Macro | Sécurité	Développeur | Code | Sécurité des macros
Macro | Visual Basic Editor	Développeur | Code | Visual Basic
Macro | Microsoft Script Editor	Retiré du produit
Compléments	Fichier | Options | Compléments
Options de correction automatique	Fichier | Options | Vérification | Options de correction automatique
Personnaliser	Fichier | Options | Barre d'outils Accès rapide
Afficher la signature	Fichier | Informations | Protéger le document | Ajouter une signature numérique
Options	Fichier | Options

Menu Données	Onglet | Groupe | Bouton
Trier	Données | Trier et filtrer | Trier
Filtrer | Filtre automatique	Données | Trier et filtrer | Filtrer
Filtrer | Filtre automatique	Accueil | Édition | Trier et filtrer | Filtrer
Filtrer | Afficher tout	Données | Trier et filtrer | Effacer
Filtrer | Afficher tout	Accueil | Édition | Trier et filtrer | Effacer
Filtrer | Filtre avancé	Données | Trier et filtrer | Avancé
Formulaire	Outil *Formulaire* (Fichier | Options | Barre d'outil Accès rapide | Toutes les commandes)
Sous-totaux	Données | Plan | Sous-total
Validation	Données | Outils de données | Validation des données
Tableau	Données | Outils de données | Analyse de scénarios | Table de données
Convertir	Données | Outils de données | Convertir
Consolider	Données | Outils de données | Consolider
Grouper et créer un plan | Masquer	Données | Plan | Masquer
Grouper et créer un plan | Afficher les détails	Données | Plan | Afficher les détails
Grouper et créer un plan | Grouper	Données | Plan | Grouper
Grouper et créer un plan | Grouper	Outils de tableau croisé dynamique | Options | Groupe
Grouper et créer un plan | Dissocier	Données | Plan | Dissocier
Grouper et créer un plan | Dissocier	Outils de tableau croisé dynamique | Options | Dissocier
Grouper et créer un plan | Plan automatique	Données | Plan | Grouper | Plan automatique
Grouper et créer un plan | Effacer le plan	Données | Plan | Dissocier | Effacer le plan
Grouper et créer un plan | Paramètres	Données | Plan | Lanceur du groupe
Rapport de tableau croisé dynamique et de graphique croisé dynamique	Insertion | Tableaux | Tableau croisé dynamique | Tableau croisé dynamique/Graphique croisé dynamique
Données externes | Importer des données	Données | Données externes
Données externes | Nouvelle requête Web	Données | Données externes | À partir du Web
Données externes | Créer une requête	Données | Données externes | Autres sources | Provenance : MS Query
Données externes | Modifier la requête	Données | Connexions | Propriétés | Définition | Modifier la requête
Données externes | Modifier la requête	Outil *Modifier la requête* (Fichier | Options | Barre d'outils Accès rapide | Commandes non présentes sur le ruban)
Données externes | Propriétés plage données	Données | Connexions | Propriétés
Données externes | Propriétés plage données	Outils de tableau | Création | Données de tableau externe | Propriétés
Données externes | Paramètres	Outil *Paramètres* (Fichier | Options | Barre d'outils Accès rapide | Commandes non présentes sur le ruban)

Menu Données (suite)	Onglet | Groupe | Bouton
Liste | Créer une liste	Insérer | Tableaux | Tableau
Liste | Redimensionner la liste	Outils de tableau | Création | Propriétés | Redimensionner le tableau
Liste | Ligne des totaux	Outils de tableau | Création | Options de style de tableau | Ligne des totaux
Liste | Convertir en plage	Outils de tableau | Création | Outils | Convertir en plage
Liste | Publier la liste	Outils de tableau | Création | Données de table externe | Exporter | Exporter le tableau dans une liste SharePoint
Liste | Liste d'affichages sur le serveur	Outils de tableau | Création | Données de table externe | Ouvrir dans le navigateur
Liste | Supprimer la liaison de la liste	Outils de tableau | Création | Données de table externe | Supprimer la liaison
Liste | Synchroniser la liste	Outil *Synchroniser la liste* (Fichier | Options | Barre d'outil Accès rapide/Personnaliser le ruban | Toutes les commandes)
Liste | Ignorer les modifications et actualiser	Outil *Ignorer les modifications et actualiser* (Excel Options | Barre d'outil Accès rapide/Personnaliser le ruban| Toutes les commandes)
Liste | Masquer la bordure des listes inactives	Retiré du produit
XML | Importer	Développeur | XML | Importer
XML | Exporter	Développeur | XML | Exporter
XML | Actualiser les données XML	Développeur | XML | Actualiser les données
XML | Source XML	Développeur | XML | Source
XML | Propriétés du mappage XML	Développeur | XML | Propriétés du mappage
XML | Modifier la requête	Retiré du produit
XML | Kits d'extension XML	Développeur | XML | Kits d'extension
Actualiser les données	Outils de graphique croisé dynamique | Analyse | Données | Actualiser
Actualiser les données	Outils de tableau croisé dynamique | Options | Données | Actualiser
Actualiser les données	Outils de tableau | Création | Données de table externe | Actualiser
Actualiser les données	Données | Connexions | Actualiser | Actualiser
Actualiser les données	Outils de graphique croisé dynamique | Analyse | Données | Actualiser | Actualiser
Actualiser les données	Outils de tableau croisé dynamique | Options | Données | Actualiser | Actualiser
Actualiser les données	Outils de tableau | Création | Données de table externe | Actualiser | Actualiser

Menu Graphique	Onglet | Groupe | Bouton
Type de graphique	Outils de graphique | Création | Type | Modifier le type de graphique...
Données source	Outils de graphique | Création | Données | Sélectionner des données...
Données source	Outils de graphique croisé dynamique | Création | Données | Sélectionner données...
Options du graphique	Graphique | Disposition
Emplacement	Outils de graphique | Création | Emplacement | Déplacer le graphique...
Emplacement	Outils de graphique croisé dynamique | Création | Emplacement | Déplacer graphique
Ajouter des données	Outils de graphique | Création | Données | Modifier la source de données
Ajouter une courbe de tendance	Outils de graphique | Disposition | Analyse | Courbe de tendance
Vue 3D	Outils de graphique | Disposition | Arrière-plan | Vue 3D

Menu fenêtre	Onglet | Groupe | Bouton
Nouvelle fenêtre	Affichage | Fenêtre | Nouvelle fenêtre
Organiser	Affichage | Fenêtre | Réorganiser tout
Comparer en côte à côte avec	Affichage | Fenêtre | Afficher côte à côte
Masquer	Affichage | Fenêtre | Masquer
Afficher	Affichage | Fenêtre | Afficher
Fractionner	Affichage | Fenêtre | Fractionner
Figer les volets	Affichage | Fenêtre | Figer les volets
Classeurs actuellement ouverts	Affichage | Fenêtre | Changement de fenêtre

CORRESPONDANCE DES COMMANDES EXCEL 2003

Menu Aide	Onglet | Groupe | Bouton
Aide de Microsoft Excel	Ruban supérieur | Aide
Aide de Microsoft Excel	Fichier | Options | Aide | Aide
Microsoft Office Online	Retiré du produit
Contactez-nous	Fichier | Options | Aide | Nous contacter
Rechercher les mises à jour	Fichier | Options | Aide | Rechercher les mises à jour
Détecter et réparer	Remplacé par un fichier de détection automatique, activé par Fichier | Options | Centre de gestion de la confidentialité | Paramètres du centre de gestion de la confidentialité | Télécharger régulièrement un fichier permettant de détecter les problèmes.
Activer le produit	Fichier | Options | Aide | Activer le produit (le bouton ne s'affiche plus après activation faite)
Options pour les commentaires utilisateur	Fichier | Options | Centre de gestion de la confidentialité | Protection de la confidentialité | Programme d'amélioration du produit
À propos de Microsoft Office Excel	Fichier | Options | Aide | À propos de Microsoft Excel ou Information supplémentaire sur la version ou le copyright.
Afficher le Compagnon Office	Retiré du produit

PARAMÉTRAGE DES OPTIONS EXCEL 2010

Police corps et *Police en-tête* sont les polices de thème.

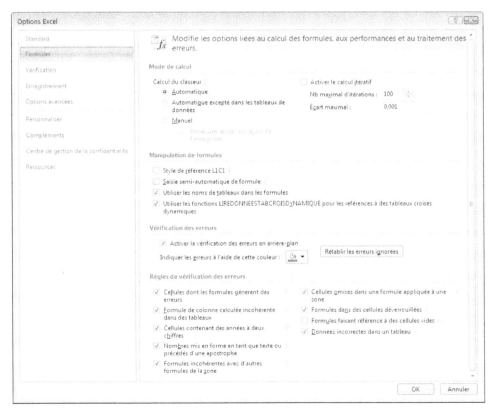

PARAMÉTRAGE DES OPTIONS EXCEL 2010

Pour que vos fichiers classeur soient par défaut enregistrés au format .xls compatible avec les versions antérieures d'Excel, sélectionnez le format 97-2003 ou 5.0-95.

PARAMÉTRAGE DES OPTIONS EXCEL 2010

Cliquez sur le bouton [Atteindre] pour activer ou installer un complément. Par exemple, le solveur ou Analysis Toolpack.

PARTIE 2
CAS PRATIQUES

CAS 1 : TECHNIQUES ÉLABORÉES DE MISE EN FORME

Créez un style de cellule et mettez en forme le tableau

Population des pays de l'OCDE en milliers d'habitants

Pays	2001	2002	2003	2004	2005	2006
Islande	285,1	287,6	289,3	292,6	295,9	304,3
Luxembourg	441,5	446,2	450,0	453,3	455,0	459,5
Irlande	3 847,0	3 917,0	3 978,9	4 043,8	4 130,7	4 234,9
Nouvelle-Zélande	3 880,5	3 939,1	4 009,2	4 061,4	4 099,0	4 140,0
Royaume-Uni	59 113,5	59 321,7	59 553,8	59 834,3	60 209,0	60 587,0
France	59 393,1	59 767,0	60 151,0	60 511,0	60 859,0	61 300,0
Turquie	68 363,0	69 304,0	70 230,0	71 150,0	72 065,0	72 974,0
Allemagne	82 277,0	82 456,0	82 502,0	82 491,0	82 466,0	82 368,0
Mexique	99 715,5	100 909,4	101 999,6	103 001,9	103 946,9	104 874,3
Japon	127 291,0	127 435,0	127 619,0	127 687,0	127 768,0	127 770,0
États-Unis	285 226,3	288 126,0	290 796,0	293 638,2	296 507,1	299 398,5
Zone euro (zone : méthodologie OCDE)	304 935,0	306 508,3	307 968,7	309 420,8	311 388,2	313 043,3
UE15: Union européenne des quinze	378 303,3	380 128,9	381 867,5	383 650,0	386 043,1	388 145,8
G7	701 669,9	705 952,7	709 775,8	713 703,4	718 242,8	722 481,5
OCDE - Total	1 136 639,0	1 144 560,0	1 152 028,0	1 159 460,0	1 167 418,0	1 175 131,0

Grisez une ligne sur deux

	A	B	C	D	E	F	G	H
1	Population des pays de l'OCDE en milliers d'habitants							
2	Pays	2001	2002	2003	2004	2005	2006	
3	Islande	285,1	287,6	289,3	292,6	295,9	304,3	
4	Luxembourg	441,5	446,2	450,0	453,3	455,0	459,5	
5	Irlande	3 847,0	3 917,0	3 978,9	4 043,8	4 130,7	4 234,9	
6	Nouvelle-Zélande	3 880,5	3 939,1	4 009,2	4 061,4	4 099,0	4 140,0	
7	Norvège	4 514,0	4 538,0	4 564,0	4 591,9	4 623,3	4 670,0	

Définissez un en-tête et un pied de page

Utilisez la mise en forme conditionnelle

	A	B	C	D
1	Croissance comparée			
2		2006	2007	% croissance
3	Produit1	95572	118892	24,4%
4	Produit2	58174	62712	7,8%
5	Produit3	57043	67228	17,9%
6	Produit4	43094	51011	18,4%
7	Produit5	65825	69964	6,3%
8	Produit6	66658	73905	10,9%
9	Produit7	49514	53809	8,7%
10	Produit8	99029	103834	4,9%
11	Produit9	85400	101344	18,7%
12	Produit10	66501	72453	9,0%

	A	B	C	D
1	Répartition par produits			
2		2006	2007	% /total
3	Produit1	95 572	118 892	15,3%
4	Produit2	58 174	62 712	8,1%
5	Produit3	57 043	67 228	8,7%
6	Produit4	43 094	51 011	6,6%
7	Produit5	65 825	69 964	9,0%
8	Produit6	66 658	73 905	9,5%
9	Produit7	49 514	53 809	6,9%
10	Produit8	99 029	103 834	13,4%
11	Produit9	85 400	101 344	13,0%
12	Produit10	66 501	72 453	9,3%
13	Total	688816	777159	100%

CAS 1 : TECHNIQUES ÉLABORÉES DE MISE EN FORME

Fonctions utilisées

– *Créer un style de cellule*

– *Griser une ligne sur deux*

– *En-tête et pied de page personnalisés*

– *Mise en page*

– *Mis en forme conditionnelle*

10 mn

Vous allez réviser certaines techniques élaborées de mise en forme dans Excel 2010, en particulier la mise en forme conditionnelle sur différents exemples : griser une ligne sur deux dans un grand tableau pour permettre une meilleure lisibilité, comparer visuellement des résultats par des barres colorées en fond de cellule, repérer visuellement des informations qui satisfont certains critères.

Les données chiffrées se trouvent dans le classeur `CasA1.xlsx`, enregistré dans `C:\Exercices Excel 2010`. Ouvrez ce fichier classeur et enregistrez-le sous le nom `CasA1-R.xlsx`.

1-DÉFINISSEZ LES BORDURES DU TABLEAU DES POPULATIONS

■ Ajustez automatiquement la largeur de la première colonne au contenu des données : sélectionnez les cellules contenant les données puis, sous l'onglet **Accueil**>groupe **Cellules**, cliquez sur le bouton **Format** puis sur la commande *Ajuster la largeur de colonne*. Essayez dans un premier temps en sélectionnant une cellule, par exemple A3, puis essayez en sélectionnant toute la colonne A, enfin en sélectionnant la plage A2:A36.

■ Créez un style de cellule `EtiqLigne1` définissant une bordure épaisse en haut et simple en bas : sous l'onglet **Accueil**>groupe **Style**, cliquez sur le bouton **Styles de cellule** puis sur *Nouveau Style*...

Dans le dialogue *Style* : saisissez `EtiqLigne1`❶, le nom du style, et décochez toutes les options sauf <☑ Bordure>❷, cliquez ensuite sur le bouton [Format...]❸.

Dans le dialogue *Format de cellule*, cliquez sur l'onglet *Bordure*. Cliquez sur le style de tracé simple ❹ puis sur la vignette *Bordure basse* ❺, cliquez ensuite sur le style de tracé épais ❻ puis sur la vignette *Bordure haute* ❼, validez le format par [OK], validez le style par [OK].

■ Sélectionnez les cellules A2:G2 puis cliquez sur le bouton **Styles de cellule**. Dans la galerie des styles, sélectionnez le style *EtiqLigne1* sous la section Personnalisé. Sélectionnez ensuite les cellules B2:G2, puis cliquez sur les boutons **Italique** et **Centré**.

■ Appliquez les bordures sur le reste du tableau en utilisant le bouton **Bordures** : Sélectionnez A2:A36 et cliquez sur la **flèche** du bouton **Bordures** puis cliquez sur *Bordures gauche*, cliquez à nouveau sur la flèche du bouton Bordures puis cliquez sur Bordure droite.

- Ensuite, sélectionnez B2:G36 puis cliquez sur le bouton **Bordures**, cela reproduit le choix de bordure précédent (bordure droite). Enfin, sélectionnez A33:G36 puis cliquez sur la **flèche** du bouton **Bordures** et sélectionnez *Bordure simple en haut et épaisse en bas*.

Population des pays de l'OCDE en milliers d'habitants

Pays	2001	2002	2003	2004	2005	2006
Islande	285,1	287,6	289,3	292,6	295,9	304,3
Luxembourg	441,5	446,2	450,0	453,3	455,0	459,5
Irlande	3 847,0	3 917,0	3 978,9	4 043,8	4 130,7	4 234,9
Nouvelle-Zélande	3 880,5	3 939,1	4 009,2	4 061,4	4 099,0	4 140,0
Norvège	4 514,0	4 538,0	4 564,0	4 591,9	4 623,3	4 670,0
Finlande	5 188,0	5 201,0	5 213,0	5 228,0	5 246,0	5 267,0
Italie	57 348,0	57 474,0	57 478,0	57 553,0	58 134,7	58 435,0
Royaume-Uni	59 113,5	59 321,7	59 553,8	59 834,3	60 209,0	60 587,0
France	59 393,1	59 767,0	60 151,0	60 511,0	60 859,0	61 300,0
Turquie	68 363,0	69 304,0	70 230,0	71 150,0	72 065,0	72 974,0
Allemagne	82 277,0	82 456,0	82 502,0	82 491,0	82 466,0	82 368,0
Mexique	99 715,5	100 909,4	101 999,6	103 001,9	103 946,9	104 874,3
Japon	127 291,0	127 435,0	127 619,0	127 687,0	127 768,0	127 770,0
États-Unis	285 226,3	288 126,0	290 796,0	293 638,2	296 507,1	299 398,5
Zone euro (zone : méthodologie OCDE)	304 935,0	306 508,3	307 968,7	309 420,8	311 388,2	313 043,3
UE15: Union européenne des quinze	378 128,9	380 128,9	381 867,5	383 650,0	386 043,1	388 145,8
G7	701 669,9	705 952,7	709 775,8	713 703,4	718 242,8	722 481,5
OCDE - Total	1 136 639,0	1 144 560,0	1 152 028,0	1 159 460,0	1 167 418,0	1 175 131,0

> Il n'existe pas de choix prédéfini de « bordure épaisse en haut simple en bas », c'est pourquoi nous avons défini un style de cellule *EtiqLigne1* pour pallier ce manque.

2-GRISEZ AUTOMATIQUEMENT LES LIGNES IMPAIRES

On se servira pour cela d'une règle de mise en forme conditionnelle pour griser les cellules du tableau dont le numéro de ligne est impair.

La fonction LIGNE(référence) renvoie le numéro de ligne de la cellule référencée. La fonction EST.IMPAIR(nombre) renvoie la valeur VRAI si le nombre est impair ou FAUX s'il est pair.

- Sélectionnez la plage A2:G32 puis, sous l'onglet **Accueil**>groupe **Style**, cliquez sur le bouton **Mise en forme conditionnelle**. Ensuite, cliquez sur *Règles de mise en surbrillance des cellules*, puis sur *Autres règles...* Dans le dialogue, sélectionnez le type de règle ❶, le dernier de la liste.

- ❷ Saisissez la formule =EST.IMPAIR(LIGNE()), ❸ cliquez sur le bouton [Format] et, sous l'onglet Remplissage, choisissez la couleur de remplissage, grisé léger par exemple. Validez le format [OK], puis [OK] pour valider la règle.

	A	B	C	D	E	F	G
1	Population des pays de l'OCDE en milliers d'habitants						
2	Pays	2001	2002	2003	2004	2005	2006
3	Islande	285,1	287,6	289,3	292,6	295,9	304,3
4	Luxembourg	441,5	446,2	450,0	453,3	455,0	459,5
5	Irlande	3 847,0	3 917,0	3 978,9	4 043,8	4 130,7	4 234,9
6	Nouvelle-Zélande	3 880,5	3 939,1	4 009,2	4 061,4	4 099,0	4 140,0
7	Norvège	4 514,0	4 538,0	4 564,0	4 591,9	4 623,3	4 670,0

La règle peut être modifiée, par exemple vous allez modifier la couleur de remplissage :

- Sous l'onglet **Accueil**>groupe **Style**, cliquez sur le bouton **Mise en forme conditionnelle** puis sur *Gérer les règles...* Dans la zone ❶, sélectionnez *Cette feuille de calcul*, toutes les règles s'appliquant à des cellules de la feuille actuelle sont listées.

Vous pouvez supprimer une règle ou la modifier, vous pouvez aussi créer une nouvelle règle de mise en forme. Pour modifier une règle :

- Dans le dialogue *Gestionnaire des règles de mise en forme*, cliquez sur la règle puis cliquez sur le bouton [Modifier la règle...], cliquez sur [Format...] et spécifiez une autre couleur de remplissage (claire de préférence), validez par [OK] puis validez la règle par [OK].

Vous pouvez modifier la plage sur laquelle s'applique la règle, par exemple sur la plage A2:G36 :

- Procédez comme précédemment, et changez la zone <S'applique à> en `$A$2:$G$36`.

Vous pouvez aussi modifier la formule, par exemple pour que le format s'applique aux lignes paires :

- Procédez comme précédemment, et changez la formule en `=EST.PAIR(LIGNE())`.

3-DÉFINISSEZ DES EN-TÊTES ET PIEDS DE PAGE

- Cliquez sur l'icône *Mise en page* située dans la partie droite de la barre d'état.

  La feuille s'affiche alors dans des pages matérialisées à l'écran, en haut et en bas de chaque page se trouvent les emplacements d'en-tête et de pied de page.

Ces emplacements contiennent chacun trois zones respectivement à gauche, au centre et à droite, que vous pouvez renseigner. L'en-tête (ou le pied de page) est le même sur chaque page, une modification sur une page quelconque vaut pour toutes les pages.

- Cliquez dans une des zones de l'en-tête.

  Un nouvel onglet contextuel **Outils En-têtes et pieds de page/Création** apparaît. Cliquez sur cet onglet pour afficher tous ses boutons sur le Ruban.

- Cliquez dans la zone de gauche, puis cliquez sur le bouton **Nom de fichier**.
  Cliquez dans la zone du centre, puis cliquez sur le bouton **Nom de la feuille**.
  Cliquez dans la zone de droite, puis cliquez sur le bouton **Date actuelle**.

- Cliquez ensuite dans une cellule de la feuille

- Pour revenir à l'affichage *Normal* qui est celui de la feuille de calcul seule : cliquez sur une cellule de la feuille de calcul, puis cliquez sur l'icône *Normal* dans la barre d'état d'Excel.

Vous pouvez utiliser des en-têtes ou des pieds de page prédéfinis :

- Passez en affichage *Mise en page*. Cliquez dans l'en-tête, puis sous l'onglet contextuel **Outils En-têtes et pieds de page/Création**>groupe **En-tête et pied de page**, cliquez sur le bouton **En-tête** puis, par exemple, sur : *Population;Tsoft confidentiel;Page* ou *Zoe Zebulon;Page1;19/07/2010*.

`Tsoft` et `Zoe Zebulon` sont respectivement la société et le nom de l'auteur définis dans les propriétés du classeur. Ces informations sont inscrites automatiquement à la création du classeur ; bien sûr elles peuvent être modifiées durant la vie du classeur en modifiant les propriétés.

À la création du classeur, les noms d'utilisateur et de société inscrits dans les propriétés proviennent du registre Windows. Ce sont le nom d'utilisateur, qui peut être modifié dans les options Excel, et le nom de société par défaut, qui ne peut être modifié que dans le registre Windows : avec l'éditeur `REGEDIT` sous la clé `HKEY_CURRENT_USER\Software\Microsoft\Office\Common\UserInfo` modifiez les données variables *CompanyName* et *Company*.

	A	B	C	D	E	F	G	H	I	J
	Population			Tsoft Confidentiel					Page 1	
1	Population des pays de l'OCDE en milliers d'habitants									
2	Pays	2001	2002	2003	2004	2005	2006			
3	Islande	285,1	287,6	289,3	292,6	295,9	304,3			
4	Luxembourg	441,5	446,2	450,0	453,3	455,0	459,5			

Lorsque vous choisissez un en-tête prédéfini, il écrase toutes les informations d'en-tête existantes, vous pouvez ensuite modifier et compléter les informations du nouvel en-tête. Pour le pied de page, procédez de la même façon après avoir cliqué dans une zone de pied de page.

Dans notre cas : créez un pied de page avec le nom d'utilisateur à gauche, le nom du fichier au centre et la date du jour à droite : choisissez d'abord le pied de page prédéfini qui présente le nom d'utilisateur en premier, puis remplacez le contenu de la zone centrale par le nom de fichier.

30	Mexique	99 720,3	100 302,4	101 292,6	103 001,5	103 340,3	104 874,5
31	Japon	127 291,0	127 435,0	127 619,0	127 687,0	127 768,0	127 770,0
32	États-Unis	285 226,3	288 126,0	290 796,0	293 638,2	296 507,1	299 398,5
33	Zone euro (zone : méthodologie OCDE)	304 935,0	306 508,3	307 968,7	309 420,8	311 388,2	313 043,3
	Zoe Zebulon			Page 1			19/07/2010

4-METTEZ EN PAGE

- Cliquez dans une cellule de la feuille de calcul puis, sous l'onglet **Mise en page**>groupe **Mise en page**, cliquez sur le bouton **Marges** et sélectionnez *Étroites*.

- Affichez l'aperçu avant impression : tapez sur `Ctrl`+`F2` ou cliquez sur le bouton *Aperçu avant impression et imprimer* dans la barre d'outils *Accès rapide*. Vous constatez que le tableau entier ne tient pas en entier sur la largeur de page.

Population		Tsoft Confidentiel			Page 1
Population des pays de l'OCDE en milliers d'habitants					
Pays	2001	2002	2003	2004	2005
Islande	285,1	287,6	289,3	292,6	295,9
Luxembourg	441,5	446,2	450,0	453,3	455,0
Irlande	3 847,0	3 917,0	3 978,9	4 043,8	4 130,7
Nouvelle-Zélande	3 880,5	3 939,1	4 009,2	4 061,4	4 099,0
Norvège	4 514,0	4 538,0	4 564,0	4 591,9	4 623,3
Finlande	5 188,0	5 201,0	5 213,0	5 228,0	5 246,0

- Cliquez sur le lien <u>Mise en page</u>, puis sur l'onglet *Page* dans le dialogue *Mise en page*, sous la section Orientation cochez l'option <⊙ Paysage>, validez par [OK].

- Cliquez sur le lien Mise en page, puis sur l'onglet *Marges* dans le dialogue *Mise en page*. Sous la section Centrer sur la page, cochez la case <☑ Horizontalement>, validez par [OK].
- Cliquez sur l'icône fléchée pour aller à la page suivante. Vous constatez que les quatre dernières lignes du tableau ne tiennent pas sur la même page que les autres, bien que l'orientation soit Paysage. Cliquez sur l'icône fléchée pour revenir à la première page.
- Cliquez sur le lien Mise en page, puis sur l'onglet *Page* dans le dialogue *Mise en page*, sous la section Échelle, cochez l'option <⊙ Ajuster>, validez par [OK].

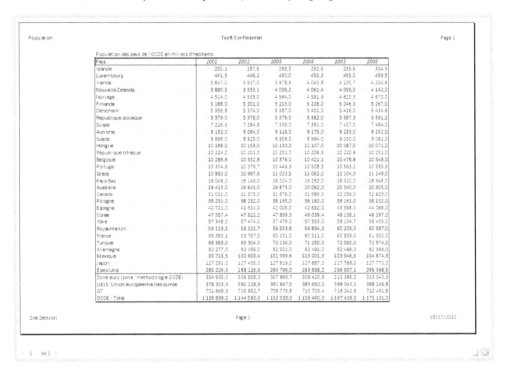

- Cliquez sur le lien Mise en page, puis sur l'onglet *Marges* dans le dialogue *Mise en page*.

Les positions de l'en-tête et du pied de page en cm peuvent être modifiées, il est recommandé que l'en-tête reste positionné dans la marge du haut et le pied de page dans la marge du bas.

- La mise en page étant effectuée, vous pouvez imprimer le tableau directement à partir de l'aperçu avant impression, en cliquant sur l'icône *Imprimer*.
- Si vous ne voulez pas imprimer, mais seulement revenir à la feuille de calcul, vous pouvez cliquer sur l'onglet **Fichier**, ou vous pouvez aussi simplement taper sur la touche Echap.

CAS 1 : TECHNIQUES ÉLABORÉES DE MISE EN FORME

5-METTEZ EN FORME LE TABLEAU DE CROISSANCE COMPARÉE DES PRODUITS

- Cliquez sur l'onglet de la feuille Croissance, insérez la formule de calcul de la croissance en % dans la cellule D3, puis recopiez cette formule sur la plage D3:D12.
- Mettez en forme le tableau, utilisez le style *EtiqLigne1* pour les étiquettes de colonne du tableau, puis appliquez les bordures comme dans la figure ci-dessous. Formatez les cellules D2:D12 en pourcentage à une décimale. Centrez les étiquettes de colonne et mettez-les en italique. Appliquez au titre la police d'en-tête sur thème avec un corps 14.

Pour mettre en évidence les écarts de taux de croissance, utilisez une mise en forme conditionnelle :

- Sélectionnez les cellules D3:D12 puis, sous l'onglet **Accueil**>groupe **Style**, cliquez sur le bouton **Mise en forme conditionnelle**. Dans le menu, choisissez *Barre de données* puis une couleur *Dégradé vert*.

	A	B	C	D
1	Croissance comparée			
2		2006	2007	% croissance
3	Produit1	95572	118892	
4	Produit2	58174	62712	
5	Produit3	57043	67228	
6	Produit4	43094	51011	
7	Produit5	65825	69964	
8	Produit6	66658	73905	
9	Produit7	49514	53809	
10	Produit8	99029	103834	
11	Produit9	85400	101344	
12	Produit10	66501	72453	

	A	B	C	D
1	Croissance comparée			
2		2006	2007	% croissance
3	Produit1	95572	118892	24,4%
4	Produit2	58174	62712	7,8%
5	Produit3	57043	67228	17,9%
6	Produit4	43094	51011	18,4%
7	Produit5	65825	69964	6,3%
8	Produit6	66658	73905	10,9%
9	Produit7	49514	53809	8,7%
10	Produit8	99029	103834	4,9%
11	Produit9	85400	101344	18,7%
12	Produit10	66501	72453	9,0%

6-METTEZ EN FORME LE TABLEAU DE RÉPARTITION PAR PRODUIT

- Cliquez sur l'onglet de la feuille Répartition, insérez la formule du total dans la cellule B13 et recopiez-la dans la cellule C13. Insérez la formule de calcul de la répartition en % de l'année 2007 dans la cellule D3, puis recopiez cette formule sur la plage D3:D12.
- Mettez en forme le tableau : copiez la mise en forme du tableau de la feuille Croissance sur le tableau de la feuille Répartition. Complétez la mise en forme de la ligne des totaux, en reproduisant la mise en forme d'une des lignes précédentes.

Vous aurez noté qu'en copiant la mise en forme du tableau vous avez copié la règle de mise en forme conditionnelle. Or, dans la feuille Répartition, nous ne voulons plus de cette mise en forme conditionnelle. Il suffit d'effacer la règle de mise en forme conditionnelle.

- Sous l'onglet **Accueil**>groupe **Style**, cliquez sur le bouton **Mise en forme conditionnelle**. Dans le menu, choisissez *Gérer les règles*... Le dialogue *Gestionnaire des règles de mise en forme conditionnelle* s'affiche, dans la zone ❶ sélectionnez *Cette feuille de calcul*.

CAS 1 : TECHNIQUES ÉLABORÉES DE MISE EN FORME

- Cliquez sur la (ou les) règle(s), puis sur le bouton [Supprimer la règle] ❷. Validez par [OK]. La règle est supprimée dans la feuille actuelle mais pas dans l'autre feuille `Croissance`.

Vous allez surligner les trois produits les plus importants en chiffres de vente.

- Sélectionnez les cellules D3:D12 puis, sous l'onglet **Accueil**>groupe **Style**, cliquez sur le bouton **Mise en forme conditionnelle**. Dans le menu, choisissez *Règle des valeurs plus/moins élevées* puis *10 valeurs les plus élevées*, spécifiez 3, validez par [OK].

- Formatez la plage de cellules B3:C12 avec un séparateur des milliers.
- Ajoutez une règle de mise en forme conditionnelle en fonction d'une formule, pour que toutes les cellules de la ligne du tableau aient une couleur de remplissage si la valeur de la dernière colonne est classée parmi les trois premières de la colonne.

On utilisera la fonction `RANG(nombre;liste;ordre)` qui calcule le rang d'un nombre dans une liste classée en ordre décroissant (ordre=0) ou croissant (ordre =1).

- Sélectionnez les cellules A3:C12 puis, sous l'onglet **Accueil**>groupe **Style**, cliquez sur le bouton **Mise en forme conditionnelle**. Dans le menu, cliquez sur *Gérer les règles...* puis sur le bouton [Nouvelle règle...]. Cliquez sur ❶ *Utiliser une formule pour déterminer pour quelles cellules le format sera appliqué*, ❷ saisissez la formule de critère, ❸ cliquez sur le bouton [Format], puis spécifiez la couleur de remplissage (rouge pâle). Validez par [OK]. Validez la règle par [OK].

La formule de critère contient une référence relative en ligne pour la cellule $D30. C'est indispensable ici afin qu'elle soit ajustée lorsqu'elle s'applique aux autres lignes du tableau.

■ Enregistrez et fermez le classeur.

CAS 2 : RELANCE DE FACTURES IMPAYÉES

Les fonctions AUJOURDHUI() et FIN.MOIS()

Les calculs

	A	B	C	D	E
1	**Liste des factu**				
2					
3	Relevé au :	39790			
4					
5	Date de facture	Client	Montant TTC	Échéance (30 jours fin de mois)	Retard
6	39540	Totem Sarl	5475,32	=FIN.MOIS(A6;1)	=$B$3-D6
7	39576	P. Martin	24862,78	=FIN.MOIS(A7;1)	=$B$3-D7
8	39611	Sovéco	1658,89	=FIN.MOIS(A8;1)	=$B$3-D8
9	39616	Totem Sarl	13356,54	=FIN.MOIS(A9;1)	=$B$3-D9
10	39650	J.Durand	8596,74	=FIN.MOIS(A10;1)	=$B$3-D10
11	39683	Iveco	3695,48	=FIN.MOIS(A11;1)	=$B$3-D11
12	39662	Marval conseil	18754,11	=FIN.MOIS(A12;1)	=$B$3-D12
13					
14					
15	**Client à relancer**				
16	39540	Totem Sarl	5475,32	=FIN.MOIS(A16;1)	=$B$3-D16

Le résultat

CAS 2 : RELANCE DE FACTURES IMPAYÉES

Fonctions utilisées

– *Fonction AUJOURDHUI()*
– *Format personnalisé*
– *Alignement vertical dans les cellules*

– *Calculs sur dates*
– *Hauteur des lignes*
– *Fonction TEXTE()*

15 mn

Ce cas pratique consiste à suivre les factures impayées d'une entreprise. On souhaite calculer, pour chaque facture, son échéance et le nombre de jours du retard de règlement.

Les données de ce cas pratique sont fournies dans le classeur `CasA2.xlsx`, enregistré dans le dossier `C:\Exercices Excel 2010`. Ouvrez le fichier et enregistrez-le sous le nom `CasA2-R.xlsx`.

1-INSÉREZ LA FONCTION AUJOURDHUI() AVEC L'ASSISTANT FONCTION

Le rôle de cette fonction est de fournir automatiquement la date du jour (date système de votre ordinateur). Ensuite, par une formule faisant la différence entre la date du jour et la date d'échéance, vous obtenez automatiquement le nombre de jours de retard de paiement.

Vous allez utiliser l'assistant fonction pour insérer cette fonction.

■ Cliquez sur la cellule B3, cliquez sur *fx* dans la barre de formule. Le dialogue *Insérer une fonction* s'affiche, dans la zone ❶ <Catégorie> : sélectionnez *Date&heure*, dans la liste des fonctions ❷ double-cliquez sur la fonction *AUJOURDHUI*, validez par [OK]. Ou, sous l'onglet **Formules**> groupe **Bibliothèque de formules**, cliquez sur le bouton **Date & Heure** puis cliquez dans le menu déroulant sur *AUJOURDHUI*. Validez par [OK].

On rappelle qu'une date est un nombre, le nombre de jours écoulés depuis le 1/1/1900. Pour voir le nombre date correspondant à la date du jour actuel, formatez la cellule B3 au format *Standard*, puis réappliquez le format *Date*.

La date du jour calculée par AUJOURDHUI() s'actualise à chaque recalcul de la feuille. Il est possible d'entrer la date du jour actuel comme une valeur (pas recalculée) et non comme une fonction, il existe un raccourci clavier Ctrl+;. Essayez dans la cellule C4, puis effacez cette valeur.

Les données représentées dans les illustrations de ce cas pratique supposent que la date du jour est le 8/12/2010. Donc, pour réaliser ce cas pratique, vous pouvez remplacer dans la cellule C3 la date automatique par celle fixe de 08/12/2010.

CAS 2 : RELANCE DE FACTURES IMPAYÉES

2-CALCULEZ LA DATE D'ÉCHÉANCE AVEC L'ASSISTANT FONCTION

On veut comme date d'échéance le dernier jour du deuxième mois qui suit la date de facture. Excel fournit la fonction FIN.MOIS(date_initiale;n) qui donne le nombre date du dernier jour du nième mois qui suit la date initiale.

- Cliquez sur la cellule D6, cliquez sur *fx* dans la barre de formule. Le dialogue *Insérer une fonction* s'affiche, dans la zone ❶ <Catégorie> : sélectionnez *Date&heure*, dans la liste des fonctions ❷ double-cliquez sur la fonction *FIN.MOIS*.

- Dans le dialogue *Arguments de la fonction*, cliquez dans la zone <Date_départ> puis cliquez sur la cellule A6, cliquez dans la zone <Mois> et saisissez 1, validez par [OK].
- Formatez la cellule au format date jj/mm/aa, puis recopiez-la : cliquez sur D6, faites glisser la poignée de recopie sur D6:D12.

3-CALCULEZ LES RETARDS DE PAIEMENT

Il s'agit de la différence entre la date du jour en cellule B3 date du jour et la date d'échéance.

- Placez le curseur en E6, tapez = pour commencer une formule, cliquez sur la cellule B3, appuyez sur [F4] pour transformer cette référence relative B3 en référence absolue $B$3, ce qui signifie que si cette formule est recopiée ailleurs, cette référence ne s'ajustera pas et restera toujours $B$3, ensuite tapez –, cliquez en D6 et appuyez sur [↵] pour valider la formule.
- Recopiez cette formule : cliquez sur E6, faites glisser la poignée de recopie sur E:E12.

4-METTEZ EN FORME LES NOMBRES DU TABLEAU

- Sélectionnez la plage C6:C12, sous l'onglet **Accueil**>groupe **Nombre**, cliquez sur le bouton **Format nombre comptabilité** .
- Sélectionnez les cellules E6:E12, puis, sous l'onglet **Accueil**>groupe **Nombre**, cliquez sur le **Lanceur** du groupe, dans la zone <Catégorie> : sélectionnez *Personnalisée*, dans la zone <Type> : saisissez le code de format 0" jours". Validez par [OK].

- Centrez les colonnes de date : sélectionnez ensemble les plages A6:A12, D6:D12 (maintenez appuyée la touche ⌈Ctrl⌉ pour sélectionner des plages disjointes), cliquez sur le bouton ☰ .

5-CENTREZ LES LIBELLÉS VERTICALEMENT ET HORIZONTALEMENT

- Sélectionnez les cellules A5:E5 contenant les étiquettes de colonne, cliquez sur le bouton **Renvoyer à la ligne automatiquement** (sous **Accueil**>groupe **Alignement**), cliquez ensuite sur **Centrer**.
- Double-cliquez dans la cellule D5, le contenu de la cellule peut être modifié dans la cellule : placez le point d'insertion juste avant la parenthèse ouvrante, puis tapez sur ⌈Alt⌉+⌈Entrée⌉ pour insérer un retour à la ligne dans le texte de la cellule.
- Élargissez la colonne D à 20,00 pour que le contenu de la cellule D9 tienne sur deux lignes. Puis élargissez la colonne B à 18,00.
- Double-cliquez sur la cellule A5, insérez un retour à la ligne avant le mot de.
- Augmentez la hauteur de la ligne des étiquettes de colonne à l'aide de la souris, en faisant glisser vers le bas le bord inférieur de l'en-tête de ligne (numéro de ligne) jusqu'à 36,00. Puis sélectionnez la plage A5:E5, cliquez sur le bouton **Aligner au centre** (alignement vertical). Cliquez sur le bouton **Style de cellules** et, dans la galerie des styles sous la section **Titres et en-têtes**, cliquez sur la vignette *Accent 5*. Puis mettez en gras.
- Fixez la largeur de la colonne A à 12,00.
- Mettez le titre (cellule A1) en caractères gras et en taille 14, appliquez-lui la police du thème pour les en-têtes (*Cambria* dans le thème *Office*).

Les lignes du tableau paraissent trop tassées, augmentez leur hauteur et centrez verticalement leur contenu :

- Sélectionnez les lignes 6 à 12, puis faites glisser la séparation sous un numéro de ligne sélectionné jusqu'à la hauteur 18,00.
- Sélectionnez les cellules A6:E12 et cliquez sur le bouton **Aligner au centre**.
- Appliquez une bordure inférieure et supérieure à chaque ligne du tableau.

CAS 2 : RELANCE DE FACTURES IMPAYÉES

6-CRÉEZ UN TEXTE DE RELANCE

Nous voulons créer un texte pour relancer un client. Ce texte reprend des informations de la ligne de suivi de facture, date de facture, date d'échéance, retard de paiement et montant.

Ce texte sera généré par des formules que vous saisirez ici, dans les cellules G6, G8, G10:G12. Cette plage G6:G12 servira pour être imprimée, ou copiée et collée dans un document texte ou dans un message électronique, dans le but de relancer le client en retard de paiement.

Ces formules font référence aux cellules de la plage G2:K2, dans laquelle vous copierez manuellement les cellules du relevé de la facture impayée que vous voulez relancer.

- Sélectionnez ces cellules, par exemple A6:E6, puis maintenez appuyée la touche `Ctrl` et faites glisser le contour de la sélection jusque sur la cellule G2. Mettez la cellule qui contient le texte Client à relancer (cellule G1) en gras en police Cambria (police du thème Office) et en taille 12.

- Saisissez ensuite les formules texte en vous inspirant de l'exemple qui suit :

Pour en savoir plus sur la fonction `Texte(cellule;"format")`, consultez l'Aide.

- Nommez `Texte_Relance` la plage G6:G12 qui contient les formules texte.

- Modifiez la formule de la cellule G12, pour obtenir le texte.

Pour afficher au format texte le contenu de la cellule I2, utilisez `TEXTE($I$2;"# ##0.00 €")`.

- Copiez une autre ligne de cellules du relevé des factures impayées, dans la cellule G2 ; vous constaterez que le texte s'actualise avec les informations de cette autre facture.

CAS 3 : STATISTIQUES COMPARATIVES DE PRIX

Comparatif de prix

Prix TTC constaté dans 30 points de vente pour deux produits

Référence du point de vente	Prod1	Prod2
Paris PV1	444,39 €	154,74 €
Paris PV2	446,37 €	146,35 €
Paris PV3	446,68 €	147,88 €
Paris PV4	448,20 €	139,49 €
Paris PV5	449,72 €	160,07 €
Paris PV6	454,30 €	164,64 €
Paris PV7	457,19 €	167,54 €
Paris PV8	440,58 €	150,92 €
Paris PV9	442,10 €	152,45 €
Paris PV10	443,63 €	153,97 €
Paris PV11	445,15 €	146,35 €
Paris PV12	446,68 €	147,88 €
Paris PV13	441,95 €	139,49 €
Paris PV14	449,72 €	144,83 €
Paris PV15	451,25 €	158,55 €
Paris PV16	452,77 €	160,07 €
Paris PV17	444,39 €	139,49 €
Paris PV18	446,37 €	141,47 €
Paris PV19	446,68 €	141,78 €
Paris PV20	448,20 €	157,02 €
Paris PV21	434,48 €	158,55 €
Paris PV22	448,35 €	160,07 €
Paris PV23	450,33 €	164,64 €
Paris PV24	452,32 €	167,54 €
Paris PV25	454,30 €	150,92 €
Paris PV26	438,29 €	158,55 €
Paris PV27	444,39 €	160,07 €
Paris PV28	446,37 €	141,47 €
Paris PV29	446,68 €	141,78 €
Paris PV30	448,20 €	143,30 €

Calculs statistiques :	Prod1	Prod2
Prix maximal constaté	457,19 €	167,54 €
Prix minimal constaté	434,48 €	139,49 €
Prix moyen	447,00 €	152,06 €
Ecart type du prix	4,85	9,01

CAS 3 : STATISTIQUES COMPARATIVES DE PRIX

Fonctions utilisées

– *Nommer les cellules*
– *Fonctions statistiques*
– *Formater les nombres*

– *Couleur de remplissage*
– *Mise en forme conditionnelle*
– *Gérer les règles de mise en forme*

15 mn

Il s'agit, à partir d'une liste de prix constatés pour deux produits dans une trentaine de points de ventes différents, de faire des statistiques en utilisant certaines fonctions d'Excel 2010.

Les données de ce cas pratique sont dans le classeur `CasA3.xlsx`, enregistré dans le dossier `C:\Exercices Excel 2010`. Ouvrez le fichier et enregistrez-le sous le nom `CasA3-R.xlsx`.

1-NOMMEZ LES CELLULES

Nommez automatiquement les colonnes du tableau en utilisant ses étiquettes.

- Sélectionnez la plage A6:C36 puis, sous l'onglet **Formules**>groupe **Noms définis**, cliquez sur le bouton **Créer depuis sélection**, cochez les cases <☑ Ligne du haut> et <☑ Colonne de gauche>, cliquez sur [OK].

La deuxième colonne est nommée `Prod1` et la troisième `Prod2`, qui sont les étiquettes de colonne.

2-CALCULEZ LE PRIX MAXIMAL POUR LE PRODUIT 1

Vous allez utiliser l'assistant fonction pour insérer la fonction.

- Cliquez sur la cellule B40, cliquez sur *fx* dans la barre de formule ou, sous l'onglet **Formule**>groupe **Bibliothèque de fonctions**, cliquez sur le bouton **Insérer une fonction**.

- Dans <Sélectionnez une catégorie> : sélectionnez *Statistiques* ❶, dans <sélectionnez une fonction> : double-cliquez sur la fonction MAX ❷. Le dialogue *Arguments de la fonction* s'affiche, dans <Nombre1> ❸ : cliquez dans la zone puis tapez sur F3, double-cliquez sur le nom *Prod1*, validez les arguments par [OK]. La formule construite est `=MAX(Prod1)`.

On constate que le prix maximal pour le produit 1 est de 457,19 €. Ce résultat était affiché dans le dialogue ❹ *Arguments de la fonction* avant de valider.

CAS 3 : STATISTIQUES COMPARATIVES DE PRIX

3-Calculez les prix minimal, moyen et l'écart type des prix pour le produit 1

- Cliquez sur la cellule B41, cliquez sur f_x dans la barre de formule ou, sous l'onglet **Formule**>groupe **Bibliothèque de fonctions**, cliquez sur le bouton **Insérer une fonction**.
- Dans <Sélectionnez une catégorie> : *Statistiques* est déjà sélectionné (choix précédent), dans <sélectionnez une fonction> : double-cliquez sur la fonction MIN. Le dialogue *Arguments de la fonction* s'affiche, dans <Nombre1> ❸: cliquez dans la zone puis tapez du F3, double-cliquez sur le nom *Prod1*, validez les arguments par [OK]. La formule construite est =MIN(Prod1). On constate que le prix minimal pour le produit 1 est de 434,48 €.
- Cliquez sur la cellule B42, créez la formule =MOYENNE(Prod1). On constate que le prix moyen pour le produit 1 est de 447,001 €.
- Cliquez sur la cellule B43, créez la formule =ECARTYPE(Prod1). On constate que l'écart-type pour le produit 1 est de 4,850387365.

4-Calculez les mêmes statistiques pour le produit 2

- Entrez, à l'aide de l'assistant fonction, les formules suivantes :
  - Dans la cellule C40 : =MAX(Prod2) ;
  - Dans la cellule C41 : =MIN(Prod2) ;
  - Dans la cellule C42 : =MOYENNE(Prod2) ;
  - Dans la cellule C43 : =ECARTYPE(Prod2).

Notez que si vous copiez une de ces formules de la colonne B dans la colonne C, l'argument *Prod1* n'est pas ajusté en argument *Prod2*. Un nom est équivalent à une référence absolue pour désigner une cellule dans une formule.

5-Mettez en forme les résultats statistiques

Appliquez le format monétaire à certains résultats :

- Sélectionnez la plage B40:C42 puis, sous l'onglet **Accueil**>groupe **Nombre**, cliquez sur le bouton **Format Nombre Comptabilité**.
- Sélectionnez B43:C43, cliquez sur le bouton **Réduire les décimales** autant de fois que nécessaire pour réduire le nombre de décimales à 2.

6-Mettez en forme la plage des résultats statistiques

- Encadrez : sélectionnez la plage A39:B43 puis, sous l'onglet **Accueil**>groupe **Police**, cliquez sur la **flèche** du bouton **Bordures**, puis cliquez sur *Toutes les bordures*.
- Appliquez un fond grisé : sélectionnez la plage A39:B43 puis, sous l'onglet **Accueil**>groupe **Police**, cliquez sur la **flèche** du bouton **Couleur de remplissage**, puis cliquez sur *Blanc, Arrière-plan, plus sombre 5%*.

	A	B	C
35	Paris PV29	446,68 €	141,78 €
36	Paris PV30	448,20 €	143,30 €
37			
38			
39	Calculs statistiques :	Prod1	Prod2
40	Prix maximal constaté	457,19 €	167,54 €
41	Prix minimal constaté	434,48 €	139,49 €
42	Prix moyen	447,00 €	152,06 €
43	Ecart type du prix	4,85	9,01

CAS 3 : STATISTIQUES COMPARATIVES DE PRIX

7-REPÉREZ PAR UNE COULEUR LES POINTS DE VENTE AVEC LE PRIX LE PLUS BAS

Si vous voulez repérer immédiatement dans le tableau quels sont les points de vente offrant le prix le plus bas, vous pouvez utiliser une mise en forme conditionnelle.

- Sélectionnez les cellules nommées `Prod1` : cliquez dans la barre de formule sur la flèche de défilement à droite de la zone <Nom>, puis sélectionnez dans la liste le nom *Prod1*.

Les cellules nommées `Prod1` sont sélectionnées. Vous avez utilisé la façon la plus simple de sélectionner un ensemble de cellules nommées.

- Sous l'onglet **Accueil**>groupe **Styles**, cliquez sur le bouton **Mise en forme conditionnelle**. Cliquez sur *Règles des valeurs plus/moins élevées*, puis sur *10 valeurs les moins élevées*... Dans le dialogue, remplacez 10 par 1 dans la zone ❶ et choisissez la couleur rouge clair dans la zone ❷, puis validez par [OK].

- Procédez de la même façon pour les cellules nommées `Prod2`.
  Vous constatez que si le prix le plus bas se retrouve dans plusieurs cellules, toutes ces cellules sont mises en forme.

8-MODIFIEZ LES RÈGLES POUR PASSER EN COULEUR DE REMPLISSAGE VERT CLAIR.

- Sous l'onglet **Accueil**>groupe **Styles**, cliquez sur le bouton **Mise en forme conditionnelle**. Cliquez sur *Gérer les règles*, dans la zone ❶ sélectionnez *Cette feuille de calcul*.

- Cliquez sur la première règle, cliquez sur le bouton [Modifier la règle...], cliquez sur le bouton [Format]. Le dialogue *Format de cellule* s'affiche : cliquez sur l'onglet *Remplissage*, puis sur le bouton [Autres couleurs...]. Le dialogue *Couleur* s'affiche, cliquez sur l'onglet *Standard* puis cliquez sur un vert clair, validez les dialogues successifs.

- Procédez de même pour la deuxième règle de cette feuille de calcul, en choisissant la même couleur vert clair.

- Sélectionnez les cellules A41:C41, appliquez le même vert clair comme couleur de remplissage : cliquez sur la **flèche** du bouton **Couleur de remplissage**, puis cliquez sur la couleur verte (venant d'être utilisée) sous la section Couleurs utilisées récemment.

- Recommencez la même procédure pour repérer visuellement les deux points de vente avec le prix le plus haut, avec une couleur de fond rouge clair, puis enregistrez.

Les formules

	A	B	C	D	E	F
1	Placement			Emprunt		
2						
3	Versement initial	10000		Montant de l'emprunt	110000	
4	Versement mensuel	1000		Taux d'intérêt annuel	0,055	
5	Taux d'intérêt annuel	0,035		Durée	8	
6	Durée (en année)	6				
7						
8	Total versements	=B3+B4*B6*12		Total mensualités	=E10*E5*12	
9	Total intérêts	=B10-B8		Total intérêts	=E8-E3	
10	Capital futur	=VC(B5/12;B6*12;-B4;-B3)		Mensualité de remboursement	=-VPM(E4/12;E5*12;E3)	
11						
12						
13	Taux de rentabilité (cash-flows constants)			Taux de rentabilité (cash-flows variables)		
14						
15	Prix d'achat	110000		Placement intial	-110000	-110000
16	Prix de vente	123700		Prélevement 1	5200	4800
17	Durée en années	6		Prélevement 2	6000	4800
18	Loyer annuel	4800		Prélevement 3	4800	4800
19				Prélevement 4	4800	4800
20	Taux de rentabilité	=TAUX(B17;B18;-B15;B16)		Prélevement 5	5500	4800
21				Liquidation placement	115870	=4800+123700
22						
23				Taux de rentabilité interne	=TRI(E15:E21;7%)	=TRI(F15:F21;7%)

Le résultat

	A	B	C	D	E	F
1	Placement			Emprunt		
2						
3	Versement initial	10 000 €		Montant de l'emprunt	110 000 €	
4	Versement mensuel	1 000 €		Taux d'intérêt annuel	5,50%	
5	Taux d'intérêt annuel	3,50%		Durée	8	
6	Durée (en année)	6				
7						
8	Total versements	82 000 €		Total mensualités	136 216,84 €	
9	Total intérêts	10 322 €		Total intérêts	26 216,84 €	
10	Capital futur	92 322 €		Mensualité de remboursement	1 418,93 €	
11						
12						
13	Taux de rentabilité (cash-flows constants)			Taux de rentabilité (cash-flows variables)		
14						
15	Prix d'achat	110 000 €		Placement intial	-110 000 €	-110 000 €
16	Prix de vente	123 700 €		Prélevement 1	5 200 €	4 800 €
17	Durée en années	6		Prélevement 2	6 000 €	4 800 €
18	Loyer annuel	4 800 €		Prélevement 3	4 800 €	4 800 €
19				Prélevement 4	4 800 €	4 800 €
20	Taux de rentabilité	6,14%		Prélevement 5	5 500 €	4 800 €
21				Liquidation placement	115 870 €	128 500 €
22						
23				Taux de rentabilité interne	4,87%	6,14%

CAS 4 : UTILISER DES FONCTIONS FINANCIÈRES

Fonctions utilisées

– *Fonctions financières* : *VC, VPM, TAUX, TRI*

– *Assistant fonction*

– *Formatage automatique selon la saisie ou la formule*

15 mn

Vous allez utiliser les fonctions financières d'Excel pour réaliser trois types de calculs financiers : placement, emprunt et rentabilité d'un investissement.

Les données sont dans le classeur `CasA4.xlsx`, enregistré dans le dossier `C:\Exercices Excel 2010`. Ouvrez le fichier et enregistrez-le sous le nom `CasA4-R.xlsx`.

1-VALEUR DU CAPITAL FINAL DE VERSEMENTS RÉGULIERS À TAUX D'INTÉRÊT CONSTANT

Vous placez 10 000 € initialement en début d'un mois, puis 1 000 € chaque début de mois suivant. Le taux d'intérêt annuel est de 3,5 %. De combien disposerez-vous dans six ans ? Excel fournit une fonction pour ce calcul : `VC(Taux;Npm;Vpm;Va;Type)`.

`Taux` est le taux de la période de paiement, `Npm` le nombre de paiements, `Vpm` la valeur de chaque paiement, `Va` la valeur actuelle (initiale) et `Type` (1 si le paiement se fait en début de période, 0 ou omis si le paiement se fait en fin de période).

Comme les versements sont mensuels, il faut calculer le taux d'intérêt mensuel. On prendra ici le taux annuel divisé par 12 mois. Le nombre de périodes est le nombre d'années multiplié par 12 mois.

- Saisissez les données dans les cellules B3 : `10000€` ; B4 : `1000€` ; B5 : `3,5%` ; B6 : `6`. Notez que les cellules sont formatées automatiquement selon la donnée saisie.

- Cliquez sur la cellule B10, cliquez sur *fx* dans la barre de formule ou, sous l'onglet **Formule**>groupe **Bibliothèque de fonctions**, cliquez sur le bouton **Insérer une fonction**.

- Dans <Sélectionnez une catégorie> : sélectionnez *Finances*, dans <Sélectionnez une fonction> : double-cliquez sur la fonction *VC*. Le dialogue *Arguments de la fonction* s'affiche.

Saisissez un signe négatif – dans les arguments `Vpm` et `Va`, car les versements sont des sorties d'argent, pour obtenir au final un capital positif.

Le résultat de la formule s'affiche dans le dialogue une fois les arguments spécifiés.

- Spécifiez les arguments en cliquant dans chaque zone, puis cliquez sur [OK].
  - <Taux> : cliquez sur la cellule B5, tapez `/12` ;
  - <Npm> : cliquez sur la cellule B6, tapez `*12` ;
  - <Vpm> : saisissez -, puis cliquez sur la cellule B4 ;
  - <Va> : saisissez -, cliquez sur la cellule B3 ;
  - <Type> : laissez cette zone vide (car versement en fin de période).

CAS 4 : UTILISER DES FONCTIONS FINANCIÈRES

Puis, créez les formules :
- en B8 (= versement multiplié par le nombre de versements + versement initial)
- en B9 (= différence entre capital futur et le total des versements).

	A	B	C	D	E
1	Placement			Emprunt	
2					
3	Versement initial	10 000 €		Montant de l'emprunt	
4	Versement mensuel	1 000 €		Taux d'intérêt annuel	
5	Taux d'intérêt annuel	3,50%		Durée	
6	Durée (en année)	6			
7					
8	Total versements	82 000 €		Total mensualités	
9	Total intérêts	10 322 €		Total intérêts	
10	Capital futur	92 322 €		Mensualité de remboursement	

Notez que les cellules contenant les formules B8:B10 ont été automatiquement formatées selon la formule, Excel applique automatiquement le format monétaire au résultat de la formule VC().

2-MENSUALITÉS DE REMBOURSEMENT D'UN EMPRUNT AMORTISSABLE À TAUX FIXE

Vous empruntez 110 000 € au taux de 5,5 %, prêt remboursable mensuellement et sur 8 ans. Quel va être le montant de vos remboursements mensuels ? Excel fournit une fonction pour ce calcul : VPM(Taux;Npm;Va;Vc;Type).

Taux : taux d'intérêt de la période, Npm : nombre de périodes de paiement, Va valeur empruntée, Vc capital restant à rembourser en fin contrat (0 si omis) et Type (1 si le remboursement se fait en début de période, 0 ou omis si le remboursement se fait en fin de période).

Les remboursements étant mensuels, il faut calculer le taux d'intérêt mensuel. On prendra le taux annuel divisé par 12. Le nombre de mensualités est égal au nombre d'années multiplié par 12.

- Saisissez les données dans les cellules E3 : 110000€, E4 : 5,5%, E5 : 8.
  Notez que les cellules sont formatées automatiquement selon la donnée saisie.

- Cliquez sur la cellule E10, cliquez sur *fx* dans la barre de formule ou, sous l'onglet **Formule**>groupe **Bibliothèque de fonctions**, cliquez sur le bouton **Insérer une fonction**.

- Dans <Sélectionnez une catégorie> : sélectionnez *Finances*, dans <Sélectionnez une fonction> : double-cliquez sur la fonction *VPM*. Le dialogue *Arguments de la fonction* s'affiche.

- Spécifiez les arguments en cliquant dans chaque zone :
  - <Taux> : cliquez sur la cellule E4, tapez /12.
  - <Npm> : cliquez sur la cellule E5, tapez *12.
  - <Va> : cliquez sur la cellule E3.
- Cliquez sur [OK].

Notez que le résultat de la formule VPM() est négatif car une mensualité est une sortie d'argent. Insérez un signe négatif – dans la formule de la cellule E10 : =-VPM(E4/12;E5*12;E3).

CAS 4 : UTILISER DES FONCTIONS FINANCIÈRES

■ Créez les formules :

– En E8, le remboursement mensuel multiplié par le nombre de mois.

– En E9, la différence entre le total des mensualités de remboursement et le montant emprunté.

	A	B	C	D	E
1	Placement			Emprunt	
2					
3	Versement initial	10 000 €		Montant de l'emprunt	110 000 €
4	Versement mensuel	1 000 €		Taux d'intérêt annuel	5,50%
5	Taux d'intérêt annuel	3,50%		Durée	8
6	Durée (en année)	6			
7					
8	Total versements	82 000 €		Total mensualités	136 216,84 €
9	Total intérêts	10 322 €		Total intérêts	26 216,84 €
10	Capital futur	92 322 €		Mensualité de remboursement	1 418,93 €

Notez que les cellules contenant les formules E8:E10 ont été automatiquement formatées selon la formule ; Excel applique automatiquement le format monétaire au résultat de la formule VPM().

3-TAUX DE RENTABILITÉ D'UN INVESTISSEMENT À CASH-FLOWS CONSTANTS

La fonction TAUX() est utilisée pour calculer le taux d'un emprunt, lorsque l'on connaît le montant de l'emprunt, le montant de remboursement périodique et le nombre de périodes de remboursement : TAUX(Npm;Vpm;Va;Vc;Type).

Npm : nombre de paiements, Vpm montant du paiement, Va la valeur actuelle (initiale), Vc valeur capitalisée restant après le dernier paiement du capital récupéré et Type (0 si le paiement est versé en fin de période, le premier remboursement est à la fin de la première période).

Pour un emprunt à rembourser : Va est positif (l'emprunt initial est une rentrée d'argent), Vpm est négatif (remboursement = sortie d'argent), Npm est le nombre de remboursements constants, Vc = 0 si après le dernier paiement l'emprunt est remboursé (si Vc est négatif c'est qu'après le dernier paiement constant il reste encore Vc à rembourser).

Si Vpm = 0, il n'y a pas de remboursement périodique : c'est un emprunt in fine avec intérêts in fine, il faut alors inclure Vc qui est le remboursement capitalisé in fine (valeur négative).

Nous allons ici utiliser la fonction TAUX() pour un calcul de rentabilité d'un investissement qui est l'inverse d'un emprunt. Vous avez acheté un logement 110 000 €, vous l'avez revendu 123 700 € au bout de six ans, et pendant cette période, vous l'avez loué pour 4 800 € net par an. Quel est le taux annuel de rentabilité de cet investissement ?

Va est le placement initial –110 000 € (négatif car c'est une sortie d'argent), Vpm est le loyer du placement soit 4 800 €, Vc est la valeur finale de revente soit +123 700 € (positif car c'est une rentrée d'argent), la plus-value de revente génère une rentabilité en sus des loyers.

■ Saisissez les données dans les cellules B15 : 110000€, B16 : 123700€, B17 : 6, B18 : *4800€*. Notez que les cellules sont formatées automatiquement selon la donnée saisie.

	A	B	C	D	E
12					
13	Rentabilité d'un investissement				
14					
15	Prix d'achat	110 000 €			
16	Prix de vente	123 700 €			
17	Durée en années	6			
18	Loyer annuel	4 800 €			
19					
20	Taux de rentabilité				

■ Cliquez sur la cellule B20, cliquez sur *fx* dans la barre de formule ou, sous l'onglet **Formule**>groupe **Bibliothèque de fonctions**, cliquez sur le bouton **Insérer une fonction**.

CAS 4 : UTILISER DES FONCTIONS FINANCIÈRES

■ Dans <Sélectionnez une catégorie> : sélectionnez *Finances*, dans <Sélectionnez une fonction> : double-cliquez sur la fonction *TAUX*. Le dialogue *Arguments de la fonction* s'affiche.

Saisissez un signe négatif – dans l'argument Va, car l'achat initial est une sortie d'argent.

Le résultat de la formule s'affiche dans le dialogue une fois les arguments spécifiés.

Cette fonction procède par calcul itératif, elle renvoie la valeur #NOMBRE! si le résultat ne converge pas à 0,0000001 près.

■ Spécifiez les arguments en cliquant dans chaque zone :
 – <Npm> : cliquez sur la cellule B17.
 – <Vpm> : cliquez sur la cellule B18.
 – <Va> : saisissez le signe –, puis cliquez sur la cellule B15.
 – <Va> : cliquez sur la cellule B15.
 – <Vc> : cliquez sur la cellule B16.
■ Cliquez sur [OK].

Constatez que la cellule dans laquelle vous avez entré la formule TAUX(), a été formatée automatiquement en pourcentage avec 0 décimale.

■ Formatez la cellule B20 avec deux décimales en cliquant sur le bouton **Ajouter une décimale**, le taux de rentabilité qui s'affiche est de 6,14%.

4-TAUX DE RENTABILITÉ D'UN INVESTISSEMENT À CASH-FLOWS VARIABLES

Lorsque les cash-flows sont variables, vous ne pouvez pas utiliser la fonction TAUX(). C'est la fonction TRI() qui calcule le taux de rentabilité interne d'un investissement lorsque les mouvements de trésorerie périodiques sont variables.

CAS 4 : UTILISER DES FONCTIONS FINANCIÈRES

Vous avez fait un placement en assurance vie. En fin de chaque année pendant 5 ans, vous avez prélevé des sommes. En fin de dernière année, vous avez clôturé ce placement pour récupérer le capital résiduel. Quel a été le taux de rentabilité ?

- Saisissez les valeurs dans les cellules E15:E21.

	A	B	C	D	E	F
13	**Taux de rentabilité (cash-flows constants)**			**Taux de rentabilité (cash-flows variables)**		
14						
15	Prix d'achat	110 000 €		Placement intial	-110 000 €	
16	Prix de vente	123 700 €		Prélevement 1	5 200 €	
17	Durée en années	6		Prélevement 2	6 000 €	
18	Loyer annuel	4 800 €		Prélevement 3	4 800 €	
19				Prélevement 4	4 800 €	
20	Taux de rentabilite	6,14%		Prélevement 5	5 500 €	
21				Liquidation placement	115 870 €	
22						
23				Taux de rentabilité interne	4,87%	

- Dans la cellule E23, insérez la formule =TRI(E15:E21;8%).
- Formatez la cellule E23 avec 2 décimales.
  Le taux de rentabilité est de 4,87%.

Vous pouvez aussi calculer avec TRI() le taux de rentabilité d'un placement à cash-flow constant. Par exemple, reprenons l'exemple de l'achat locatif avec revente au bout de 6 ans.

- Saisissez les valeurs dans les cellules F15:F21.
  Le dernier cash-flow est le total du dernier loyer et de la vente de l'appartement
  (=4800+123700).
- Dans la cellule F23 copiez la formule de la cellule E23.

	A	B	C	D	E	F
13	**Taux de rentabilité (cash-flows constants)**			**Taux de rentabilité (cash-flows variables)**		
14						
15	Prix d'achat	110 000 €		Placement intial	-110 000 €	-110 000 €
16	Prix de vente	123 700 €		Prélevement 1	5 200 €	4 800 €
17	Durée en années	6		Prélevement 2	6 000 €	4 800 €
18	Loyer annuel	4 800 €		Prélevement 3	4 800 €	4 800 €
19				Prélevement 4	4 800 €	4 800 €
20	Taux de rentabilité	6,14%		Prélevement 5	5 500 €	4 800 €
21				Liquidation placement	115 870 €	128 500 €
22						
23				Taux de rentabilité interne	4,87%	6,14%

On trouve bien le même résultat avec TRI() qu'avec TAUX().

- Enregistrez et fermez le classeur.

© Tsoft/Eyrolles – Excel 2010 Avancé

CAS 5 : UTILISER DES FORMULES CONDITIONNELLES

Les données

	A	B	C	D	E	F	G
1		Calcul des commissions					
2							
3	Période :	Septembre					
4	Secteur :	Paris Nord					
5	Objectif :	235 200 €					
6							
7	Vendeurs	Objectif	Réalisé	Com	Bonus	Total	
8	Pierre	21300	23000				
9	Paul	32000	31200				
10	Lucie	28200	31000				
11	Jean	42600	38000				
12	Patrick	24300	22500				
13	Maryline	39600	37500				
14	Berthe	47200	49000				
15	Total						
16							
17	Remarque :						

Les formules

	A	B	C	D	E	F
1			Calcul des commissions			
2						
3	Période :	Septembre				
4	Secteur :	Paris Nord				
5	Objectif :	=SOMME(B8:B14)				
6						
7	Vendeurs	Objectif	Réalisé	Com	Bonus	Total
8	Pierre	21300	23000	=5%*Réalisé	=SI(Réalisé>Objectif;10%*(Réalisé-Objectif);0)	=Com+Bonus
9	Paul	32000	31200	=5%*Réalisé	=SI(Réalisé>Objectif;10%*(Réalisé-Objectif);0)	=Com+Bonus
10	Lucie	28200	31000	=5%*Réalisé	=SI(Réalisé>Objectif;10%*(Réalisé-Objectif);0)	=Com+Bonus
11	Jean	42600	38000	=5%*Réalisé	=SI(Réalisé>Objectif;10%*(Réalisé-Objectif);0)	=Com+Bonus
12	Patrick	24300	22500	=5%*Réalisé	=SI(Réalisé>Objectif;10%*(Réalisé-Objectif);0)	=Com+Bonus
13	Maryline	39600	37500	=5%*Réalisé	=SI(Réalisé>Objectif;10%*(Réalisé-Objectif);0)	=Com+Bonus
14	Berthe	47200	49000	=5%*Réalisé	=SI(Réalisé>Objectif;10%*(Réalisé-Objectif);0)	=Com+Bonus
15	Total	=SOMME(B8:B14)	=SOMME(C8:C14)	=SOMME(D8:D14)	=SOMME(E8:E14)	=SOMME(F8:F14)
16						
17	Remarque :	=SI(C15>B15;"L'objectif global a été dépassé";"L'objectif global n'a pas été atteint")				

Le résultat

	A	B	C	D	E	F	G	H
1		Calcul des commissions						
2								
3	Période :	Septembre						
4	Secteur :	Paris Nord						
5	Objectif :	235 200 €						
6								
7	Vendeurs	Objectif	Réalisé	Com	Bonus	Total		
8	Pierre	21 300 €	23 000 €	1 150 €	170 €	1 320 €		
9	Paul	32 000 €	31 200 €	1 560 €	- €	1 560 €		
10	Lucie	28 200 €	31 000 €	1 550 €	280 €	1 830 €		
11	Jean	42 600 €	38 000 €	1 900 €	- €	1 900 €		
12	Patrick	24 300 €	22 500 €	1 125 €	- €	1 125 €		
13	Maryline	39 600 €	37 500 €	1 875 €	- €	1 875 €		
14	Berthe	47 200 €	49 000 €	2 450 €	180 €	2 630 €		
15	Total	235 200 €	232 200 €	11 610 €	630 €	12 240 €		
16								
17	Remarque :	L'objectif global n'a pas été atteint						

CAS 5 : UTILISER DES FORMULES CONDITIONNELLES

Fonctions utilisées

– *Fonction conditionnelle SI()*   – *Utilisation des noms*

– *Format des nombres*

8 mn

Il s'agira de calculer les commissions d'une équipe de commerciaux. Dans notre cas, chaque commercial perçoit une commission de base (Com) égale à 5 % de son chiffre d'affaires (Réalisé), plus une commission supplémentaire (Bonus) s'il a dépassé son objectif. Cette dernière est égale à 10 % de la partie de son chiffre qui dépasse les objectifs.

Les données sont dans le classeur `CasA5.xlsx`, enregistré dans le dossier `C:\Exercices Excel 2010`. Ouvrez le fichier et enregistrez-le sous le nom `CasA5-R.xlsx`.

1-CALCULEZ LES COMMISSIONS DE BASE

La commission est égale à 5 % du chiffre d'affaires réalisé (colonne *Réalisé*).

■ Nommez les cellules à partir des étiquettes de colonnes du tableau : sélectionnez les cellules B7:B15 puis, sous l'onglet **Formules**>groupe **Noms**, cliquez sur le bouton **Créer depuis sélection**. Dans le dialogue, cochez l'option <☑ Ligne du haut>. Validez par [OK].

■ Cliquez sur la cellule D8, tapez =5%*, tapez sur `F3`, double-cliquez sur le nom *Réalisé*. Validez la formule par `↵`.

■ Recopiez cette formule vers le bas : pour cela, cliquez sur la cellule D8, faites glisser la poignée de recopie afin d'étendre la sélection à la plage D8:D14.

Vous constatez qu'il n'est pas nécessaire d'avoir nommé chaque cellule de la colonne, lorsque vous utilisez le nom *Réalisé* dans une formule, cela revient à référencer la cellule de la colonne sur la même ligne que la formule.

2-CALCULEZ LE BONUS

Il est égal à 10 % de la partie du chiffre qui dépasse l'objectif. Vous utiliserez la fonction conditionnelle SI() pour calculer le bonus seulement si le chiffre d'affaires est supérieur à l'objectif.

■ Cliquez sur la cellule B20, cliquez sur *fx* dans la barre de formule ou, sous l'onglet **Formule**>groupe **Bibliothèque de fonctions**, cliquez sur le bouton **Insérer une fonction**.

■ Dans <Sélectionnez une catégorie> : sélectionnez *Logique*, dans <Sélectionnez une fonction> : double-cliquez sur la fonction *SI*. Le dialogue *Arguments de la fonction* s'affiche.

CAS 5 : UTILISER DES FORMULES CONDITIONNELLES

- Spécifiez les arguments en cliquant dans chaque zone :
  - <Test_logique> : saisissez Réalisé>Objectif.
  - <Valeur_si_vrai>> : saisissez 10%*(Réalisé-Objectif).
  - <Valeur_si_faux> : saisissez 0.
- Cliquez sur [OK].
- Recopiez cette formule vers le bas : pour cela, cliquez sur la cellule E8, faites glisser la poignée de recopie pour étendre la sélection à E8:E14.

3-CALCULEZ LES TOTAUX

- Calculez le total en ligne : cliquez sur la cellule F8, tapez =Com+Bonus. Validez par ⏎.
- Recopiez la formule : cliquez sur la cellule F8, faites glisser la poignée de recopie afin d'étendre la sélection à la plage F8:F14.
- Placez le curseur en B15, cliquez sur l'icône Σ situé sur le Ruban, la zone délimitée B8:B14 à copier étant conforme. Validez par ⏎.
- Recopiez cette formule ; cliquez sur la cellule B15, faites glisser la poignée de recopie afin d'étendre la sélection à la plage B15:F15. Cliquez sur la balise qui s'est affichée à droite de la sélection puis, dans le menu de balise, cliquez sur *Recopier les valeurs sans la mise en forme.*

	A	B	C	D	E	F	G
1		Calcul des commissions					
2							
3	Période :	Septembre					
4	Secteur :	Paris Nord					
5	Objectif :	235 200 €					
6							
7	Vendeurs	Objectif	Réalisé	Com	Bonus	Total	
8	Pierre	21300	23000	1150	170	1320	
9	Paul	32000	31200	1560	0	1560	
10	Lucie	28200	31000	1550	280	1830	
11	Jean	42600	38000	1900	0	1900	
12	Patrick	24300	22500	1125	0	1125	
13	Maryline	39600	37500	1875	0	1875	
14	Berthe	47200	49000	2450	180	2630	
15	Total	235200	235200	235200	235200	235200	
16							
17	Remarque :						

4-AFFICHEZ UN TEXTE VARIABLE SELON UNE CONDITION

Nous voulons un texte de remarque sous le tableau, différent selon que l'objectif global a ou non été atteint, tous vendeurs confondus.

- Cliquez sur la cellule B17, cliquez sur f_x dans la barre de formule ou, sous l'onglet **Formule**>groupe **Bibliothèque de fonctions**, cliquez sur le bouton **Insérer une fonction**.
- Dans <Sélectionnez une catégorie> : sélectionnez *Logique*, dans <Sélectionnez une fonction> : double-cliquez sur la fonction *SI*. Le dialogue *Arguments de la fonction* s'affiche.

- Spécifiez les arguments en cliquant dans chaque zone :
  - <Test_logique> : saisissez C15>B15. Vous pouvez cliquer sur la cellule C15, puis taper >, puis cliquer sur la cellule B15.
  - <Valeur_si_vrai>> : saisissez L'objectif global a été dépassé.
  - <Valeur_si_faux> : saisissez L'objectif global n'a pas été atteint.
- Cliquez sur [OK].
- Sélectionnez la plage B8:F15, cliquez sur le bouton **Format Nombre Comptabilité**, puis deux fois sur le bouton **Réduire les décimales**.

- Cliquez sur le bouton 💾 pour enregistrer le classeur, puis fermez le classeur.

Plage matricielle produit d'une matrice colonne par un taux

	F4	▼	f_x {=$E4:$E19*F3}					
	A	B	C	D	E	F	G	H
1	**DECOMPTE AGESSA 2°TRIMESTRE**							
2	Nom	N°SS	Base	Veuvage	Base	CSG	CRDS	TSOFT
3				0,85%	97,00%	7,70%	0,50%	1,00%
4	Balanger		476,82	4,05	462,52	35,61	2,31	4,63
5	Boutin		389,27	3,31	377,59	29,07	1,89	3,78
6	Binot		566,24	4,81	549,25	42,29	2,75	5,49
7	Courrege		387,90	3,30	376,26	28,97	1,88	3,76
8	Crepeau		576,14	4,90	558,86	43,03	2,79	5,59
9	Dunand		781,52	6,64	758,07	58,37	3,79	7,58
10	Gurtler		461,24	3,92	447,40	34,45	2,24	4,47
11	Lamy		578,32	4,92	560,97	43,19	2,80	5,61
12	Monclart		900,58	7,65	873,56	67,26	4,37	8,74
13	Murillo		1 109,81	9,43	1 076,52	82,89	5,38	10,77
14	Pacot		985,77	8,38	956,20	73,63	4,78	9,56
15	Pechard		671,25	5,71	651,11	50,14	3,26	6,51
16	Roulet		917,54	7,80	890,01	68,53	4,45	8,90
17	Rustagnac		434,82	3,70	421,78	32,48	2,11	4,22
18	Vermont		397,48	3,38	385,56	29,69	1,93	3,86
19			0,00	0,00	0,00	0,00	0,00	0,00
20	Total		9 157,88	77,84	8 883,14	684,00	44,42	88,83

Plage matricielle produit de deux matrices colonne

	F2	▼	f_x {=B2:B36*E2:E36}						
	A	B	C		D	E	F	G	H
1	Réf	Prix_unit	Titre		Auteur	Quant	Base	Droits_A	Droits_DC
2	TS0024	41	Notes 4.6 Administration domaine unique		JDE	47	1 927,00 €	144,53 €	38,54 €
3	TS0028	40	Lotus Notes 5 Utilisateur de base		JFRO	54	2 160,00 €	162,00 €	43,20 €
4	TS0030	26	Excel VBA : Visual Basic Excel 95 et 97		AMDY	43	1 118,00 €	83,85 €	22,36 €
5	TS0034	43	Windows98 Exploitation & Mise en oeuvre		JCS	84	3 612,00 €	270,90 €	72,24 €
6	TS0035	43	Configuration et dépannage des PC (A+)		SLA	36	1 548,00 €	116,10 €	30,96 €
7	TS0038	48	Linux Administration V3		GGOU	37	1 776,00 €	133,20 €	35,52 €

La cellule contient une formule matricielle somme du produit de deux matrices

	H4	▼	f_x {=SOMME(C4:G4*C$3:G$3)/SOMME(C$3:G$3)}						
	A	B	C	D	E	F	G	H	I
1	Lycée Carnot Classe Terminale								
2	Nom	Prénom	Philosophie	Histoire Géographie	Mathématiques	Physique Chimie	Anglais	Moyenne pondérée	
3			2	4	8	6	5		
4	LESIEUR	André	10,4	13,8	17,9	15,6	17,3	16,0	
5	PERRUCIO	Thérèse	11,2	15,6	11,5	12,4	13,3	12,7	
6	ROMERO	François	8,4	14,4	11,8	13,3	14,2	12,8	
7	TRIBOULET	Marie	8,5	9,8	17,2	15,3	10,5	13,5	
8	VILLON	Arnaud	13	13,5	11,5	9,4	14,0	11,9	
9	SCHNEIDER	Bernard	7,5	11,3	14,3	13,5	11,7	12,6	
10	PERROT	Alix	6,4	9,6	14,9	18,1	17,2	14,6	
11	MICHALON	Camille	12,5	11,5	16	13	15,5	14,2	
12	**MARTIN**	**Paul**	**11**	**8**	**6**	**8**	**12,0**	**8,4**	
13	LOISEL	Bastien	14	13,5	11,2	12,5	11,5	12,2	
14	JACQUINOT	Laurent	9,5	7,5	9,5	11,5	8,5	9,5	
15	DUPUIS	Pierre	7,5	16,5	18	15	12,0	15,0	
16	FRANCESCI	Anne	12,5	11	13,4	11,5	15,0	12,8	
17	HIDALGO	Guillaume	6,5	12	13,5	11	12,0	11,8	
18	BLAYAU	Vincent	13	12,5	14	15,5	14,5	14,1	
19	KLEIN	Damien	10,5	9,5	12	11	12,0	11,2	

CAS 6 : UTILISER DES FORMULES MATRICIELLES

Fonctions utilisées

– *Fonction de recherche dans une table*
– *Format des nombres*
– *Formule matricielle*

– *Utilisation des noms*
– *Tri de lignes*

10 mn

Une formule matricielle est entrée comme une formule unique dans une matrice de cellules et traite autant de calculs à la fois qu'il y a de cellules dans la matrice. On gagne du temps à la saisie, de plus la taille de la feuille de calcul est réduite. Autre particularité qui peut être vue comme un avantage, il n'est pas possible d'insérer ou de supprimer des cellules individuelles dans une plage matricielle sans enlever d'abord la formule matricielle, ce qui évite les erreurs de manipulation. Excel fournit des fonctions matricielles : produit, somme, multiplication, etc.

1-MULTIPLIEZ UNE COLONNE PAR UNE VALEUR (FORMULE MATRICIELLE)

Ouvrez le fichier `CasA6-1.xlsx` présent dans le dossier `C:\Exercices Excel 2010` et enregistrez-le sous le nom `CasA6-1R.xlsx`. Il s'agit de faire un tableau des déclarations sociales des droits d'auteurs. Il consiste à appliquer un pourcentage à toutes les valeurs d'une colonne de chiffres. Plutôt que de créer une formule de multiplication simple puis de la recopier dans les autres cellules de la colonne, vous allez créer une formule matricielle sur toute la colonne.

- Sélectionnez la plage de cellules D4:D19, tapez = pour commencer une formule, sélectionnez la plage C4:C19, tapez l'opérateur *, cliquez sur la cellule D3. Validez par Ctrl + ⇧ + ↵ .
- Cliquez sur différentes cellules de la plage de formule matricielle D4:D19, vous constatez dans la barre de formule que la même formule est entrée dans toutes les cellules : =｛C4:C19*D3｝.
- Essayez de modifier une cellule, un message vous indique qu'il est impossible de modifier une partie seulement d'une matrice.

2-COPIEZ DES FORMULES MATRICIELLES

Il est possible de copier une plage matricielle, c'est-à-dire une plage de cellules qui contient une formule matricielle. Les références, absolues et relatives, y sont traitées comme dans la copie de formules classiques.

On veut ici copier la formule matricielle des cellules D4:D19 dans les cellules E4:E19, en conservant les références à la colonne C. Celles-ci doivent alors être changées en références absolues.

- Sélectionnez la plage de cellules D4:D19 puis, dans la barre de formule, sélectionnez la référence C4:C19, tapez ensuite trois fois sur la touche F4 pour changer la référence en $C4:$C19. Validez en tapant sur Ctrl + ⇧ + ↵ .
- Copiez la formule matricielle : sélectionnez la plage matricielle D4:D19, faites glisser la poignée de recopie d'une colonne E à droite. La formule obtenue par copie est =｛$C4:$C19*E3｝.
- Dans la plage F4:F19, entrez la formule matricielle =｛$E4:$E19*F3｝. Copiez cette formule matricielle dans les deux colonnes à droite G:H.

3-SUPPRIMEZ UNE FORMULE MATRICIELLE

- Sélectionnez la plage matricielle : cliquez dans une cellule de la plage puis tapez sur Ctrl + / ("/"division du pavé numérique) pour sélectionner la plage matricielle en entier, ensuite pressez Suppr ou, sous l'onglet **Accueil**>groupe **Modification**, cliquez sur la **flèche** du bouton **Effacer** (gomme) puis sur *Effacer le contenu*.
- Cette suppression ayant été faite à titre d'exercice, entrez à nouveau la formule matricielle ou bien annulez l'action précédente de suppression.

CAS 6 : UTILISER DES FORMULES MATRICIELLES

	A	B	C	D	E	F	G	H
1	DECOMPTE AGESSA 2°TRIMESTRE							
2	Nom	N°SS	Base	Veuvage	Base	CSG	CRDS	TSOFT
3				0,85%	97,00%	7,70%	0,50%	1,00%
4	Balanger		476,82	4,05	462,52	35,61	2,31	4,63
5	Boutin		389,27	3,31	377,59	29,07	1,89	3,78
6	Binot		566,24	4,81	549,25	42,29	2,75	5,49
7	Courrege		387,90	3,30	376,26	28,97	1,88	3,76
8	Crepeau		576,14	4,90	558,86	43,03	2,79	5,59
9	Dunand		781,52	6,64	758,07	58,37	3,79	7,58
10	Gurtler		461,24	3,92	447,40	34,45	2,24	4,47
11	Lamy		578,32	4,92	560,97	43,19	2,80	5,61
12	Monclart		900,58	7,65	873,56	67,26	4,37	8,74
13	Murillo		1 109,81	9,43	1 076,52	82,89	5,38	10,77
14	Pacot		985,77	8,38	956,20	73,63	4,78	9,56
15	Pechard		671,25	5,71	651,11	50,14	3,26	6,51
16	Roulet		917,54	7,80	890,01	68,53	4,45	8,90
17	Rustagnac		434,82	3,70	421,78	32,48	2,11	4,22
18	Vermont		397,48	3,38	385,56	29,69	1,93	3,86
19			0,00	0,00	0,00	0,00	0,00	0,00
20	Total		9 157,88	77,84	8 883,14	684,00	44,42	88,83

4-MODIFIEZ UNE FORMULE MATRICIELLE

Supposons que nous ayons fait une erreur : la cotisation éditeur (sous TSOFT) n'est pas assise sur 97 % de la base E4:E19 mais sur la base entière C4:C19.

- Sélectionnez la formule matricielle dans G4:G19, pour cela, cliquez sur une cellule de la matrice G4:G19 puis tapez sur Ctrl + / ("/"division du pavé numérique).
- Tapez sur F2 ou cliquez dans la barre de formule, puis modifiez la formule en remplaçant le E par le C. Validez par Ctrl + ⇧ + ↵.
- Fermez le classeur en enregistrant les modifications.

5-UTILISEZ UNE FORMULE MATRICIELLE POUR MULTIPLIER UNE COLONNE PAR UNE AUTRE

- Ouvrez le fichier CasA6-2.xlsx présent dans le dossier C:\Exercices Excel 2010 et enregistrez-le sous le nom CasA6-2R.xlsx. Il s'agit de calculer les droits à payer aux auteurs et au directeur de collection en fonction des quantités vendues. Les droits d'auteur sont de 7,5 % du prix sur chaque exemplaire vendu et pour le directeur de collection de 2 %.
- Calculez la base des droits en € (quantités x prix unitaire) par une formule matricielle : sélectionnez la plage F2:F36, tapez =, sélectionnez la plage des prix B2:B36 puis tapez * (opérateur de multiplication), sélectionnez la plage des quantités E2:E26. Validez par Ctrl + ⇧ + ↵.
- Calculez les droits d'auteur par une formule matricielle :
sélectionnez la plage H2:H36 puis tapez =, sélectionnez la plage des ventes G2:G36 puis tapez * (opérateur de multiplication), tapez 7,5%. Validez par Ctrl + ⇧ + ↵.
- Calculez les droits du directeur de collection par une formule matricielle :
sélectionnez la plage H2:H36 puis tapez =, sélectionnez la plage des ventes F2:F36 puis tapez * (opérateur de multiplication), tapez 2%. Validez par Ctrl + ⇧ + ↵.

	A	B	C	D	E	F	G	H
1	Réf	Prix_unit	Titre	Auteur	Quant	Base	Droits_A	Droits_DC
2	TS0024	41	Notes 4.6 Administration domaine unique	JDE	47	1927	144,525	38,54
3	TS0028	40	Lotus Notes 5 Utilisateur de base	JFRO	54	2160	162	43,2
4	TS0030	26	Excel VBA : Visual Basic Excel 95 et 97	AMDY	43	1118	83,85	22,36
5	TS0034	43	Windows98 Exploitation & Mise en oeuvre	JCS	84	3612	270,9	72,24
6	TS0035	43	Configuration et dépannage des PC (A+)	SLA	36	1548	116,1	30,96
7	TS0038	48	Linux Administration V3	GGOU	37	1776	133,2	35,52
8	TS0039	40	Lotus Notes Domino 5.0 : Bases de l'administration	JFRO	67	2680	201	53,6
9	TS0040	44	Windows 2000 : Support Professionnel, Serveur et réseau	XPI	37	1628	122,1	32,56
10	TS0041	32	Windows 2000 : Administration & Installation	JLV	81	2592	194,4	51,84

CAS 6 : UTILISER DES FORMULES MATRICIELLES

Vous avez vu qu'il n'est pas possible de modifier ou de supprimer une cellule individuelle dans une plage matricielle, vous pouvez constater qu'il n'est pas possible non plus d'insérer des cellules dans une plage matricielle.

- Essayez ! Sélectionnez une ligne, puis exécutez la commande **Insérer**, vous constatez qu'un message vous prévient que l'insertion est impossible dans une partie de matrice.

- Formatez les colonnes F:H en monétaire avec deux décimales.

	A	B	C	D	E	F	G	H
1	*Réf*	*Prix_unit*	*Titre*	*Auteur*	*Quant*	*Base*	*Droits_A*	*Droits_DC*
2	TS0024	41	Notes 4.6 Administration domaine unique	JDE	47	1 927,00 €	144,53 €	38,54 €
3	TS0028	40	Lotus Notes 5 Utilisateur de base	JFRO	54	2 160,00 €	162,00 €	43,20 €
4	TS0030	26	Excel VBA : Visual Basic Excel 95 et 97	AMDY	43	1 118,00 €	83,85 €	22,36 €
5	TS0034	43	Windows98 Exploitation & Mise en oeuvre	JCS	84	3 612,00 €	270,90 €	72,24 €
6	TS0035	43	Configuration et dépannage des PC (A+)	SLA	36	1 548,00 €	116,10 €	30,96 €
7	TS0038	48	Linux Administration V3	GGOU	37	1 776,00 €	133,20 €	35,52 €
8	TS0039	40	Lotus Notes Domino 5.0 : Bases de l'administration	JFRO	67	2 680,00 €	201,00 €	53,60 €
9	TS0040	44	Windows 2000 : Support Professionnel, Serveur et réseau	XPI	37	1 628,00 €	122,10 €	32,56 €
10	TS0041	32	Windows 2000 : Administration & Installation	JLV	81	2 592,00 €	194,40 €	51,84 €

- Enregistrez et fermez le classeur.

6-UTILISEZ UNE FORMULE MATRICIELLE POUR CALCULER DES MOYENNES PONDÉRÉES

Ouvrez le fichier `CasA6-3.xlsx` présent dans le dossier `C:\Exercices Excel 2010` et enregistrez-le sous le nom `CasA6-3R.xlsx`. Il s'agit de calculer les moyennes des élèves à un examen dont les différentes matières ont des coefficients différents, c'est le principe général pour les examens et concours.

Vous allez entrer la formule matricielle `{=somme(C4:G4*C$3:G$3)/somme(C$3:G$3)}`.

Pourquoi la référence absolue à la ligne 3, `G$3` ? Pour pouvoir recopier la formule dans les autres lignes de la colonne sans que cette référence soit ajustée, afin d'obtenir la formule de moyenne pondérée sur toutes les lignes.

- Cliquez dans la cellule H4 puis tapez `=somme(`, sélectionnez la plage C4:G4 puis tapez l'opérateur * (multiplication), sélectionnez la plage C3:G3 puis tapez deux fois sur F4 pour mettre la référence absolue à la ligne 3, fermez la parenthèse). Tapez le signe / (division), tapez `somme(` puis sélectionnez la plage C3:G3, tapez deux fois sur F4 pour mettre la référence absolue à la ligne 3, puis fermez la parenthèse). Validez par Ctrl + ⇧ + ↵.

- Copiez la formule matricielle de cellule H4 sur les cellules de la colonne H4:H25 sans le format : cliquez sur la cellule H4, faites glisser la poignée de recopie sur les cellules H4:H25, cliquez sur la balise apparue en bas à droite de la sélection. Dans le menu, cliquez sur *Recopier les valeurs sans la mise en forme*.

- La plage H4:H25 étant sélectionnée, cliquez deux fois sur le bouton **Réduire les décimales**.

	A	B	C	D	E	F	G	H
1	Lycée Carnot Classe Terminale							
2	Nom	Prénom	Philosophie	Histoire Géographie	Mathémati ques	Physique Chimie	Anglais	Moyenne pondérée
3			2	4	8	6	5	
4	LESIEUR	André	10,4	13,8	17,9	15,6	17,3	16,0
5	PERRUCIO	Thérèse	11,2	15,6	11,5	12,4	13,3	12,7
6	ROMERO	François	8,4	14,4	11,8	13,3	14,2	12,8
7	TRIBOULET	Marie	8,5	9,8	17,2	15,3	10,5	13,5
8	VILLON·	Arnaud	13	13,5	11,5	9,4	14,0	11,9
9	SCHNEIDER	Bernard	7,5	11,3	14,3	13,5	11,7	12,6
10	PERROT	Alix	6,4	9,6	14,9	18,1	17,2	14,6
11	MICHALON	Camille	12,5	11,5	16	13	15,5	14,2
12	LOISEL	Bastien	14	13,5	11,2	12,5	11,5	12,2
13	JACQUINOT	Laurent	9,5	7,5	9,5	11,5	8,5	9,5

CAS 6 : UTILISER DES FORMULES MATRICIELLES

Dans ce tableau, les cellules de la plage H4:H25 contiennent chacune une formule matricielle, ce n'est pas une plage matricielle avec une seule formule dans la plage. Vous pouvez donc insérer des lignes pour ajouter des élèves et leurs notes dans le tableau.

- Ajoutez l'élève MARTIN sous MICHALON : sélectionnez la ligne sous MICHALON puis cliquez sur le bouton **Insérer**.
- Copiez la formule de la cellule H11 dans la cellule H12 (cellule insérée).
- Saisissez les notes de l'élève MARTIN.

	A	B	C	D	E	F	G	H
1	Lycée Carnot Classe Terminale							
2	Nom	Prénom	Philosophie	Histoire Géographie	Mathématiques	Physique Chimie	Anglais	Moyenne pondérée
3			2	4	8	6	5	
11	MICHALON	Camille	12,5	11,5	16	13	15,5	14,2
12	MARTIN	Paul	11	8	6	8	12,0	8,4
13	LOISEL	Bastien	14	13,5	11,2	12,5	11,5	12,2
14	JACQUINOT	Laurent	9,5	7,5	9,5	11,5	8,5	9,5

Pour conserver en permanence les trois premières lignes lorsque vous faites défiler les lignes de la feuille vers le bas, vous pouvez figer les volets :

- Cliquez sur la cellule A4 puis, sous l'onglet **Affichage**>groupe **Fenêtre**, cliquez sur le bouton **Figer les volets** puis sur la commande *Figer les volets*.
- Enregistrez le classeur et fermez-le.

7-UTILISEZ LES FONCTIONS DETERMAT(), PRODUITMAT(),INVERSEMAT()

- Ouvrez le fichier `CasA6-4.xlsx` présent dans le dossier `C:\Exercices Excel 2010` et enregistrez-le sous le nom `CasA6-4R.xlsx`.

DETERMAT(matrice) : calcule le déterminant de la matrice carrée (nombre de lignes = nombre de colonnes). La matrice peut être inversée seulement si le déterminant n'est pas nul.

PRODUITMAT(matr1;matr2) : renvoie la matrice produit de deux matrices. Le nombre de colonnes de la matrice 1 doit être égal au nombre de lignes de la matrice 2.

INVERSEMAT(matrice) : renvoie la matrice inverse de la matrice.

Dans notre cas, une entreprise fabrique trois produits. Nous disposons de la matrice des coefficients des ressources à engager en € (matières premières, salaires et frais généraux) pour 1 € de chaque produit.

- Faites le produit matriciel de la matrice des coefficients B3:D5 et de la matrice des produits G3:G5, pour calculer les ressources en € à engager pour obtenir cette production.

	J3	▼	fx	{=PRODUITMAT(B3:D5;G3:G5)}					
	A	B	C	D	E	F	G	H	I	J
1	Matrice des coefficients de ressources pour 1€ de produit					Matrice des produits			Matrice des ressources	
2		Produit1	Produit2	Produit3						
3	Matières Premières	0,40	0,25	0,15		Produit1	100 000 €		Matières Premières	110 500 €
4	Salaires	0,35	0,30	0,18		Produit2	150 000 €		Salaires	119 600 €
5	Frais Généraux	0,15	0,30	0,20		Produit3	220 000 €		Frais Généraux	104 000 €
6	Déterminant :	0,000650								

- Inversement pour obtenir la valeur des produits en fixant les montants des ressources à mobiliser, faites le produit matriciel de la matrice inverse des coefficients par la matrice des différentes ressources.
  - Calculez le déterminant de la matrice dans la cellule B6, `=DETERMAT(B3:D5)`. Comme il n'est pas nul, vous pouvez inverser la matrice.
  - Inversez la matrice dans la plage matricielle B11:D13 : sélectionnez les cellules B11:D13, entrez la formule `=INVERSEMAT(B3:D5)`, validez par `Ctrl`+`⇧`+`↵`.

CAS 6 : UTILISER DES FORMULES MATRICIELLES

B11	▼	f_x {=INVERSEMAT(B3:D5)}							
	A	B	C	D	E	F	G	H	I	J

	A	B	C	D	F	G	I	J
1	**Matrice des coefficients de ressources pour 1€ de produit**				**Matrice des produits**		**Matrice des ressources**	
2		Produit1	Produit2	Produit3				
3	Matières Premières	0,40	0,25	0,15	Produit1	100 000 €	Matières Premières	110 500 €
4	Salaires	0,35	0,30	0,18	Produit2	150 000 €	Salaires	119 600 €
5	Frais Généraux	0,15	0,30	0,20	Produit3	220 000 €	Frais Généraux	104 000 €
6	Déterminant :	0,000650						
7								
8								
9	**Matrice inverse**				**Matrice des ressources**		**Matrice des produits**	
10								
11		9,230769231	-7,692307692	4,44089E-15	Matières Premières	120 000 €	Produit1	
12		-66,15384615	88,46153846	-30	Salaires	130 000 €	Produit2	
13		92,30769231	-126,9230769	50	Frais Généraux	110 000 €	Produit3	

- Faites le produit matriciel de la matrice inverse des coefficients B11:D13 et de la matrice des ressources G11:G13, pour obtenir les ressources en € à mobiliser pour ces productions.

J11	▼	f_x {=PRODUITMAT(B11:D13;G11:G13)}							
	A	B	C	D	E	F	G	H	I	J

	A	B	C	D	F	G	I	J
1	**Matrice des coefficients de ressources pour 1€ de produit**				**Matrice des produits**		**Matrice des ressources**	
2		Produit1	Produit2	Produit3				
3	Matières Premières	0,40	0,25	0,15	Produit1	100 000 €	Matières Premières	110 500 €
4	Salaires	0,35	0,30	0,18	Produit2	150 000 €	Salaires	119 600 €
5	Frais Généraux	0,15	0,30	0,20	Produit3	220 000 €	Frais Généraux	104 000 €
6	Déterminant :	0,000650						
7								
8								
9	**Matrice inverse**				**Matrice des ressources**		**Matrice des produits**	
10								
11		9,230769231	-7,692307692	4,44089E-15	Matières Premières	120 000 €	Produit1	107 692 €
12		-66,15384615	88,46153846	-30	Salaires	130 000 €	Produit2	261 538 €
13		92,30769231	-126,9230769	50	Frais Généraux	110 000 €	Produit3	76 923 €

CAS 7 : RECHERCHE DANS UNE TABLE

Les données

	A	B	C	D	E	F	G
1			27/07/2010	28/07/2010	29/07/2010	30/07/2010	02/08/2010
2	Dollar des Etats-Unis	USD	1,3033	1,2992	1,3069	1,3028	1,3073
3	Yen japonais	JPY	113,79	114,01	113,64	112,62	113,27
4	Couronne danoise	DKK	7,453	7,452	7,4501	7,451	7,4507
5	Livre sterling	GBP	0,8382	0,83395	0,8367	0,8349	0,826
6	Couronne suédoise	SEK	9,4615	9,4795	9,4705	9,4333	9,357
7	Franc suisse	CHF	1,3775	1,376	1,366	1,3541	1,366
8	Couronne islandaise	ISK	ND	ND	ND	ND	ND
9	Couronne norvégienne	NOK	7,9995	7,981	7,9705	7,9405	7,8595
10	Lev bulgare	BGN	1,9558	1,9558	1,9558	1,9558	1,9558
11	Livre chypriote	CYP	ND	ND	ND	ND	ND
12	Couronne tchèque	CZK	25,09	24,985	24,763	24,777	24,68
13	Couronne estonienne	EEK	15,6466	15,6466	15,6466	15,6466	15,6466
14	Forint hongrois	HUF	283,74	282,24	283,81	285,62	281,65
15	Litas lituanien	LTL	3,4528	3,4528	3,4528	3,4528	3,4528
16	Lats letton	LVL	0,7092	0,7091	0,7093	0,7088	0,7085
17	Livre maltaise	MTL	ND	ND	ND	ND	ND
18	Zloty polonais	PLN	4,0045	4,007	4,004	4,0085	3,989
19	Nouveau leu roumain	RON	4,2478	4,2545	4,2654	4,2508	4,2448
20	Tolar slovène	SIT	ND	ND	ND	ND	ND
21	Couronne slovaque	SKK	ND	ND	ND	ND	ND

Le résultat

CAS 7 : RECHERCHE DANS UNE TABLE

Fonctions utilisées

– *Copier des données depuis un site Web*   – *Utiliser des noms*

– *Fonction RECHERCHE*   – *Trier les lignes*

10 mn

Il s'agit d'utiliser une fonction de recherche dans une table pour construire une table de conversion qui convertit un montant en devises dans sa valeur en euros.

Le principe consiste à aller chercher dans une table de référence un taux de change. Dans ce cas pratique, on saisira un montant et le code d'une devise. Il faut alors aller chercher son taux de conversion dans la table de référence, puis afficher le montant converti en euros.

Les données sont dans le classeur `CasA7.xlsx`, enregistré dans le dossier `C:\Exercices Excel 2010`. Ouvrez le fichier et enregistrez-le sous le nom `CasA7-R.xlsx`.

1-RÉCUPÉREZ UNE TABLE DE CONVERSION DE DEVISES SUR INTERNET

Vous pouvez trouver une table de conversion des devises sur le site de la banque de France http://www.banque-france.fr/fr/statistiques/taux/parites-quotidiennes.htm, les cours quotidiens de l'euro par rapport aux autres devises s'affichent.

- Sur cette page Web, cliquez dans la première case du tableau ❶, puis sans relâcher la pression sur la souris, faites glisser le pointeur jusqu'à la dernière case en bas à droite du tableau pour sélectionner toutes les valeurs. Cliquez droit sur la sélection puis sur la commande *Copier*.
- Cliquez ensuite dans la première cellule de la *Feuille3* du classeur puis cliquez sur le bouton **Coller** situé sur le Ruban (onglet **Accueil**>groupe **Presse-papiers**). Cliquez enfin sur la balise apparue en bas à droite de la sélection puis sur l'icône *Conserver la mise en forme source*.

Dans les illustrations qui suivent, nous utiliserons une table de conversion, qui fournit les cours à la date du 02/08/2010 à titre d'exemple.

> Sur le site de la banque de France, un historique complet jour par jour depuis le 04/01/1999 est disponible en téléchargement au format csv. Pour le récupérer, cliquez sur le lien ❷.

2-TRIEZ LA TABLE DE CONVERSION

- Cliquez sur l'onglet de la feuille `Exemple`, la 2e colonne de la table contient les codes des devises et la 3e le montant en devise équivalent d'un euro. Vous allez utiliser la fonction RECHERCHE sur le code, avec laquelle il faut trier la table par ordre alphabétique des codes.
- Sélectionnez la plage A1:G39 puis, sous l'onglet **Accueil**>groupe **Édition**, cliquez sur le bouton **Trier et filtrer** puis sur la commande *Tri personnalisé*. Le dialogue *Tri* s'affiche, dans la zone <Trier par>, sélectionnez *Colonne B*, cochez l'option <☑ Mes données ont des en-têtes>. Validez par [OK].

CAS 7 : RECHERCHE DANS UNE TABLE

3-NOMMEZ LA TABLE DE CONVERSION

- Sélectionnez la plage B2:G39.
  Il est important pour la fonction RECHERCHE que nous allons utiliser dans un premier temps, de ne pas inclure les libellés dans la sélection et d'avoir dans la première colonne de la plage de données à trier le code qui sera cherché, ici le code devise.
- Sous l'onglet **Formule**>groupe **Noms définis**, cliquez sur le bouton **Définir un nom** puis saisissez le nom `Table_Cours`, validez par [OK].

4-CRÉEZ LA FORMULE DE RECHERCHE

La fonction `RECHERCHE(Valeur_cherchée;Matrice)` avec deux arguments seulement cherche le code dans la première colonne de la table (codes des devises) et renvoie la valeur de même rang de la dernière colonne de la matrice (cellules des cours les plus récents).

- Cliquez sur l'onglet de la feuille `Conversion`, puis cliquez sur la cellule D3, tapez `60` puis ⏎, le curseur passe sur la cellule D4 tapez `CHF` puis ⏎.
- Cliquez sur la cellule D5, cliquez sur *fx* dans la barre de formule ou, sous l'onglet **Formule**> groupe **Bibliothèque de fonctions**, cliquez sur le bouton **Insérer une fonction**. Le dialogue *Insérer une fonction* s'affiche.
- Dans <Sélectionnez une catégorie> : sélectionnez *Recherche & Matrices*, dans <Sélectionnez une fonction> : double-cliquez sur la fonction RECHERCHE. Puis, dans le dialogue *Sélectionner des arguments*, double-cliquez sur la liste d'arguments *valeur_cherchée;matrice* :

- Dans la zone <Valeur_cherchée> : cliquez sur D4, dans la zone <Matrice> : tapez sur F3 et sélectionnez le nom de la table `Table_Cours`. Validez par [OK].

5-CALCULEZ LE MONTANT EN EUROS

- Cliquez sur la cellule D6, tapez =
  pour commencer une formule,
  cliquez sur la cellule D3, tapez / (le
  signe de la division), cliquez sur la
  cellule D5, validez par ⏎.

	A	B	C	D
1		Table de conversion de devises – 02/08/10		
2				
3		Montant dans la devise :		60
4		Code de la devise :		CHF
5		Valeur de la devise en euros :		1,37 €
6		Montant en euros :		43,92 €
7				

CAS 7 : RECHERCHE DANS UNE TABLE

6-CRÉEZ UNE FORMULE DE RECHERCHE DU NOM DU PAYS DE LA DEVISE

La fonction RECHERCHE peut être utilisée avec une autre liste d'arguments :

RECHERCHE(Valeur_cherchée;Vecteur_Recherche;Vecteur_Résultat).

- Sélectionnez les cellules B5:D5, puis cliquez sur le bouton **Insérer** situé sur le Ruban (sous l'onglet **Accueil**>groupe **Cellules**) pour insérer trois cellules dans la table de conversion pour afficher le nom du pays.

- Cliquez sur la nouvelle cellule B5 vide et saisissez le libellé Nom de la devise :.

- Nommez Devises la plage de cellule A2:A39 dans la feuille Exemple.

- Cliquez sur la nouvelle cellule C5 vide et créez comme précédemment la formule RECHERCHE, cette fois-ci avec les trois arguments. Pour spécifier la zone <Vecteur_résultat> : cliquez dans la zone, puis sélectionnez le nom Devises.

- Modifiez le code de la devise pour obtenir les valeurs converties de : USD, DKK, PLN, etc.

- Enregistrez le classeur et fermez-le.

📌 Il existe d'autres fonctions de recherche, par exemple RechercheV() recherche verticalement dans une table, ou RechercheH() recherche horizontalement dans une table. Les fonctions RechercheV() et RechercheH() n'imposent pas forcément que les données cherchées soient triées.

© Tsoft/Eyrolles – Excel 2010 Avancé

Le tableau en mode Plan

Synthèses de Plan

Fonctions utilisées

– *Plan automatique*

– *Créer un plan manuellement*

15 mn

Le mode Plan permet de structurer une feuille en attribuant à des lignes ou des colonnes des niveaux hiérarchiques. Il devient alors possible de ne visualiser que les lignes/colonnes de niveau supérieur ou égal à un niveau donné.

Nous disposons d'un grand tableau récapitulatif des ventes d'une entreprise à travers le monde avec le détail de chaque mois, sur toute l'année. La taille de ce tableau en rend la lecture difficile et empêche toute vision d'ensemble. Le mode Plan permet de n'afficher que les informations de synthèse qui nous intéressent.

Ces données sont dans le classeur `CasA8.xlsx`, enregistré dans le dossier `C:\Exercices Excel 2010`. Ouvrez le fichier et enregistrez-le sous le nom `CasA8-R.xlsx`.

1-CRÉEZ AUTOMATIQUEMENT UN PLAN BASÉ SUR LES FORMULES DE SOUS-TOTAUX

Si le tableau contient des lignes et des colonnes avec des formules de totalisation avec des fonctions SOMME(), Excel peut créer automatiquement un plan en se fondant sur les lignes ou colonnes qui contiennent ces formules de totalisation (somme, moyenne, etc.).

- Cliquez dans la plage de données puis, sous l'onglet **Données**>groupe **Plan**, cliquez sur la **flèche** de **Grouper** puis sur *Plan automatique*.

L'affichage passe alors en *Mode Plan*. Dans un bandeau vertical à gauche des en-têtes de lignes, et horizontal au-dessus des en-têtes de colonnes, des symboles de plan indiquent comment les données ont été regroupées : dans notre cas, par continent en ligne et par trimestre en colonne. Chacun de ces groupes peut être dorénavant masqué ou affiché.

	Janvier	Février	Mars	Trimestre 1	Avril	Mai	Juin	Trimestre 2	Juillet	Août	Septembre	Trimestre 3	Octobre	Novembre	Décembre	Trimestre 4	Année
Chiffre d'affaires																	
Europe																	
Allemagne	1569	1882	2258	5708	2154	2585	3102	7841	3541	4249	5099	12889	6985	8382	10058	25425	51963
Autriche	2546	3055	3666	9267	3625	4350	5220	13195	6945	6214	9857	24916	10895	13074	15689	39658	87036
Danemark	1587	1904	2286	5777	2157	2589	3106	7851	4574	5489	6587	18649	7451	9941	10729	27122	57399
Espagne	3256	3907	4689	11852	3541	4249	5099	6889	6598	7906	9497	23980	9451	10141	12169	39762	79483
Finlande	4512	5414	6497	16424	4152	4982	5979	15113	6882	8258	9910	25050	8954	10745	12694	32593	89180
France	6521	7625	9390	23736	5417	6500	7900	19718	8744	10493	12591	31828	9854	11825	14190	35869	111151
Grande-Bretagne	7542	9050	10860	27453	6254	7505	9006	22765	10254	12305	14766	37325	9774	11729	14075	35577	123119
Grèce	1235	1482	1778	4495	2564	3077	3692	9333	4794	5741	6889	17414	7553	9064	10876	27493	58735
Italie	8542	10250	12300	31093	7412	8894	10673	26980	11254	13505	16206	40965	12548	15058	18069	45675	144712
Luxembourg	6552	7862	9435	23849	5874	7049	8459	21381	9854	11825	14190	35869	11875	14250	17100	43225	124324
Pays-Bas	7412	8894	10673	26980	9451	10941	12169	30762	13546	16258	19509	49315	17548	21058	25269	63975	170931
Suède	5562	6674	8009	20246	6547	7856	9428	23831	7541	9049	10859	27449	9451	11341	13609	34402	105928
Suisse	3241	3889	4667	11797	4522	5426	6512	16460	5124	6149	7379	18651	9854	11825	14190	35869	82777
Sous-total Europe	60076	72091	86509	218677	62670	75204	90245	228119	99533	119440	143328	362300	131193	157432	188918	477543	1286638
Afrique																	
Algérie	8497	4982	2258	13738	10745	2258	9910	22913	10745	2585	2258	15588	3541	2585	9910	16036	68274
Égypte	9390	6500	3666	19557	11825	3666	12591	28082	11825	4350	3666	19841	8945	4350	12591	23796	91267
Gabon	10860	7505	2285	20651	11729	2285	14766	28780	11729	2588	2285	16602	4574	2588	14766	21928	87961
Kenya	1778	3077	4689	9544	9064	4689	6889	20641	9064	4249	4689	18001	6598	4249	6889	17726	65913
Maroc	9435	8894	6497	27632	15058	6497	8497	37761	15058	4982	6497	26537	6882	4982	16206	28070	120080
Mauritanie	9435	7049	9390	25874	14250	9390	14190	37630	14250	6500	9390	30141	8744	6500	14190	29434	123279
Somalie	10673	10141	10860	31675	21058	10860	19509	51427	21058	7505	10860	39423	10254	7505	19509	37268	159793
Tchad	9008	7856	1778	17644	11341	1778	10859	23979	11341	3077	1778	16196	4784	3077	10859	18720	76539
Tunisie	4867	5426	12300	22394	11825	12300	7379	31504	11825	9894	12300	33020	11254	6994	7379	27527	114444
Sous-total Afrique	73611	61432	53725	188788	116893	53725	112298	282917	116893	44731	53725	215349	63466	44731	112298	220496	907529

2-AFFICHEZ OU MASQUEZ DES NIVEAUX DE LIGNE OU DE COLONNES

Les cases numérotées en haut du bandeau vertical ou à gauche du bandeau horizontal servent à masquer ou afficher les lignes ou colonnes d'un niveau inférieur au numéro figurant sur la case.

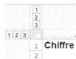

- Cliquez sur les cases de niveau de colonne pour afficher successivement :
  ⒈ seulement le premier niveau (totaux de l'année), ⒉ les deux premiers niveaux (totaux du trimestre et de l'année), ⒊ les trois niveaux (totaux des mois, trimestre et année).
- Procédez de même avec les niveaux de ligne.

CAS 8 : UTILISER LE MODE PLAN

3-Affichez ou masquez un groupe seul

- Réaffichez tous les niveaux : cliquez sur les cases de niveau 3 en ligne et en colonne.
- Masquez les détails du groupe `Afrique` : dans le bandeau vertical, cliquez sur la case – ❶ en regard de la ligne de synthèse du Sous total Afrique.

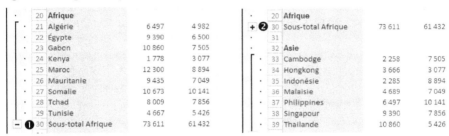

- Affichez les détails du groupe `Afrique` en cliquant sur la case + ❷ en regard de la ligne de synthèse Sous-total Afrique.
- Masquez les détails de tous les groupes en ligne comme ceux des groupes en colonne : cliquez sur les cases de niveau 2. Puis, affichez les détails par pays pour l'Asie seulement. Enfin, affichez les détails des mois pour le deuxième trimestre seulement.

4-Effacez le plan

- Cliquez dans une cellule du tableau puis, sous l'onglet **Données**>groupe **Plan**, cliquez sur la **flèche** du bouton **Dissocier** puis sur la commande *Effacer le plan*.

5-Créer manuellement des niveaux de plan

Si votre tableau ne contient pas de formule qui permet de faire un plan automatique, il faut définir manuellement les niveaux de plan en regroupant les lignes ou les colonnes.

- Cliquez sur l'onglet de feuille `Feuil2`, il contient les mêmes informations que celui de la feuille `Feuil1`, sauf les formules de totalisation. Il n'est pas possible de créer un plan automatique.
- Groupez les lignes 4 à 45 : sélectionnez les cellules A4:A45 puis, sous l'onglet **Données**>groupe **Plan**, cliquez sur la **flèche** du bouton **Grouper**. Activez l'option<⊙ Ligne> pour regrouper par ligne, puis validez par [OK]. Ces lignes sont maintenant de niveau 2.
- Groupez les lignes 5 à 17 : sélectionnez les cellules A5:A17 puis, sous l'onglet **Données**>groupe **Plan**, cliquez sur la **flèche** du bouton **Grouper**. Activez l'option<⊙ Ligne> pour regrouper par ligne, puis validez par [OK]. Ces lignes sont maintenant de niveau 2.
- Groupez ensuite, les lignes 20 à 28, 31 à 37, 40 à 44.

CAS 8 : UTILISER LE MODE PLAN

- Masquez les lignes de détails de niveau inférieur à 2, affichez seulement les lignes de détails de niveau 3 pour l'Asie.
- Insérez une colonne pour le trimestre 1 et saisissez l'étiquette `Trimestre 1`, procédez de même pour les trimestres suivants. Insérez une colonne à droite du tableau et saisissez l'étiquette `Année`.
- Regroupez les colonnes des mois puis regroupez l'ensemble des colonnes des mois et des trimestres. Au final, les colonnes des mois auront le niveau 3, les colonnes des trimestres le niveau 2 et la colonne de l'année le niveau 1.

6-UTILISEZ LA FONCTION SOUS.TOTAL() POUR LES TOTAUX TRIMESTRIELS ET ANNUELS

Dans les colonnes des trimestres, saisissez les formules de totalisation pour l'Europe en utilisant la fonction SOUS.TOTAL(). L'avantage de la fonction SOUS.TOTAL() est que les sous-totaux intermédiaires, dans une plage de cellule, ne sont pas comptés dans le sous-total général de la plage.

- Saisissez, dans la cellule E5, la formule `=SOUS.TOTAL(9;B5:D5)`. Recopiez cette formule dans les cellules E6:E17 (l'argument 9 de sous-total correspond à la fonction SOMME).
- Sélectionnez les cellules E5:E17, copiez-les dans le presse-papiers puis collez-les successivement dans les cellules I5, M5 et Q5.
- Dans la cellule R5 (sous Année), saisissez la formule `=SOUS.TOTAL(9;B5:Q5)`. Recopiez cette formule dans les cellules R6:R17.

- Pour terminer le tableau, vous pouvez saisir les formules de totalisation pour l'Afrique, l'Asie et l'Amérique. Vous pouvez de la même façon insérer des lignes avec la totalisation par continent.
- Enregistrez le classeur et fermez-le

CAS 9 : TABLE D'HYPOTHÈSES

Les données et les formules

Le résultat

CAS 9 : TABLE D'HYPOTHÈSES

> **Fonctions utilisées**
>
> – *Table d'hypothèses à double entrée*
> – *Fonctions financières*
> – *Hauteur de ligne*
> – *Mise en forme automatique*
>
> **8 mn**

Une table d'hypothèses sert à calculer une formule pour diverses valeurs d'hypothèses d'une ou deux variables. Dans notre cas, nous voulons étudier l'effet de différentes hypothèses de taux et de durée sur la mensualité de remboursement d'un prêt.

La structure du tableau est fournie dans le classeur `CasA9.xlsx`, enregistré dans le dossier `C:\Exercices Excel 2010`. Ouvrez le fichier et enregistrez-le sous le nom `CasA9-R.xlsx`.

1-SAISISSEZ LES DONNÉES ET LA FORMULE

Vous allez utiliser la fonction financière VPM() dont la syntaxe est :

`VPM(taux;npm;va;vc;type).`

`Taux` représente le taux d'intérêt sur une période de l'emprunt.

`npm` représente le nombre de périodes de remboursements pour l'emprunt.

`Va` représente le principal de l'emprunt.

`Vc` représente la valeur capitalisée, restant à rembourser après le dernier paiement. Si vc est omis, la valeur par défaut est 0 (zéro), l'emprunt est complètement remboursé.

■ Saisissez les données dans les cellules C5 à C7 : `5%`, `10`, `100000`.

■ Entrez la formule de calcul de la mensualité de remboursement dans la cellule C8 : cliquez sur *fx* dans la barre de formule ou, sous l'onglet **Formule**>groupe **Bibliothèque de fonctions**, cliquez sur le bouton **Insérer une fonction**. Le dialogue *Insérer une fonction* s'affiche.

– Dans <Sélectionnez une catégorie> : sélectionnez *Finances*, dans <Sélectionnez une fonction> : double-cliquez sur la fonction VPM. Puis spécifiez les arguments comme suit :

CAS 9 : TABLE D'HYPOTHÈSES

Remarquez que, déjà dans la boîte de dialogue, le résultat était visible `-1 060,655162` sans formatage. Le signe négatif signifie qu'il s'agit d'une sortie d'argent.

Remarquez aussi que dans la cellule C8 la valeur est rouge, car négative. Un format automatique a été automatiquement appliqué par la formule VPM qui affiche en couleur rouge les valeurs négatives avec deux décimales et le symbole monétaire €.

2-FORMATEZ LES CELLULES

- Fusionnez les cellules A5:B5, pour cela sélectionnez les cellules A5:B5, puis cliquez sur le **Lanceur** du groupe **Alignement**, puis sous l'onglet cochez la case <☑ Fusionner les cellules> et dans la zone <Alignement:Horizontal> : sélectionnez *Droite(Retrait)*. Validez par [OK].
- Fusionnez les cellules A6:B6 : sélectionnez les cellules A6:B6 et cliquez sur l'outil *Répéter* situé dans la barre d'outils *Accès rapide*. Fusionnez de même les cellules A7:B7 et A8:B8.

3-PRÉPAREZ LA TABLE D'HYPOTHÈSES

La formule à utiliser dans la table d'hypothèses est celle de la cellule C8 :
`=VPM(C5/12;C6*12;C7)`.

- Entrez cette formule dans la première cellule de la table d'hypothèses, ou bien entrez la formule `=C8` de façon à référencer la cellule qui contient la formule.

La fonction VPM utilise les deux variables référencées par les cellules C5 (taux) et C6 (durée).

- Préparez la table d'hypothèses en disposant les valeurs d'hypothèses comme dans l'illustration, pour la variable durée (en années) dans la première ligne du tableau (ici B12:J12), et pour la variable taux d'intérêt (annuel) dans la première colonne (ici A13:A19).

4-EFFECTUEZ LES CALCULS MULTIPLES DANS LA TABLE D'HYPOTHÈSES

On peut effectuer en une seule action le calcul de la formule autant de fois qu'il y a de combinaisons possibles de valeurs d'hypothèses des variables. Les résultats pour chaque combinaison de valeurs d'hypothèses sont placés dans la cellule à l'intersection de la ligne et la colonne de la table.

- Sélectionnez la plage de cellules contenant les valeurs d'hypothèses, soit la plage A12:J19.
- Sous l'onglet **Accueil**>groupe **Outils de données**, cliquez sur la **flèche** du bouton **Analyse de scénarios** puis sur *Table de données*. Le dialogue *Table de données* s'affiche.
Dans <Cellule d'entrée en ligne> : référencez la cellule variable dont les valeurs d'hypothèses sont disposées dans la première ligne, et dans <Cellule d'entrée en colonne> :

référencez la cellule variable dont les valeurs d'hypothèses sont disposées dans la première colonne. Validez par [OK].

CAS 9 : TABLE D'HYPOTHÈSES

		7	8	9	10	11	12	13	14	15
10	Table d'hypothèses :									
11										
12	-1 060,66 €	7	8	9	10	11	12	13	14	15
13	4,00%	-1366,88063	-1218,92753	-1104,09689	-1012,45138	-937,667186	-875,528369	-823,116156	-778,345661	-739,687926
14	4,50%	-1390,01613	-1242,32344	-1127,75926	-1036,38409	-961,872691	-900,008161	-847,871019	-803,375852	-764,993289
15	5,00%	-1413,39091	-1265,992	-1151,72732	-1060,65515	-986,448825	-924,890414	-873,059702	-828,870711	-790,793627
16	5,50%	-1437,00427	-1289,93222	-1175,99971	-1085,26278	-1011,39326	-950,172169	-898,678512	-854,825707	-817,083455
17	6,00%	-1460,85545	-1314,14302	-1200,57496	-1110,20502	-1036,70346	-975,850214	-924,723444	-881,235925	-843,856828
18	6,50%	-1484,94365	-1338,62326	-1225,45151	-1135,47977	-1062,37671	-1001,92109	-951,190188	-908,096081	-871,107365
19	7,00%	-1509,268	-1363,37171	-1250,62766	-1161,08479	-1088,41009	-1028,3811	-978,074141	-935,400542	-898,828271

Notez que lorsque vous changez le montant emprunté dans la cellule C7, la table d'hypothèses est automatiquement recalculée.

5-FORMATEZ LES NOMBRES ET METTEZ DES BORDURES

- Sélectionnez les plages C7:C8 et B13:J19 (maintenez appuyée la touche ⎇Ctrl⎇ pour sélectionner des plages disjointes), puis cliquez sur la flèche du bouton **Format Nombre Comptabilité**, puis sur € *Français (France)*. Cliquez ensuite deux fois sur le bouton **Réduire les décimales**.

- Pour les bordures : sélectionnez les cellules A12:J19, cliquez sur la **flèche** du bouton **Bordures** puis sur *Bordure épaisse en encadré*. Sélectionnez ensuite A12:J12, cliquez sur la **flèche** du bouton **Bordures** puis sur *Bordure inférieure*. Enfin, sélectionnez A12:A19 et cliquez sur la **flèche** du bouton **Bordures** puis sur *Bordure droite*.

		7	8	9	10	11	12	13	14	15
10	Table d'hypothèses :									
11										
12	-1 060,66 €	7	8	9	10	11	12	13	14	15
13	4,00%	- 1 367 €	- 1 219 €	- 1 104 €	- 1 012 €	- 938 €	- 876 €	- 823 €	- 778 €	- 740 €
14	4,50%	- 1 390 €	- 1 242 €	- 1 128 €	- 1 036 €	- 962 €	- 900 €	- 848 €	- 803 €	- 765 €
15	5,00%	- 1 413 €	- 1 266 €	- 1 152 €	- 1 061 €	- 986 €	- 925 €	- 873 €	- 829 €	- 791 €
16	5,50%	- 1 437 €	- 1 290 €	- 1 176 €	- 1 085 €	- 1 011 €	- 950 €	- 899 €	- 855 €	- 817 €
17	6,00%	- 1 461 €	- 1 314 €	- 1 201 €	- 1 110 €	- 1 037 €	- 976 €	- 925 €	- 881 €	- 844 €
18	6,50%	- 1 485 €	- 1 339 €	- 1 225 €	- 1 135 €	- 1 062 €	- 1 002 €	- 951 €	- 908 €	- 871 €
19	7,00%	- 1 509 €	- 1 363 €	- 1 251 €	- 1 161 €	- 1 088 €	- 1 028 €	- 978 €	- 935 €	- 899 €

- Les mensualités sont négatives car le résultat de la formule VPM() représente une sortie d'argent. Ce signe négatif n'est pas utile dans le tableau négatif. Pour le neutraliser, modifiez la formule du tableau d'hypothèses dans la cellule A12 en =-C8.

- Vous pouvez rendre invisible l'affichage de la cellule A12 : appliquez une couleur de police identique à celle de la couleur de remplissage, ici le blanc : cliquez sur la **flèche** du bouton **Couleur de police** puis cliquez sur la pastille de couleur blanche.

- Enregistrez le classeur et fermez-le

CAS 10 : VALEUR CIBLE

Quel salaire brut permet d'atteindre 1 000 € de salaire net ?

	A	B	C	D	E	F
2		Calcul du net et du coût total pour l'entreprise, à partir du brut				
3						
4						
5	Salaire brut (inférieur au plafond) :		1100			
6						
7	Cotisations	Base	Part salarié		Part patronale	
8	CSG et RDS	=95%*Brut	0,08	=Base*PS		=Base*PP
9	Maladie Veuvage	=Brut	0,0085	=Base*PS	0,128	=Base*PP
10	Vieillesse plafonnée	=Brut	0,0655	=Base*PS	0,082	=Base*PP
11	Assurance vieillesse	=Brut		=Base*PS	0,016	=Base*PP
12	FNAL Tranche A	=Brut		=Base*PS	0,001	=Base*PP
13	Accident du travail	=Brut		=Base*PS	0,018	=Base*PP
14	Allocations familiales	=Brut		=Base*PS	0,054	=Base*PP
15	Chômage Tranche A	=Brut	0,0221	=Base*PS	0,0397	=Base*PP
16	Assedic AGS	=Brut		=Base*PS	0,002	=Base*PP
17	ASF Tranche A	=Brut	0,008	=Base*PS	0,0116	=Base*PP
18	Retraite Tranche A	=Brut	0,03	=Base*PS	0,045	=Base*PP
19	Prévoyance Tranche A	=Brut		=Base*PS	0,013	=Base*PP
20	Taxe d'apprentissage	=Brut		=Base*PS	0,006	=Base*PP
21	Formation continue	=Brut		=Base*PS	0,0015	=Base*PP
22	Total cotisations			=SOMME(D8:D21)		=SOMME(F8:F21)
23						
24	Salaire net		=Brut-D22			
25	Coût total pour l'entreprise		=Brut+F22			

Calcul de point mort

CAS 10 : VALEUR CIBLE

Fonctions utilisées

– *Valeur cible*

– *Utilisation des noms*

12 mn

La fonction valeur cible permet de trouver quelle valeur d'une variable d'une formule permet d'atteindre un résultat pour cette formule. Par exemple, on sait calculer dans un tableau Excel le salaire net d'un salarié à partir du salaire brut en calculant les retenues de charges sociales. La fonction valeur cible permet de faire le raisonnement à l'envers, il répond à la question : quelle valeur du salaire brut correspond à un salaire net annoncé au salarié ?

Les données pour établir le tableau de bulletin de salaire sont dans le fichier `CasA10.xlsx`, enregistré dans le dossier `C:\Exercices Excel 2010`. Ouvrez le fichier et enregistrez-le sous le nom `CasA10-R.xlsx`.

1-NOMMEZ LES PLAGES DU TABLEAU

Avec Excel, on peut nommer les plages de cellules automatiquement en utilisant les étiquettes des cellules. Mais lorsque les étiquettes comportent beaucoup de texte, il est préférable d'utiliser des noms plus courts. Dans notre cas, nous allons employer le nom *PS* pour *Part Salariale* et *PP* pour *Part Patronale*.

- Nommez les colonnes du tableau pour utiliser ces noms dans les formules : cliquez sur le bouton **Gestionnaire de noms** ou utilisez le raccourci `Ctrl`+`F3`, le dialogue *Gestionnaire de noms* s'affiche.
  - Cliquez sur [Nouveau], saisissez `Brut`, sélectionnez tout le contenu de la zone <Fait référence à> puis cliquez dans la feuille sur la cellule C5. Validez par [OK].
  - Cliquez sur [Nouveau], saisissez `PS`, sélectionnez tout le contenu de la zone <Fait référence à> puis sélectionnez dans la feuille les cellules C8:C21. Validez par [OK].
  - Cliquez sur [Nouveau], saisissez `PP`, sélectionnez tout le contenu de la zone <Fait référence à> puis sélectionnez dans la feuille les cellules E8:E21. Validez par [OK].
- Fermez le dialogue *Gestionnaire de noms* en cliquant sur [Fermer].
- Sélectionnez les cellules B7:B21, puis cliquez sur le bouton **Depuis sélection**, cochez la case <☑ Ligne du haut>. Validez par [OK].

2-CRÉEZ LES FORMULES

- Entrez `1100€` dans la cellule B5.
- Calculez le montant servant de base au calcul des prélèvements (c'est le salaire brut, sauf pour la CSG et le RDS qui sont calculés sur 95 % du brut) :
  - Cliquez sur la cellule B8, tapez `=95%*Brut`, validez par `↵`.
  - Le curseur est passé sur la cellule B9, tapez `=Brut`, validez par `↵`.
  - Recopiez la formule : sélectionnez la cellule B9, faites glisser la poignée de recopie pour étendre la sélection à la plage B9:B21.

3-CALCULEZ LES CHARGES SALARIALES ET PATRONALES

- Calculez les retenues du salarié (la part salariale des charges) :
  - Cliquez sur la cellule D8, tapez `=Base*PS`, validez par `↵`. Sélectionnez la cellule D8, faites glisser la poignée de recopie pour étendre la sélection à la plage D8:D21.
  - Cliquez sur la cellule F8, tapez `=Base*PP`, validez par `↵`. Sélectionnez la cellule F8, faites glisser la poignée de recopie pour étendre la sélection à la plage F8:F21.

CAS 10 : VALEUR CIBLE

- Calculez les totaux : cliquez sur la cellule D22 puis cliquez sur le bouton Σ **Somme** sur le Ruban. La plage à sommer étant correcte, validez par ⏎. Recopiez la formule dans la cellule F22 par un copier/coller.
- Sous le tableau, calculez les résultats finaux :
  - Cliquez sur la cellule C24, tapez =Brut-D22, validez par ⏎.
  - Le curseur est passé sur la cellule C25, tapez =Brut+F22, validez par ⏎.
- Enregistrez le classeur.

4-CHERCHEZ UNE VALEUR SOURCE À PARTIR D'UNE VALEUR CIBLE

Quel doit être le salaire brut de l'employé pour que son salaire net soit de 1 000 € ?

- Sélectionnez la cellule contenant la formule (ici C24) puis, sous l'onglet **Données**>groupe **Outils de données**, cliquez sur la **flèche** du bouton **Analyse de scénarios** puis sur *Valeur cible...*
- Dans la zone <Cellule à définir>, la référence C24 de la cellule qui contient la formule est affichée. Dans la zone <Valeur à atteindre>, saisissez la valeur cible 1000. Dans la zone <Cellule à modifier>, cliquez sur la cellule C5 de la feuille. Validez en cliquant sur [OK].

Le résultat s'affiche dans la cellule à modifier et une fenêtre message vous propose de confirmer :

- Cliquez sur [OK] pour valider le changement des valeurs dans la feuille. Le salaire brut permettant d'obtenir un salaire net de 1000 est 1265,98304.

Quel est le salaire brut pour que le coût total pour l'entreprise ne dépasse pas 1 700 € ?

■ Procédez comme précédemment, en partant de la formule de la cellule C25.

- Dans la zone <Cellule à définir>, la référence C25 de la cellule qui contient la formule est affichée. Dans la zone <Valeur à atteindre>, saisissez la valeur cible 1700. Dans la zone <Cellule à modifier>, cliquez sur la cellule C5 de la feuille. Validez en cliquant sur [OK].

Le résultat s'affiche dans la cellule à modifier et une fenêtre message vous propose de confirmer :

■ Cliquez sur [OK] pour valider le changement des valeurs dans la feuille. Le salaire brut correspondant au coût total salarial de 1700 est 1203,28426.

■ Pour améliorer la présentation du bulletin de salaire, formez en monétaire € avec deux décimales les plages B8:B21, D8:D22, F8:F22, C24:C25, et la cellule C5, en les sélectionnant toutes à la fois.

5-RECHERCHEZ LE POINT MORT D'UNE CHAÎNE DE FABRICATION

La fabrication d'un article suppose un investissement initial (coût fixe) dans un équipement, puis l'emploi de ressources matières premières et travail (coûts variables). L'équipement coûte 110 000 €, la production de 10 articles coûte 15 € de matière première et 1,5 H de travail coûtant 30 € par heure. Vous prévoyez de fixer le prix de vente à 9 €.

À partir de quelle quantité produite la fabrication commence-t-elle à générer un résultat, à partir de quelle quantité le résultat dépassera-t-il 10 000 € pour rentabiliser l'investissement initial ?

■ Saisissez les données de ce problème dans la feuille Feuil2 : en supposant initialement une production de 1000 articles, calculez le résultat.

■ Utilisez la fonction valeur cible pour inverser le raisonnement : quelle est la production permettant d'atteindre un résultat positif ?

La <Valeur à atteindre> pour le point mort est 0, la <Cellule à définir> est celle de la formule, la <Cellule à modifier> correspond à celle de la quantité à produire.

Le point mort correspond à une production de 36 667 articles.

■ Puis quelle est la production permettant d'atteindre un résultat de 10 000 € ?

CAS 11 : SCÉNARIOS

Le tableau sans les données d'entrée

	A	B
1	Résultat en fonction du CA et du taux de marge	
2		
3	**PRODUITS**	
4	Chiffre d'affaires	0 €
5	Taux de marge	0,00%
6	Marge brute	0 €
7		
8	**CHARGES**	
9	Location bureaux	150 000 €
10	Parc automobile	130 000 €
11	Consommables	60 000 €
12	Marketing	150 000 €
13	Pots de vin	200 000 €
14	Investissements	300 000 €
15		
16	Frais bancaires	55 000 €
17		
18	Frais de personnel	1 600 000 €
19		
20	**RÉSULTAT**	-2 645 000 €

Les scénarios

	A	B	du taux de marge	du taux de marge
1	Résultat en fonction du CA et du taux de marge			
2				
3	**PRODUITS**			
4	Chiffre d'affaires	6000000	9000000	12000000
5	Taux de marge	35,00%	30,00%	25,00%
6	Marge brute	2100000	2700000	3000000
7				
8	**CHARGES**			
9	Location bureaux	150 000 €	150 000 €	150 000 €
10	Parc automobile	130 000 €	130 000 €	130 000 €
11	Consommables	60 000 €	60 000 €	60 000 €
12	Marketing	150 000 €	150 000 €	150 000 €
13	Pots de vin	200 000 €	200 000 €	200 000 €
14	Investissements	300 000 €	300 000 €	300 000 €
15				
16	Frais bancaires	55 000 €	55 000 €	55 000 €
17				
18	Frais de personnel	1 600 000 €	1 600 000 €	1 600 000 €
19				
20	**RÉSULTAT**	-545 000 €	55 000 €	355 000 €

		Valeurs actuelles :	Hypothèse moyenne	Hypothèse haute	Hypothèse basse
	Synthèse de scénarios				
	Cellules variables :				
	Chiffre_d_affaires	12 000 000 €	9 000 000 €	12 000 000 €	6 000 000 €
	Taux_de_marge	25,00%	30,00%	25,00%	35,00%
	Cellules résultantes :				
	Résultat	355 000 €	55 000 €	355 000 €	-545 000 €
	Marge_brute	3 000 000 €	2 700 000 €	3 000 000 €	2 100 000 €

La colonne Valeurs actuelles affiche les valeurs des cellules variables
au moment de la création du rapport de synthèse. Les cellules variables
de chaque scénario se situent dans les colonnes grisées.

CAS 11 : SCÉNARIOS

Ce cas est un compte d'exploitation simplifié, les chiffres sont calculés par des formules à partir des valeurs d'entrée suivantes : le chiffre d'affaires et le taux de marge. Nous voulons essayer plusieurs scénarios de valeurs d'entrée et conserver une trace de chacun.

Un scénario est un ensemble de valeurs d'entrée que l'on peut réappliquer en une seule action dans toutes les cellules d'entrée, plutôt que d'avoir à modifier les valeurs à différents endroits dans la feuille avec les risques d'erreurs que cela comporte.

Les données du compte d'exploitation sont fournies dans le classeur `CasA11.xlsx`, présent dans le dossier `C:\Exercices Excel 2010`. Ouvrez le fichier et enregistrez-le sous le nom `CasA11-R.xlsx`.

	A	B
1	Résultat en fonction du CA et du taux de marge	
2		
3	**PRODUITS**	
4	Chiffre d'affaires	0 €
5	Taux de marge	0,00%
6	Marge brute	0 €
7		
8	**CHARGES**	
9	Location bureaux	150 000 €
10	Parc automobile	130 000 €
11	Consommables	60 000 €
12	Marketing	150 000 €
13	Pots de vin	200 000 €
14	Investissements	300 000 €
15		
16	Frais bancaires	55 000 €
17		
18	Frais de personnel	1 600 000 €
19		
20	**RÉSULTAT**	-2 645 000 €

Nous voulons tester trois hypothèses afin de voir quel résultat il en découle :

1) Hypothèse basse : un chiffre d'affaires de 6 M € et un taux de marge de 35 %.
2) Hypothèse moyenne : un chiffre d'affaires de 9 M € et un taux de marge de 30 %.
3) Hypothèse haute : un chiffre d'affaires de 12 M € et un taux de marge de 25 %.

1-CRÉEZ LES SCÉNARIOS

- Commencez toujours par sélectionner les cellules d'entrée, ici la plage B4:B5 (si elles n'étaient pas contiguës vous les sélectionneriez simultanément par [Ctrl]+clic sur les cellules).
- Sous l'onglet **Données**>groupe **Outils de données**, cliquez sur la **flèche** du bouton **Analyse de scénarios** puis sur la commande *Gestionnaire de scénarios...*
- Dans le dialogue *Gestionnaire de scénarios* : cliquez sur [Ajouter], saisissez le nom du scénario `Hypothèse basse`, spécifiez les références des cellules variables. Cliquez sur [OK].

Le dialogue *Valeurs de scénarios* s'affiche.

CAS 11 : SCÉNARIOS

- Dans le dialogue *Valeurs de scénarios* : saisissez les valeurs du scénario (`6000000`, `35%`), puis

- Cliquez sur [Ajouter] pour créer le scénario et en ajouter un autre (deuxième) : dans le dialogue *Ajouter un scénario*, saisissez le nom du deuxième scénario, `Hypothèse moyenne`, cliquez sur [OK], puis saisissez les valeurs du scénario (`9000000`, `30%`).

- Cliquez [Ajouter] pour créer le scénario et en ajouter un autre (troisième) : dans le dialogue *Ajouter un scénario*, saisissez le nom du troisième scénario, `Hypothèse haute`, cliquez sur [OK], puis saisissez les valeurs du scénario (`12000000`, `25%`).

- Cliquez sur [OK] pour créer le scénario et revenir au dialogue *Gestionnaire de scénarios*.

- Cliquez sur [Fermer] pour terminer.

2-AFFICHEZ LES VALEURS D'UN SCÉNARIO

- Sous l'onglet **Données**>groupe **Outils de données**, cliquez sur la **flèche** du bouton **Analyse de scénarios** puis sur la commande *Gestionnaire de scénarios...* Sélectionnez le scénario `Hypothèse moyenne` puis cliquez sur [Afficher].

Les valeurs du scénario remplacent alors les valeurs existantes dans les cellules variables. Constatez que le résultat obtenu est 55 000 €.

📌 Pour pouvoir restaurer les valeurs d'origine des cellules variables, il faut avoir créé un scénario d'origine qui utilise les valeurs d'origine des cellules avant d'afficher les scénarios qui les modifient.

- Affichez le résultat pour le scénario `Hypothèse haute`, puis `Hypothèse basse`. Quel est le résultat pour chacune de ces hypothèses ?

	A	B	B	B
1	Résultat en fonction du CA et du taux de marge		du taux de marge	du taux de marge
2				
3	PRODUITS			
4	Chiffre d'affaires	6000000	9000000	12000000
5	Taux de marge	35,00%	30,00%	25.00%
6	Marge brute	2100000	2700000	3000000
7				
8	CHARGES			
9	Location bureaux	150 000 €	150 000 €	150 000 €
10	Parc automobile	130 000 €	130 000 €	130 000 €
11	Consommables	60 000 €	60 000 €	60 000 €
12	Marketing	150 000 €	150 000 €	150 000 €
13	Pots de vin	200 000 €	200 000 €	200 000 €
14	Investissements	300 000 €	300 000 €	300 000 €
15				
16	Frais bancaires	55 000 €	55 000 €	55 000 €
17				
18	Frais de personnel	1 600 000 €	1 600 000 €	1 600 000 €
19				
20	RÉSULTAT	-545 000 €	55 000 €	355 000 €

3-AJOUTEZ OU MODIFIEZ DES SCÉNARIOS

- Ajoutez comme précédemment un scénario `Hypothèse critique` correspondant aux valeurs (`5000000`, `40%`). Affichez ensuite le résultat pour les valeurs de ce scénario.

- Modifiez le scénario `Hypothèse basse` par les valeurs (`6500000`, `33%`) : dans le dialogue *Gestionnaire de scénarios*, sélectionnez le scénario puis cliquez sur [Modifier]. Continuez comme pour la création. Affichez ensuite le résultat pour ce scénario.

- Supprimez le scénario `Hypothèse critique` : dans le dialogue *Gestionnaire de scénarios*, sélectionnez le scénario puis cliquez sur [Supprimer].

4-FAITES UN RAPPORT DE SYNTHÈSE DES SCÉNARIOS

- Nommez les cellules contenant les variables ainsi que les cellules contenant le résultat (pas d'espace dans les noms, si vous créez les noms à partir des étiquettes les espaces sont automatiquement remplacés par des _).

- Sous l'onglet **Données**>groupe **Outils de données**, cliquez sur la flèche du bouton **Analyse de scénarios** puis cliquez sur la commande *Gestionnaire de scénarios...*, enfin cliquez sur le bouton [Synthèse].

- ❶ Choisissez <⊙ Synthèse de scénarios>, ❷ spécifiez les cellules résultantes que vous voulez visualiser dans la synthèse. Cliquez sur [OK].

		Valeurs actuelles :	Hypothèse moyenne	Hypothèse haute	Hypothèse basse
Synthèse de scénarios					
Cellules variables :					
	Chiffre_d_affaires	12 000 000 €	9 000 000 €	12 000 000 €	6 000 000 €
	Taux_de_marge	25,00%	30,00%	25,00%	35,00%
Cellules résultantes :					
	Résultat	355 000 €	55 000 €	355 000 €	-545 000 €
	Marge_brute	3 000 000 €	2 700 000 €	3 000 000 €	2 100 000 €

La colonne Valeurs actuelles affiche les valeurs des cellules variables au moment de la création du rapport de synthèse. Les cellules variables de chaque scénario se situent dans les colonnes grisées.

- Cliquez sur le bouton 🖫 pour enregistrer le classeur puis fermez le classeur.

CAS 12: LIAISONS ENTRE FEUILLES

Les trois tableaux dans trois feuilles distinctes

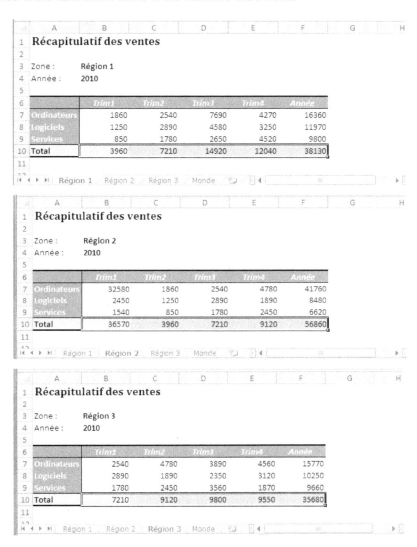

Récapitulatif des ventes

Zone : Région 1
Année : 2010

	Trim1	Trim2	Trim3	Trim4	Année
Ordinateurs	1860	2540	7690	4270	16360
Logiciels	1250	2890	4580	3250	11970
Services	850	1780	2650	4520	9800
Total	3960	7210	14920	12040	38130

Région 1　Région 2　Région 3　Monde

Récapitulatif des ventes

Zone : Région 2
Année : 2010

	Trim1	Trim2	Trim3	Trim4	Année
Ordinateurs	32580	1860	2540	4780	41760
Logiciels	2450	1250	2890	1890	8480
Services	1540	850	1780	2450	6620
Total	36570	3960	7210	9120	56860

Région 1　Région 2　Région 3　Monde

Récapitulatif des ventes

Zone : Région 3
Année : 2010

	Trim1	Trim2	Trim3	Trim4	Année
Ordinateurs	2540	4780	3890	4560	15770
Logiciels	2890	1890	2350	3120	10250
Services	1780	2450	3560	1870	9660
Total	7210	9120	9800	9550	35680

Région 1　Région 2　Région 3　Monde

Le tableau de synthèse des totaux dans une autre feuille

Récapitulatif des ventes

Zone : Monde
Année : 2010

	Trim1	Trim2	Trim3	Trim4	Année
Région 1	3960	7210	14920	12040	38130
Région 2	36570	3960	7210	9120	56860
Région 3	7210	9120	9800	9550	35680
Total	47740	20290	31930	30710	130670

Région 1　Région 2　Région 3　Monde

CAS 12 : LIAISONS ENTRE FEUILLES

Fonctions utilisées

– *Mise en forme simultanée de feuilles*   – *Création de formules de liaison*
– *Insertion d'une feuille de calcul*   – *Affichage des formules*

10 mn

Vous allez créer une synthèse de trois tableaux déjà saisis dans des feuilles de calcul distinctes d'un même classeur. Vous utiliserez une formule de liaison, faisant référence à des cellules d'une autre feuille, pour récupérer des résultats calculés dans d'autres feuilles de calcul.

Les données sont fournies dans le fichier CasA12.xlsx, enregistré dans le dossier C:\Exercices Excel 2010. Ouvrez le fichier et enregistrez-le sous le nom CasA12-R.xlsx.

1-EFFECTUEZ UNE MISE EN FORME SIMULTANÉE DANS LES TROIS FEUILLES

Les données sont disposées à l'identique dans les trois feuilles, vous pouvez donc les mettre en forme simultanément dans les trois feuilles.

- Sélectionnez les trois feuilles à la fois : cliquez sur la feuille Région 1 puis appuyez sur la touche Ctrl et en même temps cliquez sur les feuilles suivantes : Région 2 puis Région 3.
- Mettez en forme les données.
  - Le titre : police d'en-tête du thème, taille 14 en gras.
  - Les cellules B3:B4 : en gras, alignement gauche.
  - Les bordures : telles qu'elles apparaissent sur l'illustration ci-dessous.
  - Les étiquettes A6:F6 : remplissage bleu foncé, police en gras et italique, couleur police blanc, alignement centré.
  - Les étiquettes A7:A9 : remplissage bleu foncé, police en gras, couleur blanc.
  - Les cellules de la ligne des totaux : remplissage bleu plus clair, la cellule A10 en gras.

- Pour mettre fin à la sélection des trois feuilles à la fois, cliquez sur l'onglet d'une des feuilles sélectionnées, sauf celle qui est en premier plan.

2-CRÉEZ UNE NOUVELLE FEUILLE POUR LE TABLEAU DE SYNTHÈSE

Vous allez créer une nouvelle feuille pour synthétiser des résultats de trois tableaux présents dans les autres feuilles Région 1, Région 2 et Région 3.

- Cliquez sur l'onglet à droite des autres onglets, il sert à créer une nouvelle feuille. Cette nouvelle feuille s'affiche et porte le nom Feuil1.
- Double-cliquez sur l'onglet de cette feuille et saisissez Monde, validez.

3-Créez le tableau de synthèse

Nous voulons obtenir dans cette nouvelle feuille de calcul les totaux des tableaux Région 1, Région 2 et Région 3 afin d'en calculer le total général. Puisque ces tableaux ont les mêmes étiquettes de lignes et de colonnes, plutôt que de recréer un tableau de synthèse de toutes pièces, vous allez recopier celui de Région 1 et le modifier.

■ Cliquez sur l'onglet de la feuille Région 1, sélectionnez la plage A1:F10, cliquez sur le bouton **Copier** sur le Ruban ou appuyez sur ⌜Ctrl⌝+C.

■ Cliquez sur l'onglet de la feuille Monde, cliquez sur la cellule A1, cliquez sur le bouton **Coller** ou appuyez sur ⌜Ctrl⌝+V.

■ Effacez les valeurs précédentes : sélectionnez B7:F9, pressez ⌜Suppr⌝, les données sont supprimées mais le format des cellules est conservé.

■ Dans la cellule B3, saisissez Monde. Dans les cellules A7, A8 et A9, remplacez les trois libellés par Région 1, Région 2 et Région 3.

■ Enregistrez le classeur : cliquez sur l'outil 🖫 dans la barre d'outils *Accès rapide*.

4-Créez les formules de liaison

Créez les formules de liaison pour les cellules de totaux de la Région 1.

■ Cliquez sur l'onglet Région 1, sélectionnez la plage de cellules B10:F10, cliquez sur le bouton **Copier** sur le Ruban ou appuyez sur ⌜Ctrl⌝+C

■ Cliquez sur l'onglet Monde, cliquez sur la cellule B7, puis cliquez sur la **flèche** du bouton **Coller** sur le Ruban, puis cliquez sur :
- l'icône *Coller avec liaison* (2ᵉ icône sous Autres options de collage dans le menu) ou
- *Collage spécial...* puis dans le dialogue *Collage spécial*, cliquez sur [Coller avec liaison].

■ Procédez de la même façon pour créer les formules de totaux de la Région 2 et de la Région 3 : Copiez les cellules de totaux de la feuille Région 2, collez-les avec liaison dans la cellule B8. Copiez les cellules de totaux de la feuille Région 3, collez-les avec liaison dans la cellule B9.

Le « Coller avec liaison » a introduit dans les cellules des formules qui font référence à des cellules des autres feuilles. Dans ces formules, le nom de la feuille est mis entre quotes (´) et suivi de ! puis de l'adresse de la cellule, par exemple dans la cellule B7 : =$'Région 1'!B10. Les quotes sont nécessaires parce que le nom de feuille contient un espace.

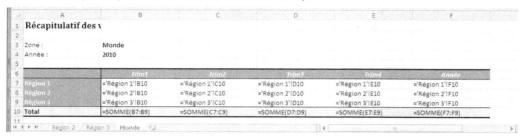

La feuille Monde est automatiquement actualisée des modifications de données apportées dans les feuilles source Région 1, Région 2, Région 3.

5-AFFICHEZ LES FORMULES AU LIEU DES VALEURS

Dans la figure ci-dessus, l'affichage des formules a remplacé l'affichage des valeurs calculées. Cet affichage peut être obtenu dans les options Excel.

- Essayez cette option : cliquez sur l'onglet **Fichier** puis sur **Options**, sélectionnez Options avancées puis sous la rubrique Afficher les options pour cette feuille de calcul, cochez la case <☑ Formules dans les cellules au lieu de leurs résultats calculés>, validez par [OK].

- Annulez cette option en décochant la case dans les options avancées d'Excel.

- Cliquez sur l'outil 🖫 dans la barre d'outils *Accès rapide* puis fermez le classeur.

CAS 13 : CONSOLIDATION

Les trois tableaux à consolider

Sheet: Lille

Ventes par type d'articles

Zone : Lille
Trimestre 1T

	janvier	février	mars	Trim1
Parfums	2 540	4 780	3 890	11 210
Bijoux	2 890	1 890	2 350	7 130
Accessoires	1 780	2 450	3 560	7 790
Total	7 210	9 120	9 800	26 130

Sheet: Lyon

Ventes par type d'articles

Zone : Lyon
Trimestre 1T

	janvier	février	mars	Trim1
Parfums	1 860	2 540	2 940	7 340
Bijoux	1 250	2 890	3 260	7 400
Accessoires	850	1 780	2 170	4 800
Total	3 960	7 210	8 370	19 540

Sheet: Nantes

Ventes par type d'articles

Zone : Nantes
Trimestre 1T

	janvier	février	mars	Trim1
Parfums	1 980	2 050	3 380	7 410
Bijoux	1 420	1 750	2 260	5 430
Accessoires	1 240	1 420	1 990	4 650
Total	4 640	5 220	7 630	17 490

Le tableau de consolidation

Ventes par type d'articles

Zone : France
Trimestre 1T

	janvier	février	mars	Trim1
	2 540	4 780	3 890	11 210
	1 860	2 540	2 940	7 340
	1 980	2 050	3 380	7 410
Parfums	6 380	9 370	10 210	25 960
	2 890	1 890	2 350	7 130
	1 250	2 890	3 260	7 400
	1 420	1 750	2 260	5 430
Bijoux	5 560	6 530	7 870	19 960
	1 780	2 450	3 560	7 790
	850	1 780	2 170	4 800
	1 240	1 420	1 990	4 650
Accessoires	3 870	5 650	7 720	17 260
Total	25 240	33 730	41 390	100 360

Sheets: Lille Lyon Nantes Consolidation

CAS 13 : CONSOLIDATION

La consolidation combine les données de plusieurs plages source de cellules dans une nouvelle plage, en utilisant une fonction que vous spécifiez, en général une somme. La commande de consolidation sert à consolider les données de plusieurs plages ayant une structure identique.

Dans ce cas pratique, les plages source de suivi des ventes de trois magasins doivent être consolidées dans une plage de suivi des ventes réunissant les trois magasins ensemble.

Les trois plages source sont dans trois fichiers différents, puisqu'ils ont été saisis dans trois magasins éloignés. Il faut créer un nouveau classeur pour consolider les ventes des trois magasins.

Les données des magasins sont fournies dans les classeurs `CasA13-1.xlsx`, `CasA13-2.xlsx` et `CasA13-3.xlsx` enregistrés dans le dossier `C:\Exercices Excel 2010`. Ouvrez les fichiers ensemble en les sélectionnant ensemble dans le dialogue *Ouvrir*, puis enregistrez-les un à un sous les noms `CasA13-1R.xlsx`, `CasA13-2R.xlsx`, `CasA13-3R.xlsx`.

1-RASSEMBLEZ LES FEUILLES DES TROIS MAGASINS DANS UN MÊME CLASSEUR

Vous allez créer un nouveau classeur et y copier chacune des feuilles contenant les chiffres d'un magasin.

- Créez le classeur en enregistrez-le sous le nom `France.xlsx`.
- Basculez vers le classeur `Ca13-1R.xlsx`, cliquez droit sur l'onglet `Lille`, puis sur *Déplacer ou copier...* Le dialogue *Déplacer ou copier* s'affiche. Dans la zone <Dans le classeur>, sélectionnez le classeur `France.xlsx`. Dans <Avant la feuille>, sélectionnez `Feuil1`, cochez la case <☑ Créer une copie>. Cliquez sur [OK].

- De la même façon, copiez la feuille `Lyon` du classeur `CasA12-2R.xlsx` dans le classeur `France` avant la feuille `Feuil1`, puis la feuille `Nantes` du classeur `CasA12-3R.xlsx` avant `Feuil1`.
- Supprimez ensuite du classeur `France.xlsx` les feuilles `Feuil1`, `Feuil2`, `Feuil3` : sélectionnez les trois feuilles ensemble (cliquez sur leur onglet en appuyant sur la touche Ctrl), puis cliquez droit sur les onglets sélectionnés puis sur la commande contextuelle *Supprimer*.
- Enregistrez le classeur `France.xlsx`.
- Fermez les classeurs `CasA13-1R.xlsx`, `CasA13-2R.xlsx` et `CasA13-3R.xlsx`.

2-PRÉPAREZ LE TABLEAU DE CONSOLIDATION

- Insérez une nouvelle feuille après la feuille `Nantes` : cliquez sur le dernier onglet ou Maj+F11.
- Nommez cette nouvelle feuille `Consolidation`.

Nous voulons consolider les données des tableaux des feuilles `Lille`, `Lyon` et `Nantes`. Dans notre cas, le tableau de consolidation aura les mêmes étiquettes de lignes et de colonnes. Plutôt que de recréer un tableau de toutes pièces, vous allez recopier celui de `Lille` et le modifier.

CAS 13 : CONSOLIDATION

- Cliquez sur l'onglet de la feuille `Lille`, sélectionnez la plage A1:E10, puis cliquez sur le bouton **Copier** sur le Ruban ou appuyez sur `Ctrl`+C. Cliquez sur l'onglet de la feuille `Consolidation`, cliquez sur la cellule A1 puis cliquez sur le bouton **Coller** sur le Ruban ou appuyez sur `Ctrl`+V.

- Effacez les valeurs précédentes : sélectionnez B7:D9, pressez la touche `Suppr`.

- Dans la cellule B3, saisissez `France consolidée`.

- Cliquez en A1, saisissez `Consolidation des ventes par type d'articles` `⏎`.

On obtient :

3-EFFECTUEZ LA CONSOLIDATION SANS LIAISON

- Cliquez sur la première cellule de la zone destination de la consolidation, cellule B7 de la feuille `Consolidation` puis, sous l'onglet **Données**>groupe **Outils de données**, cliquez sur le bouton **Consolider**. Le dialogue *Consolider* s'affiche.

- Cliquez dans la zone <Référence> et sélectionnez dans la feuille `Lille` les cellules B7:E9. La référence source `Lille!$B$7:$E$9` s'inscrit dans la zone <Référence>, cliquez sur le bouton [Ajouter] du dialogue *Consolider*, la référence source s'inscrit dans <Toutes les références>.

- Sélectionnez le contenu de la zone <Référence> puis sélectionnez, dans la feuille `Lyon`, les cellules B7:E9. La référence source `Lyon!$B$7:$E$9` s'inscrit dans la zone <Référence>, cliquez sur le bouton [Ajouter] du dialogue *Consolider*, la référence source s'inscrit dans la zone <Toutes les références>.

- Procédez de même pour ajouter la référence source `Nantes!$B$7:$E$9`.

- Validez la consolidation par [OK].

Les chiffres de ventes des magasins ont été consolidés en une seule action.

Comme nous n'avons pas activé l'option <☑ Lier aux données source> ❶, une fois la consolidation effectuée, si vous changez les chiffres dans les tableaux des magasins, le tableau consolidé n'est pas actualisé automatiquement. Il faut refaire l'action de consolidation.

CAS 13 : CONSOLIDATION

4-CONSOLIDEZ AVEC LIAISON

- Cliquez à nouveau sur la cellule B7 puis sur le bouton **Consolider**.
  Le dialogue *Consolider* reprend la même liste de références aux plages de données source, tant que vous ne les modifiez pas. Dans le dialogue *Consolider*, cochez la case <☑ Lier aux données source> ❶ pour que par la suite toute modification apportée à l'un des tableaux détails soit répercutée dynamiquement dans le tableau consolidé.
- Cliquez sur [OK] pour lancer la consolidation.

Les résultats apparents sont les mêmes, sauf que des liaisons vers les données source ont été insérées dans la feuille de consolidation. Vous ne les voyez pas, car ces lignes ont été mises à un niveau inférieur et masquées (niveau 2) dans une structure en mode Plan. Ce sont les lignes 7:9, 11:13 et 15:17.

- Cliquez sur le niveau 2 pour afficher les formules de liaison avec les données détails, puis cliquez sur la cellule B11. Constatez la présence de la formule de liaison =$Lille.$B$8.

		A	B	C	D	E
			janvier	*février*	*mars*	*Trim1*
·	7		2 540	4 780	3 890	11 210
·	8		1 860	2 540	2 940	7 340
·	9		1 980	2 050	3 380	7 410
−	10	Parfums	6 380	9 370	10 210	25 960
·	11		2 890	1 890	2 350	7 130
·	12		1 250	2 890	3 260	7 400
·	13		1 420	1 750	2 260	5 430
−	14	Bijoux	5 560	6 530	7 870	19 960
·	15		1 780	2 450	3 560	7 790
·	16		850	1 780	2 170	4 800
·	17		1 240	1 420	1 990	4 650
−	18	Accessoires	3 870	5 650	7 720	17 240
	19	**Total**	25 240	33 730	41 390	100 360

(B11 = Lille!$B$8 ; Zone : France consolidée ; Trimestre 1T ; Ventes par type d'articles)

C'est grâce à ces formules de liaison que la consolidation est cette fois-ci dynamique, en ce sens que si vous modifiez les données source, le tableau de consolidation s'actualise par recalcul.

- Cliquez sur le bouton 🖫 pour enregistrer le classeur puis fermez le classeur

CAS 13 : CONSOLIDATION

5-CONSOLIDATION PAR POSITION OU PAR ÉTIQUETTES DE LIGNES/COLONNES

Vous venez d'effectuer une consolidation par position, c'est-à-dire que vous avez consolidé les cellules qui se trouvent à la même position dans toutes les plages de données source.

Dans d'autres cas de figure, les cellules à consolider ne sont pas définies par leur position dans les plages source mais par les étiquettes de lignes et de colonnes. Si vous cochez <☑ Étiquettes dans : Colonne de gauche> et non <☐ Étiquettes dans : Ligne du haut>, la consolidation se fait selon les étiquettes en ligne et selon les positions en colonne. Si vous cochez les deux options, la consolidation se fait selon les étiquettes pour les lignes et pour les colonnes.

6-EFFECTUEZ UNE CONSOLIDATION PAR ÉTIQUETTES

- Ouvrez le classeur `CasA13-4.xlsx` et enregistrez-le sous le nom `CasA13-4R.xlsx`.

Les tableaux source sont dans la feuille `Sources`, les types d'articles ne sont pas tous les mêmes ni dans le même ordre d'une ville à l'autre. Il n'est donc pas possible de faire une consolidation par position, mais on peut faire la consolidation selon les étiquettes en ligne et en colonne.

La feuille `Consolidation` a été préparée pour recevoir le résultat de la consolidation, les étiquettes de consolidation ont été saisies dans les plages A5:A14 et B4:E4.

- Cliquez sur l'onglet de feuille `Consolidation`, puis sur la cellule A4 destination de la consolidation.

- Cliquez sur le bouton **Consolider**, sur le Ruban. Dans le dialogue *Consolider* :
  - dans la zone <Toutes les références> ajoutez les plages de données source :

    `Sources!$A$4:$E$10,`

    `Sources!$A$14:$E$20,`

    `Sources!$A$6:$E$28.`
  - Sous Étiquettes dans, cochez <☑ Ligne du haut> et <☑ Colonne de gauche>.
- Cliquez sur [OK].

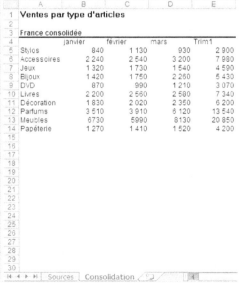

- Cliquez sur le bouton 🖫 pour enregistrer le classeur puis fermez le classeur.

CAS 13 : CONSOLIDATION

7-Consolidez des données source d'autres classeurs

Il est possible de consolider les données source, même lorsqu'elles sont contenues dans des classeurs différents du classeur de consolidation. Vous allez créer un classeur pour consolider les ventes des magasins contenues dans les classeurs `CasA13-1.xlsx`, `CasA13-2.xlsx` et `CasA13-3.xlsx`.

- Commencez par réouvrir ces trois classeurs s'ils ne le sont pas déjà.
- Créez le nouveau classeur et enregistrez-le sous le nom `VentesFrance.xlsx`.
- Copiez les cellules A1:E10 du classeur `CasA13-1.xlsx` dans la feuille `Feuil1` du classeur `VentesFrance.xlsx`.
- Effacez les nombres du tableau, la plage B7:E9, et saisissez `France` dans la cellule B3.

- Cliquez dans la cellule B7, destination de la consolidation puis, sous l'onglet **Données**, cliquez sur le bouton **Consolider**. Ajoutez à la liste de la zone <Toutes les références> les références aux données des magasins dans les classeurs `CasA13-1.xlsx`, `CasA13-2.xlsx` et `CasA13-3.xlsx`.

- Cliquez sur [OK] pour effectuer la consolidation.
- Cliquez sur l'outil 🖫 dans la barre d'outils *Accès rapide* puis fermez le classeur.

Transformez une plage en tableau de données

Triez par ordre des noms de clients

Ajoutez des colonnes calculées

Répétez les étiquettes sur chaque page imprimée

CAS 14 : GÉRER UN TABLEAU DE DONNÉES

Fonctions utilisées

– *Définir un tableau de données*   – *Ajouter des enregistrements*

– *Trier les lignes d'un tableau*   – *Ajouter une colonne calculée*

– *Supprimer des lignes d'un tableau*   – *Utiliser des références structurées*

15 mn

Pour gérer et analyser des données, utilisez un tableau de données. Un tableau de données est traité comme une table de base de données : les lignes sont les enregistrements et les colonnes sont les champs de base de données. Les étiquettes de colonnes sont les noms des champs. Dans ce cas pratique, vous allez faire quelques mises à jour sur une table de données, puis vous effectuerez différents tris, enfin vous ajouterez des colonnes calculées.

Les données de ce cas pratique sont dans le fichier `CasA14.xlsx`, enregistré dans le dossier `C:\Exercices Excel 2010`. Ouvrez le fichier et enregistrez-le sous le nom `CasA14-R.xlsx`.

- La première ligne d'un tableau de données contient les noms des champs (les colonnes) et les lignes suivantes contiennent les enregistrements (les lignes de données).

1-TRANSFORMEZ UNE PLAGE DE DONNÉES EN TABLEAU DE DONNÉES

Transformez la plage de données en tableau de données afin de pouvoir la traiter comme une table de données avec les fonctions de filtrage et de mise en forme spécifique des tableaux.

- Cliquez dans les données, appuyez sur Ctrl+A pour sélectionner la zone active.
- Cliquez dans une cellule quelconque de la plage puis, sous l'onglet **Insertion**>groupe **Tableaux**, cliquez sur le bouton **Tableau**. Le dialogue *Créer un tableau* s'affiche, cliquez sur [OK].

Le tableau est automatiquement mis en forme, à droite de l'en-tête de chaque colonne apparaît une flèche déroulante. Une poignée de redimensionnement apparaît en bas à droite du tableau.

CAS 14 : GÉRER UN TABLEAU DE DONNÉES

2- DÉCOUVREZ L'ONGLET OUTILS DE TABLEAU

- Cliquez dans le tableau de données, un onglet contextuel **Outils de tableau/Création** apparaît sur le Ruban.

- Cliquez sur la flèche déroulante ❶ dans le groupe **Styles de tableau**, la galerie des styles de tableau s'affiche et présente les vignettes des styles. Amenez le pointeur sur une vignette sans cliquer, le style s'applique temporairement au tableau. Appliquez un style de votre choix en cliquant sur la vignette.

- Dans le groupe **Options de style de tableau**, cochez la case <☑ Ligne des totaux>. Vous constatez qu'une ligne s'ajoute au bas du tableau et totalise la dernière colonne numérique. Décochez ensuite la case <☐ Ligne des totaux>.

- Dans le groupe **Outils**, cliquez sur le bouton **Convertir en plage** puis confirmez. Les données ne sont plus traitées comme un tableau de données, elles sont converties en simple plage de données, mais les cellules ont conservé leur mise en forme.

Une astuce pour mettre forme rapidement une plage de données peut donc être de la transformer en tableau, d'appliquer un style puis de la transformer en simple plage de données.

- Cliquez sur l'onglet `Feuille2`, transformez la plage des données en tableau de données, appliquez un style avec des lignes à bandes. Convertissez ensuite le tableau en plage de données. Supposons que vous vouliez changer ensuite le style des cellules : sélectionnez toutes les données, enlevez le remplissage, appliquez la couleur de police automatique, recommencez.

3-TRIEZ LE TABLEAU DE DONNÉES

- Dans la feuille `Fichier`, retransformez la plage en tableau de données si nécessaire. Triez le tableau par client : cliquez sur la flèche à côté de l'étiquette de la colonne `Client`, puis cliquez sur la commande *Trier de A à Z*, pour trier par ordre alphabétique croissant.

- Triez par ordre de `Montant` : cliquez sur la flèche à côté de l'étiquette de la colonne `Montant`, puis cliquez sur la commande *Du plus petit au plus grand*.

- Triez par `Vendeur`, puis triez par `Date`. Remarquez que lorsqu'un tri est actif, une petite flèche indique la colonne triée et le sens du tri.

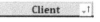

4-MODIFIEZ DES ENREGISTREMENTS

- Modifiez le montant de la vente faite à la société `Marval` le `03/11/2010` : pour cela, pressez `Ctrl`+<haut> pour aller au début du tableau et triez par client. Faites défiler les lignes de données, jusqu'à voir le nom de client `Marval`. Repérez la date `03/11/2010`, modifiez le montant en `25700`, validez par `⏎`.

- Remplacez le nom du vendeur par `Durand` pour la vente faite à la société `JBM` le `03/11/2007`.

5-AJOUTEZ OU INSÉREZ DES LIGNES DE TABLEAU

Les données saisies dans la ligne immédiatement sous le tableau sont automatiquement ajoutées dans le tableau.

C'est une option ❶ d'Excel dans les options de correction automatique. Si vous désactivez cette option, vous pouvez intégrer les lignes et colonnes adjacentes au tableau par le bouton **Redimensionner le tableau** sur le Ruban.

- Saisissez les données suivantes au bas du tableau : cliquez dans la cellule A115, saisissez : 24/11/2010 ⊡, AMT ⊡ Paris ⊡ Durand ⊡ 32000⊡.

	A	B	C	D	E
111	08/12/2010	Valeor	Marseille	Martin	5 825,00 €
112	15/12/2010	Valeor	Toulouse	Martin	14 329,00 €
113	15/12/2010	Valeor	Marseille	Martin	5 846,00 €
114	22/12/2010	Valeor	Marseille	Martin	4 169,00 €
115	24/11/2010	AMT	Paris	Durand	32 000,00 €
116					

- Triez par date le tableau de données.
- Vous pouvez insérer une ligne dans le tableau : cliquez sur une cellule de l'enregistrement avant lequel vous voulez insérer et cliquez sur la **flèche** du bouton **Insérer** (sous l'onglet **Accueil**>groupe **Cellules**), puis cliquez sur la commande *Insérer des lignes de tableau au-dessus*. L'intérêt de cette commande est d'insérer une ligne dans le tableau, sans insérer une ligne entière dans la feuille.

6-SUPPRIMEZ DES LIGNES DE TABLEAU

Supprimez la vente de 1 442 € faite à la société Bolor Sarl le 15/12/2010 :

- Triez par Nom, faites défiler les lignes de données jusqu'à voir le nom de client Bolor Sarl, repérez la date 15/12/2010, cliquez droit sur la cellule qui contient 1 442 €, puis sur la commande *Supprimer* et enfin sur la commande *Lignes de tableau*. L'intérêt de cette commande est de supprimer un enregistrement sans supprimer la ligne entière dans la feuille.

7-AJOUTEZ UNE COLONNE CALCULÉE COMMISSION

- Saisissez l'étiquette de colonne Commission dans la cellule F3 à droite des étiquettes, ce champ est automatiquement intégré dans le tableau. Ajustez la largeur de la colonne.
- Dans la cellule F4, saisissez la formule =E4*2%, validez par ⏎. La formule est automatiquement propagée dans toutes les cellules de la colonne.

C'est une option d'Excel dans les options de correction automatique ❷. Si cette option est désactivée, la balise après validation de la formule saisie permet de propager la formule.

	A	B	C	D	E	F	G
3	Date ▾	Client ▾	Ville ▾	Vendeur ▾	Montant ▾	Commiss ▾	
4	06/10/2010	AMT	Paris	Durand	3 366,00 €	67,32	
5	13/10/2010	AMT	Paris	Durand	13 009,00 €	260,18	
6	13/10/2010	AMT	Paris	Durand	6 894,00 €	137,88	
7	20/10/2010	AMT	Paris	Durand	6 967,00 €	139,34	

La formule saisie a été transformée en =[@Montant]]*2%. [@Montant] désigne le champ.

8-AJOUTEZ UNE COLONNE CALCULÉE MOIS

	G5	▼	f_x =MOIS([@Date])				
	A	B	C	D	E	F	G	H
3	Date	Client	Ville	Vendeur	Montant	Commission	Mo
4	06/10/2010	AMT	Paris	Durand	3 366,00 €	67,32	10
5	13/10/2010	AMT	Paris	Durand	13 009,00 €	260,18	10
6	13/10/2010	AMT	Paris	Durand	6 894,00 €	137,88	10
7	20/10/2010	AMT	Paris	Durand	6 967,00 €	139,34	10
8	20/10/2010	AMT	Paris	Durand	3 358,00 €	67,16	10
9	27/10/2010	AMT	Paris	Durand	4 538,00 €	90,76	10
10	27/10/2010	AMT	Paris	Durand	7 156,00 €	143,12	10

- Ajoutez l'étiquette de colonne `Mois` dans la cellule G3 à droite des autres étiquettes. Ajustez la largeur de colonne.

- Dans la cellule G4, saisissez `=MOIS(`, cliquez sur la cellule A4, tapez `)`.La formule qui se constitue dans la barre de formule est `=MOIS([@Date]])`, validez par ⏎. La formule est propagée dans toutes les cellules de la colonne `Mois` de la table, sinon cliquez sur la balise pour la propager.

9-COMPRENEZ LES RÉFÉRENCES STRUCTURÉES

Une référence structurée à un élément d'un tableau sert à référencer cet élément de tableau dans une formule. Elle est constituée d'une chaîne de caractères comprenant le nom du tableau suivi d'un spécificateur, exemple `TableN[[#Cette ligne];[Montant]]`.

- Le nom d'un tableau est un nom attribué au tableau, par défaut `TableN` à la création du tableau. Il est modifiable. Le nom du tableau de données n'est pas mis entre crochets, il fait référence aux données du tableau à l'exclusion de la ligne de l'en-tête et de celle des totaux.

- Le spécificateur du tableau est l'ensemble de ce qui figure entre crochets à la suite du nom du tableau, il peut comprendre un spécificateur d'élément spécial et un spécificateur de colonne, par exemple : `[[#Cette ligne];[Montant]]`.

- Un spécificateur de colonne, en-tête de colonne entre crochets [ ], fait référence aux données de la colonne à l'exclusion de l'en-tête de colonne et du total, exemple `[Montant]`. Vous pouvez aussi l'écrire `[@Montant]`.

- Un spécificateur d'élément spécial constitue un moyen de faire référence à certaines parties du tableau : la ligne d'en-tête, la ligne total, etc. : `[#Totaux]`, `[#Données]`, `[#Cette ligne]`, `[#Tout]`, `[#En-têtes]`.

Il existe trois opérateurs utilisables dans les références structurées à un tableau :

de plage	:	`[Ville]:[Commission]`.
union	,	`[Commission],[Montant]`.
Intersection	Espace	`Table4[[Ville]:[Commission]] Table4[[Vendeur]:[Mois]]`.

Vous pouvez utiliser des références structurées dans des formules de la feuille comme dans des formules du tableau. Lors de la saisie d'une formule, si vous cliquez dans une cellule du tableau sur la même ligne que la formule, ou sur la ligne d'en-tête ou de total, c'est la référence structurée qui s'inscrit dans la cellule.

10-DÉFINISSEZ LE TABLEAU COMME ZONE D'IMPRESSION

Pour définir le tableau de données comme zone d'impression :

- Sélectionnez la plage occupée par le tableau : cliquez sur une cellule de la ligne des étiquettes du tableau, appuyez sur Ctrl +A puis, sous l'onglet **Mise en page**>groupe **Mise en page**, cliquez sur le bouton **Zone d'impression** puis sur la commande *Définir*.

- Visualisez l'aperçu avant impression.

11-DÉFINISSEZ LES TITRES À RÉPÉTER SUR CHAQUE PAGE

Le tableau couvant plusieurs pages, il faudrait que les étiquettes de colonnes du tableau soient imprimées en haut de chaque page avant les données.

- Sous l'onglet **Mise en page**>groupe **Mise en page**, cliquez sur le bouton **Zone d'impression** puis sur la commande *Imprimer les titres*.

- Cliquez dans la zone <Lignes à répéter en haut> puis cliquez dans la feuille sur une cellule de la ligne 3 qui contient les étiquettes des champs du tableau. Validez par [OK].
  De la même façon, si un tableau occupe plusieurs pages en largeur, vous pouvez répéter certaines colonnes sur la gauche de chaque page imprimée.
- Visualisez l'aperçu avant impression puis fermez l'aperçu avant impression.

12-MODIFIEZ LES EN-TÊTES ET PIEDS DE PAGE

- Modifiez la position de l'en-tête : cliquez sur le **Lanceur** du groupe **Mise en page** puis, sous l'onglet *Marges* du dialogue, dans la zone <En-tête> : spécifiez 1,5 (distance en cm de l'en-tête par rapport au bord haut de la page) ; dans la zone <Pied de page> : spécifiez 1,5 (distance du pied de page au bord du bas de la page). Validez par [OK].

- Cliquez sur l'icône *Mise en page* située sur la barre d'état d'Excel.
  L'en-tête de page s'affiche au-dessus de la feuille, cliquez sur une zone de l'en-tête.

- Modifier l'en-tête :
  cliquez dans l'en-tête puis, sous l'onglet contextuel **Outils des en-têtes et pieds de page/Création**>
  groupe **En-tête et pied de page**, cliquez sur le bouton **En-tête** et choisissez l'en-tête prédéfini
  Nom_Utilisateur,Page 1,Date.

L'en-tête se constitue avec le nom d'utilisateur, tel qu'il est défini dans les propriétés du classeur,
la page et la date, qui sont des champs automatiques : [Page] et [Date].

- Pour revenir à l'affichage *Normal*, cliquez sur une cellule puis sur l'icône *Normal* dans la barre
  d'état.
- Pour modifier un en-tête et insérer des champs automatiques, cliquez sur le **Lanceur** du groupe
  Mise en page puis sur l'onglet *En-tête/Pied de page* du dialogue, enfin sur [En-tête
  personnalisés...].
- Vous pouvez saisir du texte dans chacune des zones et insérer des champs. En particulier,
  tapez votre nom complet dans la zone de gauche.
  Vous pouvez vous exercer à insérer des champs automatiques, puis à les effacer.

- Validez par [OK], puis cliquez sur [Aperçu...] et visualisez l'aperçu avant impression.
- Tapez sur Echap pour revenir à l'affichage de la feuille de calcul.
- Supprimez ensuite tout le contenu du pied de page.
  Affichez le pied de page en passant en affichage *Mise en page*, puis cliquez dans le pied de
  page, puis supprimez les informations.
- Passez en *Aperçu avant impression* puis revenez en affichage *Normal* de la feuille.
- Cliquez sur l'outil 🖫 dans la barre d'outils *Accès rapide* puis fermez le classeur.

CAS 15 : FILTRER DES DONNÉES

Filtrer sur une ville

Filtrer sur les 5 plus hauts montants

Filtrer sur une date

Filtrez sur des critères dans une zone de critères

Date	Date	Client	Ville	Vendeur	Montant	
>=1/10/10	<=30/10/10		Toulouse		>=350	
>=1/12/10	<=31/12/10		Marseille		>=550	
Date	Client	Ville	Vendeur	Montant	Commi	
12	06/10/2010	Keops	Toulouse	Martin	9 506,00 €	
36	20/10/2010	Valeor	Toulouse	Martin	14 639,00 €	2
84	01/12/2010	Valeor	Marseille	Martin	5 604,00 €	1
91	08/12/2010	Valeor	Marseille	Martin	5 825,00 €	
107	15/12/2010	Valeor	Marseille	Martin	5 846,00 €	1

CAS 15 : FILTRER DES DONNÉES

Fonctions utilisées

– *Filtrer sur une valeur*
– *Filtrer sur plusieurs valeurs d'une colonne*
– *Filtrer sur des valeurs différentes d'une colonne*

– *Filtres chronologiques*
– *Filtres numériques*
– *Zone de critères*

13 mn

Les filtres servent à afficher certains enregistrements d'un tableau de données qui satisfont un ou plusieurs critères de sélection. La ligne des totaux du tableau de données sert à afficher des statistiques (somme, moyenne, nombre, etc.) sur les enregistrements filtrés.

Les données de ce cas pratique sont dans le fichier `CasA15.xlsx`, enregistré dans le dossier `C:\Exercices Excel 2010`. Ouvrez le fichier et enregistrez-le sous le nom `CasA15-R.xlsx`.

1-TRANSFORMEZ LA PLAGE DE DONNÉES EN TABLEAU DE DONNÉES

À titre de révision des tableaux de données, effectuez cette première étape qui est une revue de ce que vous avez réalisé dans le cas pratique N°14.

■ Transformez la plage des données en tableau de données.
  Dans la ligne affichant les noms des étiquettes, des flèches permettent de trier et de filtrer les lignes selon les valeurs de la colonne.

■ Introduisez les formules de colonne en collectant les références aux cellules :
  – Sous l'étiquette *Commission* : `=[Montant]]*2%`.
  – Sous l'étiquette *Mois* : `=MOIS([Date])`.

2-FILTREZ SUR LA VALEUR D'UNE CELLULE SÉLECTIONNÉE

Affichez l'ensemble des ventes faites à Paris.

■ Cliquez droit dans la colonne `Ville` sur une cellule contenant la valeur cherchée, puis sur *Filtrer...* et enfin sur *Filtrer par la valeur de la cellule sélectionnée*.

3-FILTREZ SUR PLUSIEURS VALEURS D'UNE MÊME COLONNE

■ Pour rechercher l'ensemble des ventes faites à Paris ou à Rouen :
  Cliquez sur la flèche à droite de l'étiquette `Ville`. Le menu présente une zone liste déroulante ❶. Seules les valeurs cochées resteront affichées, les autres lignes seront masquées.
  Actuellement seul <☑ Paris> est coché, c'est le fait du filtre effectué à l'étape précédente.
  Faites défiler les valeurs, cochez la case devant la valeur <☑ Rouen>. Validez par [OK].

■ Pour réafficher toutes les valeurs, sauf `Marseille` et `Toulouse` : cliquez <☑ (Sélectionner tout)>, puis décochez <☐ Marseille> et <☐ Toulouse>.

CAS 15 : FILTRER DES DONNÉES

Lorsqu'un filtre est en cours sur une ville, l'icône flèche à droite de l'étiquette `Ville` est transformée en une icône de filtre.

- Réaffichez la totalité des lignes du tableau : cliquez sur l'icône filtre située à droite de l'étiquette `Ville`, puis sur la commande *Effacer le filtre de « Ville »*. Vous pouvez aussi cocher <☑ (Sélectionner tout)> dans la zone déroulante des valeurs.

4-FILTREZ SUR DES VALEURS DE DIFFÉRENTES COLONNES

Affichez les ventes faites par Martin à Rouen.

- Cliquez sur la flèche à droite de l'étiquette `Ville`, décochez la case <☐ (sélectionner tout)>, cochez la case <☑ Rouen>. Validez par [OK].
- Dans la colonne `Vendeur`, cliquez droit sur une cellule contenant `Durand`, puis sur *Filtrer...* et enfin sur *Filtrer par la valeur de la cellule sélectionnée*.

- Réaffichez la totalité des lignes du tableau : sous l'onglet **Données**>groupe **Trier et filtrer**, cliquez sur le bouton **Effacer** pour effacer le filtre sur toutes les colonnes à la fois.

5-AFFICHEZ SEULEMENT LES 5 PLUS GROS MONTANTS

Vous allez afficher seulement les 5 ventes dont le montant est le plus élevé.

- Cliquez sur la flèche à droite de l'étiquette *Montant*, puis sur *Filtres numériques* et enfin sur *10 premiers...* Le dialogue *Les 10 premiers* s'affiche.
- Changez le nombre `10` en `5`. Si vous sélectionnez *Bas* au lieu de *Haut* vous obtiendrez les 5 montants les plus bas, validez par [OK].

- Réaffichez la totalité des lignes de la table : pour cela, cliquez sur l'icône Filtre à droite de l'étiquette *Montant*, puis sur la commande *Effacer le filtre de « Montant »*.

6-Affichez seulement les montants supérieurs à une valeur

Filtrez les montants supérieurs à 10 000 €.

- Cliquez sur la flèche située à droite de l'étiquette Montant, puis sur *Filtres numériques* et enfin cliquez sur *Supérieur à...* Le dialogue *Filtre automatique personnalisé* s'affiche.
  Sous **Montant** : dans la zone de gauche, conservez *est supérieur à* puis, dans la zone de droite, saisissez 10000. Validez par [OK].

Seules les lignes dont le montant est supérieur à 10 000 € restent affichées.

- Réaffichez la totalité des lignes du tableau.

7-Filtrez sur une date

Recherchez les ventes effectuées entre le 15/11/2010 et le 30/11/2010.

- Cliquez sur la flèche située à droite de l'étiquette Date, puis sur *Filtres chronologiques*.

- Tous les filtres chronologiques sont proposés, cliquez sur *Entre...* Le dialogue *Filtre automatique personnalisé* s'affiche : spécifiez les deux conditions, elles sont reliées ici par <☑ Et>. Validez par [OK].

L'affichage se limite alors aux ventes de la période choisie.

- Affichez seulement les dates d'un trimestre ou d'un mois, par exemple Décembre : cliquez dans le menu des filtres chronologiques sur *Toutes les dates de cette période*, puis sur *Décembre*.

CAS 15 : FILTRER DES DONNÉES

8-FILTREZ SUR LE PREMIER OU LE DERNIER DÉCILE D'UNE VALEUR NUMÉRIQUE

- Cliquez sur la flèche située à droite de l'étiquette *Montant*,
  puis sur *Filtres numériques* et enfin sur cliquez *10 premiers...*
  Le dialogue *Les 10 premiers* s'affiche.
  Dans la zone de gauche, sélectionnez *Haut*, puis dans la
  zone de droite, sélectionnez *Pourcentage*. Validez par [OK].

Les lignes qui s'affichent constituent les 10 % des ventes dont le montant est le plus élevé.

	Date	Client	Ville	Vendeur	Montant	Commission	Mois
11	06/10/2010	SysLog	Reims	Morel	15 780,00 €	315,6	10
21	13/10/2010	AMT	Paris	Durand	13 009,00 €	260,18	10
22	13/10/2010	SysLog	Reims	Morel	25 513,00 €	510,26	10
32	20/10/2010	Valeor	Toulouse	Martin	14 639,00 €	292,78	10
59	10/11/2010	SysLog	Reims	Morel	22 794,00 €	455,88	11
66	17/11/2010	Valeor	Toulouse	Martin	18 368,00 €	367,36	11
75	24/11/2010	Marval	Paris	Durand	13 425,00 €	268,5	11
76	24/11/2010	SysLog	Reims	Morel	14 952,00 €	299,04	11
92	08/12/2010	AMT	Paris	Durand	13 305,00 €	266,1	12
93	08/12/2010	SysLog	Reims	Morel	14 414,00 €	288,28	12
107	15/12/2010	Valeor	Toulouse	Martin	14 329,00 €	286,58	12

- Affichez les lignes qui constituent les 5 % des ventes dont le montant est le plus élevé.
- Affichez les lignes qui constituent les 10 % des ventes dont le montant est le moins élevé.
- Réaffichez la totalité des lignes du tableau.

9-FILTREZ AVEC UNE ZONE DE CRITÈRES

Les filtres numériques et chronologiques que nous avons vus sont très simples à utiliser, mais ils sont limités à deux conditions sur une valeur. Si vous avez plus de deux conditions ou si les conditions s'expriment par des fonctions plus élaborées, ou si vous voulez copier des lignes du tableau dans un autre emplacement, il faut utiliser une zone de critères.

Vous pouvez placer une zone de critères dans la même feuille ou dans une autre feuille que celle du tableau. Ici, vous allez la placer au-dessus du tableau de données.

- Insérez quatre lignes avant le tableau : sélectionnez les lignes 2:5 sur la cellule puis, sous l'onglet **Accueil**>groupe **Cellules**, cliquez sur le bouton **Insérer**.
- Copiez les étiquettes du tableau A7:G7 dans la plage A3:G3. Supprimez les étiquettes `Commission` et `Mois` dans la zone de critères, en décalant les cellules vers la gauche.
- Dupliquez l'étiquette de critère `Date` : cliquez sur la cellule A3, puis tapez Ctrl+C puis, sous l'onglet **Accueil**>groupe `Cellules`, cliquez sur la **flèche** du bouton **Insérer**, puis sur *Insérer les cellules copiées...* Le dialogue *Insérer et coller* s'affiche. Validez par [OK].
- Saisissez les critères.
  Des critères sur une même ligne sont considérés comme reliés par la condition ET, deux critères sur des lignes différentes sont considérés comme reliés par OU.

	Date	Date	Client	Ville	Vendeur	Montant
4	>=1/10/10	<=30/10/10		Toulouse		>=3500
5	>=1/12/10	<=31/12/10		Marseille		>=5500

	Date	Client	Ville	Vendeur	Montant	Commission	Mois
8	06/10/2010	Bolor Sarl	Rouen	Martin	3 345,00 €	66,9	10

Ces critères filtrent les lignes dont « la date est en octobre 2010 ET la ville est Toulouse ET le montant est ≥3500 » OU « la date est en décembre 2007 ET la ville est Marseille ET le montant est ≥5500 ».

CAS 15 : FILTRER DES DONNÉES

- Effectuez le filtrage : cliquez dans le tableau puis, sous l'onglet **Données**>groupe **Trier et filtrer**, cliquez sur **Avancé**. Le dialogue *Filtre avancé* s'affiche. Cliquez dans <Zone de critères> puis sélectionnez dans la feuille la plage A3:G5. Validez par [OK].

10-COPIEZ LES LIGNES SÉLECTIONNÉES DANS UN AUTRE EMPLACEMENT

Au lieu que les lignes filtrées s'affichent dans le tableau des données, les autres lignes du tableau étant masquées, le résultat du filtrage peut être copié dans un autre emplacement du classeur.

- Effacez le filtrage précédent, sous l'onglet **Données**>groupe **Trier et filtrer**, cliquez sur le bouton **Effacer**, toutes les lignes qui avaient été masquées par le filtrage sont réaffichées.

- Cliquez dans le tableau de données puis, sous l'onglet **Données**>groupe **Trier et filtrer**, cliquez sur le bouton **Avancé**. Le dialogue *Filtre avancé* s'affiche. Activez l'option <⊙ Copier vers un autre emplacement> puis cliquez dans <Copier dans> et cliquez sur la cellule de l'emplacement destination, par exemple I7. Validez par [OK].

L'emplacement ne peut être situé que dans la feuille active. Si vous voulez copier les données filtrées dans la feuille `Feuille1`, autre que celle du tableau, la feuille active doit être `Feuille1`.

- Cliquez sur une cellule de la feuille `Feuille2`, par exemple A2 puis, sous l'onglet **Données**>groupe **Trier et filtrer**, cliquez sur **Avancé**. Le dialogue *Filtre avancé* s'affiche.

- Activez l'option <⊙ Copier vers un autre emplacement>. Cliquez dans <Plages>, puis cliquez sur l'onglet de feuille *Fichier*, et ensuite sur une cellule étiquette du tableau de données (A7 par exemple). Tapez sur Ctrl+A pour sélectionner le tableau en entier. Cliquez dans <Zone de critères>, puis sélectionnez dans la feuille `Fichier` la zone A3:G5. Cliquez dans <Copier dans> puis cliquez sur la cellule destination, A2. Validez par [OK].

11-UTILISEZ LA LIGNE DES TOTAUX DU TABLEAU DE DONNÉES

- Cliquez sur une cellule du tableau de données puis, sous l'onglet **Outils de tableau/Création**>groupe **Options de style de tableau**, cochez <☑Ligne des totaux>.

- Cliquez sur une cellule de la ligne des totaux puis cliquez sur la flèche de liste déroulante apparue à sa droite. Cliquez enfin sur la fonction statistique : SOUS.TOTAL() s'insère (voyez-la dans la barre de formule), elle renvoie la statistique sur les enregistrements filtrés.

- Cliquez sur l'outil 🖫 dans la barre d'outils *Accès rapide* puis fermez le classeur.

CAS 16 : SOUS-TOTAUX

Sous-totaux par vendeur

1 2 3		A	B	C	D	E	F	G	H
	1		Liste des ventes – 4ème trimestre 2010						
	2								
	3	Date	Client	Ville	Vendeur	Montant	Commission	Mois	
	4				Total général	756 148,00 €	15 122,96 €		
	5				Total Morel	253 950,00 €	5 079,00 €		
	38				Total Martin	239 133,00 €	4 782,66 €		
	83				Total Durand	263 065,00 €	5 261,30 €		
	119								

Sous-totaux par mois

1 2 3		A	B	C	D	E	F	G
	1		Liste des ventes – 4ème trimestre 2010					
	2							
	3	Date	Client	Ville	Vendeur	Montant	Commission	Mois
	4					756 148,00 €	15 122,96 €	général
	5					259 796,00 €	5 195,92 €	Total 10
	44					257 985,00 €	5 159,70 €	Total 11
	80					238 367,00 €	4 767,34 €	Total 12
	119							

Sous-totaux par client

1 2 3		A	B	C	D	E	F	G
	1		Liste des ventes – 4ème trimestre 2010					
	2							
	3	Date	Client	Ville	Vendeur	Montant	Commission	Mois
	4		Total général			756 148,00 €	15 122,96 €	
	5		Total AMT			136 133,00 €	2 722,66 €	
	26		Total Bolor Sarl			55 634,00 €	1 112,68 €	
	47		Total Champagnes Fols			110 004,00 €	2 200,08 €	
	62		Total JBM Consultant			32 676,00 €	653,52 €	
	66		Total Keops			26 333,00 €	526,66 €	
	70		Total Marval			126 932,00 €	2 538,64 €	
	86		Total SysLog			143 946,00 €	2 878,92 €	
	105		Total Valeor			124 490,00 €	2 489,80 €	
	124							

CAS 16 : SOUS-TOTAUX

Fonctions utilisées

– *Affichez des sous-totaux*

– *Supprimez les sous-totaux*

– *Trier par bloc selon les sous-totaux*

10 mn

Des sous-totaux peuvent être insérés automatiquement dans les colonnes numériques d'un tableau de données, après groupement des lignes selon des valeurs d'une colonne.

Les données de ce cas pratique sont dans le fichier `CasA16.xlsx`, enregistré dans le dossier `C:\Exercices Excel 2010`. Ouvrez le fichier et enregistrez-le sous le nom `CasA16-R.xlsx`.

1-AJOUTEZ DES SOUS-TOTAUX PAR VILLE

Pour qu'Excel puisse insérer des sous-totaux au sein d'une plage de données, celle-ci doit être préalablement triée sur le champ qui va servir de regroupement.

📌 Les sous-totaux ne sont pas possibles dans un « tableau de données ». Si les données sont dans un tableau de données, convertissez le « tableau de données » en « plage de cellules ».

Nous voulons avoir des sous-totaux ville par ville pour les montants des ventes.

- Triez les données selon les villes : cliquez sur une cellule de la colonne `Ville` puis, sous l'onglet **Données**>groupe **Trier et filtrer**, cliquez sur le bouton **Trier du plus ancien au plus récent**.

- Sous l'onglet **Données**>groupe **Plan**, cliquez sur le bouton **Sous-total**.

  ❶ Sélectionnez le champ de regroupement : *Ville*.

  ❷ Sélectionnez la fonction de synthèse : *Somme*.

  ❸ Cochez la ou les colonnes pour lesquelles vous voulez un sous-total : *Montant* et *Commission*.

  ❹ Spécifiez les options
  - remplacer les sous-totaux existants ou ajouter la nouvelle ligne de sous-totaux sous celle(s) qui existe(nt),
  - commencer chaque groupe sur une nouvelle page,
  - placer les sous-totaux sous les données (ou au-dessus).

- Validez par [OK].

Le mode Plan est appliqué par Excel. Le total général est de niveau 1, les lignes de sous-totaux sont de niveau 2, les lignes de données sont de niveau 3.

CAS 16 : SOUS-TOTAUX

2-SUPPRIMEZ LES SOUS-TOTAUX

- Sous l'onglet **Données**>groupe **Plan**, cliquez sur le bouton **Sous-total**. Cliquez sur le bouton [Supprimer tout].

3-AJOUTEZ LES SOUS-TOTAUX PAR VENDEUR

- Triez les données par date, puis triez à nouveau par vendeur, dans le sens Z à A. Vous obtenez ainsi les lignes de données par vendeur et pour chaque vendeur par date.
- Sous l'onglet **Données**>groupe **Plan**, cliquez sur le bouton **Sous-total**. Sélectionnez le champ de regroupement, *Vendeur* ; sélectionnez la fonction de synthèse : *Somme* ; cochez les colonnes *Montant* et *Commission*. Validez par [OK].

- Affichez le niveau 2 seulement.

4-AJOUTEZ LES SOUS-TOTAUX PAR MOIS

- Commencez par supprimer les sous-totaux existants.
- Triez les données par `Date`, de la plus ancienne à la plus récente.
- Affichez les sous-totaux par `Mois` des montants et des commissions.

L'intérêt d'avoir ajouté le champ calculé `Mois` était justement de pouvoir faire des sous-totaux par mois.

CAS 16 : SOUS-TOTAUX

■ Affichez seulement le niveau des sous-totaux.

5-AJOUTEZ LES SOUS-TOTAUX PAR CLIENT

■ Supprimez les sous-totaux puis triez par Client de A à Z.
■ Procédez ensuite comme précédemment pour afficher les sous-totaux par client.

6-AJOUTEZ LES SOUS-TOTAUX PAR CLIENT ET PAR MOIS

■ Supprimez les sous-totaux existants. Triez les données par Date, puis triez-les par Client. Ajouter les sous-totaux par Client. Puis, ajoutez les sous-totaux par Mois.

7-TRIER AVEC DES SOUS-TOTAUX

Si vous avez affiché seulement le niveau des sous-totaux, vous pouvez trier par blocs de données selon le champ sur lequel a été appliquée la fonction de synthèse.

■ Masquez les lignes de détails en cliquant sur le symbole de plan ②, vous voyez seulement les sous-totaux par client. Triez ensuite les données sur la colonne Montant par ordre décroissant, les lignes sont triées par client en mettant d'abord les clients ayant eu le plus gros montant total.

■ Cliquez sur l'outil 🖫 dans la barre d'outils *Accès rapide* puis fermez le classeur.

CAS 17 : TABLEAU CROISÉ DYNAMIQUE

Ventes par client et par mois

Ventes par ville

Nombre de factures par mois et par vendeur

Commissions par vendeur

CAS 17 : TABLEAU CROISÉ DYNAMIQUE

Fonctions utilisées

– *Créer un tableau croisé dynamique*
– *Modifier les options de ce type de tableau*

15 mn

Les tableaux croisés dynamiques sont des tableaux de synthèse sur le contenu d'un tableau de données. Ils sont dynamiques au sens où ils sont actualisés à chaque modification apportée dans le tableau de données.

Les données de ce cas pratique sont dans le fichier `CasA17.xlsx`, enregistré dans le dossier `C:\Exercices Excel 2010`. Ouvrez le fichier et enregistrez-le sous le nom `CasA17-R.xlsx`.

1-CRÉEZ LE TABLEAU CROISÉ DYNAMIQUE DES VENTES PAR CLIENT PAR MOIS

- Cliquez dans une cellule de la plage des données A3:F114 et transformez cette plage de données en tableau de données (procédez comme au cas N°14). Le tableau est nommé `Tableau1`, son nom apparaît sur le Ruban sous l'onglet contextuel **Outils de tableau/Création**>onglet **Propriétés**.

- Sous l'onglet contextuel **Outils de tableau/Création**>onglet **Outils**, cliquez sur le bouton **Synthétiser avec un tableau croisé dynamique**.

Le dialogue *Créer un tableau croisé dynamique* sert à spécifier la source de données, ici le tableau *Tableau1*, et l'emplacement du futur tableau croisé dynamique, ici une nouvelle feuille de calcul.

- Cliquez sur [OK].

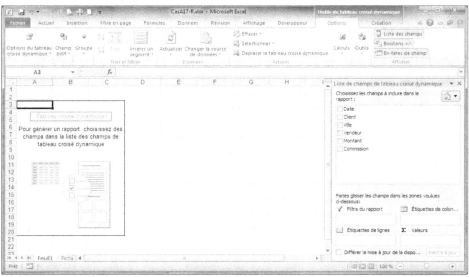

CAS 17 : TABLEAU CROISÉ DYNAMIQUE

La nouvelle feuille est créée, l'onglet **Outils de tableau croisé dynamique/Options** s'affiche sur le Ruban. Une zone encadrée représente le tableau croisé et, lorsque vous cliquez sur une cellule de cette zone, un volet *Liste des champs de tableau croisé dynamique* apparaît à droite de la fenêtre.

- Glissez-déposez le champ *Client* dans la zone <Étiquettes de lignes>, glissez-déposez le champ *Date* dans la zone <Étiquettes de colonnes>, glissez-déposez le champ *Montant* dans la zone <Valeurs>.

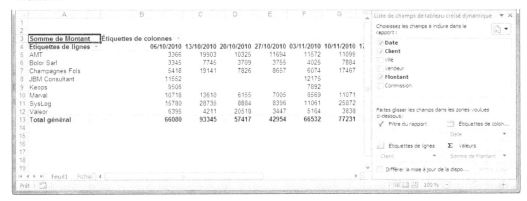

Le tableau se constitue au fur et à mesure dans la feuille. Les étiquettes de colonnes sont les jours (date), mais nous voudrions avoir un regroupement par mois, c'est possible.

- Cliquez droit sur une des cellules contenant une date, puis sur la commande contextuelle *Grouper*, puis dans le dialogue sélectionnez *Mois*. Validez par [OK].

- Copiez les valeurs du tableau croisé dynamique dans une nouvelle feuille : sélectionnez la plage A4:E13, cliquez sur le bouton **Copier** puis créez une nouvelle feuille et collez les valeurs.

2-Créez un tableau des ventes par ville

- Cliquez dans le tableau de données de la feuille *Fichier* puis, sous l'onglet contextuel **Outils de tableau/Création**>onglet **Outils**, cliquez sur le bouton **Synthétiser avec un tableau croisé dynamique**.
- Choisissez l'emplacement <⊙ Feuille de calcul existante> puis cliquez dans la zone <Emplacement> et cliquez sur la cellule H3. Validez par [OK].
  La zone matérialisant le tableau croisé est située à partir de la cellule H3.
- Dans le volet *Liste des champs de tableau croisé dynamique* :
  - glissez-déposez le champ *Ville* dans la zone <Étiquettes de lignes> ;
  - glissez-déposez le champ *Montant* dans la zone <Valeur>.

3-FILTREZ LES RÉSULTATS

- Dans le volet *Liste des champs de tableau croisé dynamique*, glissez-déposez le champ *Date* dans la zone <Filtre du rapport>. Dans la feuille, au-dessus du tableau croisé, apparaît une zone de filtre nommée `Date`. Cliquez sur la flèche déroulante à droite de la cellule de filtre I1, et sélectionnez le mois d'octobre.

- Pour réafficher le total toutes dates confondues, cliquez sur la flèche déroulante de la cellule de filtre et sélectionnez (Tous).

4-TRANSFORMEZ LE TABLEAU POUR AVOIR LES POURCENTAGES EN COLONNE

- Cliquez dans le tableau croisé puis dans le volet *Liste des champs de tableau croisé dynamique*. Dans la zone <Valeurs>, cliquez sur la flèche de *Somme de montant* puis cliquez sur la commande *Paramètres des champs de valeurs...* Le dialogue *Paramètres des champs de valeurs* s'affiche.

- Cliquez sur l'onglet *Afficher les valeurs*, puis dans la zone sous <Afficher les valeurs>, sélectionnez *% du total de la colonne*. Validez par [OK].

CAS 17 : TABLEAU CROISÉ DYNAMIQUE

5-Créez un tableau des ventes par ville, par mois et par vendeur

- Cliquez dans une cellule du tableau de données de la feuille *Fichier*. Puis, sous l'onglet contextuel **Outils de tableau/Création**> onglet **Outils**, cliquez sur le bouton **Synthétiser avec un tableau croisé dynamique**. Choisissez l'emplacement <⊙ Nouvelle feuille de calcul > puis cliquez sur [OK].
  Dans le volet *Liste de champs de tableau croisé dynamique*,

  – Glissez et déposez le champ *Ville* dans la zone <Étiquettes de lignes> ;
  – glissez et déposez le champ *Vendeur* dans la zone <Étiquettes de colonnes> ;
  – glissez et déposez le champ *Date* dans la même zone <Étiquettes de colonnes> ;
  – glissez etdéposez le champ *Montant* dans la zone<Valeurs>.

	A	B	C	D	E	F	G	H	I	J	K	L	M	N
1														
2														
3	Somme de Montant	Étique ▼												
4		─Durand			Total Durand	─Martin			Total Martin	─Morel			Total Morel	Total général
5	Étiquettes de lignes ▼	oct	nov	déc		oct	nov	déc		oct	nov	déc		
6	Lyon									21106	14109	21186	56401	56401
7	Marseille					19932	17120	21444	58496					58496
8	Paris	82776	73580	92074	248430									248430
9	Reims									81731	84555	53492	219778	219778
10	Rouen					30106	31297	26907	88310					88310
11	Toulouse					24145	37324	23264	84733					84733
12	Total général	82776	73580	92074	248430	74183	85741	71615	231539	102837	98664	74678	276179	756148

6-Modifiez le format des valeurs

- Cliquez droit sur une cellule contenant un montant, par exemple B8, puis sur la commande contextuelle *Paramètres des champs de valeurs*... Dans le dialogue, cliquez sur le bouton [Format]. Spécifiez le format Nombre avec 0 décimales et séparateur décimal. Validez par [OK].

	A	B	C	D	E	F	G	H	I	J	K	L	M	N
2														
3	Somme de Montant	Étique ▼												
4		─Durand			Total Durand	─Martin			Total Martin	─Morel			Total Morel	Total général
5	Étiquettes de lignes ▼	oct	nov	déc		oct	nov	déc		oct	nov	déc		
6	Lyon									21 106	14 109	21 186	56 401	56 401
7	Marseille					19 932	17 120	21 444	58 496					58 496
8	Paris	82 776	73 580	92 074	248 430									248 430
9	Reims									81 731	84 555	53 492	219 778	219 778
10	Rouen					30 106	31 297	26 907	88 310					88 310
11	Toulouse					24 145	37 324	23 264	84 733					84 733
12	Total général	82 776	73 580	92 074	248 430	74 183	85 741	71 615	231 539	102 837	98 664	74 678	276 179	756 148

7-Changez la fonction de totalisation

Les valeurs produites par le tableau croisé dynamique sont par défaut des sommes, mais vous pouvez changer cette fonction et choisir la moyenne, le nombre, le max, le min...
Transformez le tableau croisé dynamique précédent pour qu'il représente le nombre de factures.

- Cliquez droit sur une cellule contenant une totalisation puis sur la commande contextuelle *Paramètres des champs de valeurs*... Dans le dialogue, sélectionnez *Nombre*, validez par [OK].

	A	B	C	D	E	F	G	H	I	J	K	L	M	N
2														
3	Nombre de Montant	Étique ▼												
4		─Durand			Total Durand	─Martin			Total Martin	─Morel			Total Morel	Total général
5	Étiquettes de lignes ▼	oct	nov	déc		oct	nov	déc		oct	nov	déc		
6	Lyon									4	3	4	11	11
7	Marseille					4	4	4	12					12
8	Paris	12	10	13	35									35
9	Reims									8	8	7	23	23
10	Rouen					8	7	8	23					23
11	Toulouse					2	3	2	7					7
12	Total général	12	10	13	35	14	14	14	42	12	11	11	34	111

8-MASQUEZ LES BOUTONS ET LES FLÈCHES DÉROULANTES DU TABLEAU

En masquant les boutons des étiquettes et les en-têtes de champs avec leur flèche déroulante, le tableau croisé dynamique ne se distingue plus visuellement d'une plage de cellules.

- Sous l'onglet contextuel **Outils de tableau croisé dynamique/Options**>groupe **Afficher**, cliquez sur les boutons **Boutons+/-** et **En-têtes de champs**.

9-MASQUEZ LES DÉTAILS DU CHAMP DATE POUR UN VENDEUR

- Cliquez droit sur une cellule contenant un nom de vendeur puis sur la commande *Développer/Réduire* et enfin sur la commande *Réduire le champ entier*.

10-AFFICHEZ LES COMMISSIONS À LA PLACE DES NOMBRES DE FACTURES

- Cliquez dans le tableau croisé dynamique puis, dans le volet *Liste des champs de tableau croisé dynamique*, glissez et déposez le champ *Commission* dans la zone <Valeur>.
- Enlevez *Somme de Montant* de la zone <Valeur> en cliquant sur la flèche à droite de *Somme de Montant* puis sur *Supprimer le champ*.
- Formatez les valeurs en nombres avec 0 décimale et séparateur des milliers.
- Modifiez le nom du champ des valeurs totalisées : cliquez sur la flèche à droite de *Somme de Commission* puis sur *Paramètres des champs de valeurs*. Dans la zone <Nom personnalisé>, saisissez `Commissions par vendeurs`. Validez par [OK].

11-Triez le tableau par ordre alphabétique des villes

- Cliquez sur une cellule contenant une étiquette de ville puis, sous l'onglet contextuel **Outils de tableau/Options**>onglet **Trier et filtrer**, cliquez sur le bouton **Trier de Z à A**.
- Triez aussi, de la même façon, les noms des vendeurs par ordre de Z à A.
- Faites réapparaître les mois : cliquez droit sur une cellule contenant un nom de vendeur puis sur *Développer/Réduire*, et enfin sur *Développer le champ entier*.
- Vous pouvez faire afficher les dates du jour en dissociant les valeurs de champ date que vous avez groupées précédemment en mois. Pour cela, cliquez sur une cellule contenant un mois puis sur le bouton **Dissocier** situé sur le Ruban (**Outils de tableau/Options**>onglet **Groupe**).
- Regroupez en trimestre : pour cela cliquez sur une étiquette de date, puis sur le bouton **Grouper la sélection**, situé sur le Ruban.

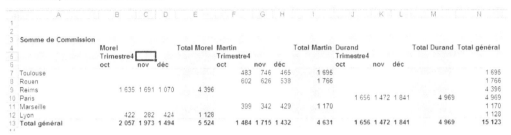

- Masquez les mois : pour cela, cliquez droit sur une étiquette de mois puis *Développer/Réduire* puis sur *Réduire jusqu'à « Trimestres »*.

Ainsi, vous pouvez regrouper des étiquettes de date, en mois, en trimestres et également en années.

- Cliquez sur l'outil 🖫 dans la barre d'outils *Accès rapide*, puis fermez le classeur.

Publiez la composition du CAC 40

Publiez le Top 10 en % depuis le début de l'année

CAS 18 : IMAGES, PAGES WEB ET E-MAIL

Fonctions utilisées

– *Copie de données de page Web*   – *Enregistrer au format HTML*

– *Formule matricielle*   – *Envoi en pièce jointe au format PDF*

– *Insérer des images*   – *Utiliser la Bibliothèque multimédia*

25 mn

Un document au format HTML (une page Web) a la particularité de pouvoir être affiché par toute personne disposant simplement sur son ordinateur d'un navigateur Web. Une feuille de calcul ou un classeur Excel peuvent être enregistrés au format HTML (extension `.htm`).

Dans ce cas pratique, vous présenterez dans une feuille les cours du CAC 40, vous l'agrémenterez de quelques images et de liens hypertextes, puis vous l'enregistrerez comme une page Web.

Si votre poste et le réseau auquel vous êtes connecté le permettent, vous verrez comment publier cette page Web sur un serveur intranet afin de la mettre à la disposition des autres utilisateurs. Pour terminer, vous enverrez la feuille de calcul par messagerie.

Les données de ce cas pratique sont dans le fichier `CasA18.xlsx` enregistré dans le dossier `C:\Exercices Excel 2010`. Ouvrez le fichier et enregistrez-le sous le nom `CasA18-R.xlsx`.

1-COPIEZ LES COURS DU CAC 40 DANS VOTRE CLASSEUR

Ces données sont disponibles sur le site web www.euronext.com. Vous allez constituer un tableau dans la feuille *Euronext* contenant la liste des cours du CAC 40.

- Avec votre navigateur Internet, accédez à la page d'accueil du site www.euronext.com, choisissez la version française (FR).

- Sur la page d'accueil, cliquez sur l'onglet *Informations marché*, puis sur le lien CAC 40 situé dans le cadre *Indices*. Cliquez ensuite sur l'onglet *Composition*.

- Dans la zone listant les valeurs boursières du CAC 40, sélectionnez toutes les cellules incluant la ligne d'étiquettes puis copiez-les dans le presse-papiers.

- Cliquez sur le bouton [Compo/cours] ❶ pour télécharger la composition et les cours du CAC40 au format de fichier Excel.

- Spécifiez le <Séparateur décimal> et le <Format date>, puis cliquez sur [Valider].

- Cliquez sur [ouvrir], pour ouvrir le fichier. Validez par [Oui] le message de format qui s'affiche. Un classeur est créé en mémoire nommé `Composition(1)`.
- Renommez l'onglet de la feuille en `CAC40`.

- Enregistrez le classeur sous le nom `Euronext.xlsx` sous le format *Classeur Excel (xlsx)* dans votre dossier `C:\Exercices Excel 2010`.

2-UTILISEZ UNE FORMULE MATRICIELLE DE LIAISON VERS LES DONNÉES EN COLONNE

- Cliquez sur l'onglet de feuille `CAC40` du classeur `CasA18-1R.xlsx`.
- Sélectionnez la plage A6:A25, tapez = pour commencer la formule, basculez vers le classeur `Euronext.xlsx`, sélectionnez la plage A4:A23, validez par Ctrl + ⇧ + ↵.
- Sélectionnez la plage B6:B25, tapez = pour commencer la formule, basculez vers le classeur `Euronext.xlsx`, sélectionnez la plage H4:H23, validez par Ctrl + ⇧ + ↵.
- Sélectionnez la plage C6:C25, tapez = pour commencer la formule, basculez vers le classeur `Euronext.xlsx`, sélectionnez la plage M4:M23, validez par Ctrl + ⇧ + ↵.
- Sélectionnez la plage E6:E25, tapez = pour commencer la formule, basculez vers le classeur `Euronext.xlsx`, sélectionnez la plage A24:A43, validez par Ctrl + ⇧ + ↵.
- Sélectionnez la plage F6:F25, tapez = pour commencer la formule, basculez vers le classeur `Euronext.xlsx`, sélectionnez la plage H24:H43, validez par Ctrl + ⇧ + ↵.
- Sélectionnez la plage C6:C25, tapez = pour commencer la formule, basculez vers le classeur `Euronext.xlsx`, sélectionnez la plage M24:M43, validez par Ctrl + ⇧ + ↵.

Si vous récupérez les données du jour sur le CAC40 sur le `site www.euronext.com`, et que vous enregistrez au format xlsx dans un classeur sous le nom `Euronext` à la place de celui qui se trouve dans le dossier `C:\Exercices Excel 2010`, le tableau de la feuille *CAC40* reflétera automatiquement les valeurs nouvelles.

CAS 18 : IMAGES, PAGES WEB ET E-MAIL

3-INSÉREZ DES IMAGES

Insérez l'image du drapeau français que vous allez placer à gauche et à droite du bandeau servant de titre à la page.

- Cliquez sur la cellule A1 puis, sous l'onglet **Insertion**>groupe **Illustrations**, cliquez sur le bouton **Image**. Sélectionnez le fichier `Drapeau.jpg` dans le répertoire `C:\Exercices Excel 2010`, cliquez sur [Insérer]. L'image du drapeau apparaît sur la feuille de calcul.
- Réduisez la taille de l'image en faisant glisser les poignées qui l'entourent, faites-la glisser pour la positionner au début du bandeau
- Copiez l'image : en maintenant appuyée la touche $\boxed{\text{Ctrl}}$, faites glisser l'image du drapeau à l'autre extrémité du bandeau afin d'en placer un second exemplaire à cet endroit.
- Insérez et placez l'image `Billet.gif` centré sous le bandeau CAC40.

4-INSÉREZ LA DATE DU JOUR AUTOMATIQUE DANS LE BANDEAU COMPOSITION

- Remplacez le contenu `Composition (en %)` par la formule :

`="Composition (en%) au "&aujourdhui().`

La date apparaît sous forme du nombre date (nombre de jours écoulés depuis le 01/01/1900).

- Modifiez la formule pour afficher la date au format jj/mm/aa :

`="Composition (en%) au "&texte(aujourdhui();"jj/mm/aa").`

5-ACCÉDEZ À DES IMAGES CLIPART

- Sous l'onglet **Insertion**>groupe **Illustrations**, cliquez sur **Images Clipart**. Le volet *Images clipart* s'affiche à droite de la fenêtre. Dans la zone <Rechercher>, saisissez le mot-clé `euro`. Les vignettes images de vos collections associées au mot-clé euro s'affichent.

- Cliquez sur une cellule, par exemple H10 ; puis dans le volet *Image clipart*, cliquez sur la flèche à droite de la vignette de l'image, puis cliquez sur *Insérer*.

L'option <☑ Inclure de contenu Office.com> permet de voir les images clipart qui sont proposées sur le site Microsoft Office.com.

6-INSÉREZ UN LIEN VERS UNE PAGE WEB

Un lien hypertexte donne un accès immédiat par un simple clic à un autre classeur ou à un document créé par une autre application, ou encore à une page Web, une adresse e-mail.

- Placez le curseur là où le lien doit apparaître en I6 puis, sous l'onglet **Insertion**>groupe **Liens**, cliquez sur le bouton **Lien Hypertexte**.

- Dans la zone <Adresse>, saisissez `www.boursorama.com`. Dans la zone <Texte à afficher> saisissez `Pour passer des ordres`. Validez par [OK].

- Cliquez ensuite sur le lien <u>Pour passer des ordres</u> dans la cellule I6, qui permet d'ouvrir la page du site web <u>www.boursorama.com</u>, puis fermez la fenêtre de votre navigateur.

- Affectez un lien hypertexte à une image : cliquez droit sur l'image que vous avez placée sur votre feuille puis sur la commande contextuelle *Lien hypertexte* ; dans la zone <Adresse> saisissez `www.euronext.fr`. Validez par [OK]. Puis, cliquez sur l'image pour afficher la page du site.

- Enregistrez le classeur.

CAS 18 : IMAGES, PAGES WEB ET E-MAIL

7-Enregistrez la feuille CAC40 comme une page Web

- Cliquez sur l'onglet **Fichier** puis sur **Enregistrer sous**.

- Dans la zone <Type>, sélectionnez *Page Web (*.htm ;*.html)* puis activez l'option <⊙ Republier : Feuille>, cliquez sur [Enregistrer]. Validez le dialogue qui s'affiche par [OK].

Le fichier `CasA18-R.htm` est créé ainsi qu'un dossier `CasA18-R_fichiers` qui contient les images. Vous allez vérifier le bon fonctionnement de la page Web.

- Ouvrez la fenêtre *Document* (ou *Poste de travail*) sur le dossier `C:\Exercices Excel 2010`, puis double-cliquez sur le fichier `CasA18-R.htm`. Il s'ouvre dans le navigateur Internet par défaut de votre ordinateur. Refermez ensuite la fenêtre de votre navigateur.

8-Publiez la feuille sur un serveur Web

Si votre entreprise est équipée d'un serveur intranet (serveur de fichier utilisant le protocole TCP/IP et distribuant des documents au format HTML), vous pouvez y enregistrer des pages Web créées avec Excel (on parle de publication) et consulter les documents `.htm` qui s'y trouvent.

- Cliquez sur l'onglet **Fichier** puis sur **Enregistrer sous**.
  Le dialogue *Enregistrer sous* s'affiche, dans la zone <Type> : sélectionnez *Page Web (*.htm ;*.html)*, puis activez l'option <⊙ Republier : Feuille>, cliquez sur [Publier].

- Le dialogue *Publier en tant que page Web* s'affiche :

  - Cliquez sur [Parcourir] pour accéder au serveur intranet dans lequel vous voulez publier le fichier.

  - Vous pouvez modifier le nom de fichier `.htm` qui sera créé, et vous pouvez activer l'option <☑ Republier automatiquement lors de chaque enregistrement de ce classeur>.

- Validez le dialogue par [Publier].

9-ENVOYEZ UN MESSAGE AVEC LE FICHIER **PDF** JOINT

Vous pouvez envoyer le classeur actif en pièce jointe soit dans son format Excel, soit dans le format PDF. Avant d'envoyer au format PDF, appliquez une orientation *Paysage* afin que le tableau tienne sur une seule page, vérifiez l'aperçu avant impression. Puis envoyez le PDF en pièce jointe.

- Cliquez sur l'onglet **Fichier** puis sur **Enregistrer et envoyer**. Dans le panneau de commande cliquez sur *Envoyer à l'aide de la messagerie*, enfin dans le panneau de droite cliquez sur l'icône *Envoyer en tant que PDF*.

Un nouveau message est créé par votre logiciel de messagerie par défaut. Le fichier PDF de la première feuille du classeur est inséré en pièce jointe de ce message qu'il vous reste à envoyer avec un texte dans le corps du message.

10-EXTRAYEZ LES DIX ACTIONS AYANT EU LA MEILLEURE PROGRESSION

Dans le classeur `CasA18-R.xlsx`, créez une feuille `Extraction` dans laquelle vous créez des formules matricielles de liaison vers le classeur `Euronext.xlsx`.

- Saisissez les étiquettes de colonnes `Titre` dans la cellule A1, `Cours` dans la cellule A2, `Var` dans la cellule A3 et `Poids` dans la cellule A4.
- Sélectionnez la plage A2:A41, tapez = pour commencer la formule, basculez vers le classeur Euronext.xlsx, sélectionnez la plage A4:A43, validez la formule matricielle par ⌨Ctrl⌨+⌨⇧⌨+⌨↵⌨. La formule saisie est : `=[Euronext.xlsx]CAC40!$A$4:$A$43`.
- Saisissez, dans la plage B2:B41, la formule matricielle :
  `=[Euronext.xlsx]CAC40!$H$4:$H$43`.
- Saisissez, dans la plage B2:B41, la formule matricielle :
  `=[Euronext.xlsx]CAC40!$V$4:$V$43`.
- Saisissez, dans la plage D2:D41, la formule matricielle :
  `=[Euronext.xlsx]CAC40!$M$4:$M$43`.
- Dans la feuille `Extraction`, préparez une zone pour des critères F1:I2 et une zone pour l'extraction F5:I5. Dans la zone des critères, dans une cellule non située sous un nom de champ, saisissez la formule de critère `=C2>=GRANDE.VALEUR($C$2:$C$41;10)` qui compare C2 à la dixième plus grande valeur de la plage `$C$2:$C$41`.
  Attention, il est essentiel d'utiliser les références absolues plage `$C$2:$C$41`.

	A	B	C	D	E	F	G	H	I
	I2		fx	=C2>=GRANDE.VALEUR($C$2:$C$41;10)					
1	Titre	Cours	Var	Poids		Titre	Cours	Var	
2	ACCOR	24,75	-5,4	0,5					FAUX
3	AIR LIQUIDE	87,4	12,45	3,65					
4	ALCATEL-LUCENT	2,23	-6,34	0,73					
5	ALSTOM	42,1	-14,19	1,28		Titre	Cours	Var	Poids
6	ARCELORMITTAL	25,18	-21,75	3,19		AIR LIQUIDE	87,4	12,45	3,65
7	AXA	14,24	-13,91	3,61		CAP GEMINI	36,81	15,14	0,8

- Dans la formule de critère, C2 référence la première cellule de données du champ Var.
- Cliquez dans la plage de données puis, sous l'onglet **Données**> groupe **Trier et filtrer**, cliquez sur **Avancé**. Le dialogue *Filtre avancé* s'affiche.
  - Activez l'option <⊙ Copier vers un autre emplacement>.
  - Dans <Plage> : vérifiez que les références sont celles de la plage de données $A$1:$D$41.
  - dans <Zone de critères> : référencez la plage de cellules de la zone de critères ($F$1:$I$2).
  - dans la zone <Copier dans> : référencez la plage de la zone d'extraction $F$5:$I$5.
- Cliquez par [OK] pour filtrer.

11-Constituez le tableau des Top 10 à publier

- Cliquez sur l'onglet de feuille Top 10, sélectionnez la plage A5:D14, tapez = pour commencer la formule, cliquez sur l'onglet Extraction, sélectionnez la plage F6:I15, validez par ⌈Ctrl⌉+⌈⇧⌉+⌈↵⌉.
- Triez le tableau extrait du Top 10 : cliquez sur l'onglet Extraction, triez la plage F6:I15 sous les en-têtes selon la variation par rapport au 31-12 précédent, du plus grand au plus petit.
- Cliquez sur l'onglet de feuille Top 10.

	A	B	C	D	E
A5		{=Extraction!F6:I15}			
1		CAC 40			
2					
3		Les 10 meilleurs résultats			
4		Cours	/31-12	Poids %	
5	EADS	18,54	31,63	1,12	
6	PPR	104,8	24,41	1,18	
7	LVMH	95,63	22,01	3,46	
8	MICHELIN	63,9	19,26	1,13	
9	VALLOUREC	73,26	15,32	1,18	
10	CAP GEMINI	36,81	15,14	0,8	
11	ESSILOR INTL.	48,06	15,11	1,45	
12	AIR LIQUIDE	87,4	12,45	3,65	
13	SCHNEIDER ELECTRIC	91,12	11,42	3,06	
14	TECHNIP	53,14	7,57	0,77	

Pourquoi n'avons-nous pas simplement trié la plage A1:D41 par ordre décroissant des valeurs du champ Var, puis sélectionné les dix premiers, au lieu de faire une extraction un peu plus compliquée puis de la trier ? Essayez vous-même de trier la plage A1:A41, vous verrez...

- Enregistrez la feuille Top 10 au format .html, puis vérifiez son bon affichage à l'aide de votre navigateur Internet.
- Envoyez la feuille Top 10 au format PDF par courrier électronique.
- Enregistrez et fermez le classeur.

CAS 19 : ACCÉDER À DES DONNÉES EXTERNES

Créez une connexion à une base de données MS Access

Un tableau croisé dynamique des ventes par titre et par client

Créez une connexion par une requête MS Query

CAS 19 : ACCÉDER À DES DONNÉES EXTERNES

Fonctions utilisées

– Connexion à une base Access   – Requête Microsoft Query

– Emplacement des fichiers de connexion   – Modifier la requête MS Query

– Créer un tableau croisé dynamique

25 mn

Vous pouvez analyser régulièrement dans Excel les données d'une base de données externe sans avoir à les copier à chaque fois dans votre feuille de calcul. Il faut établir une connexion entre la feuille et la base de données externe.

Dans ce cas pratique, vous allez établir une connexion avec une base de données Access. Il existe de nombreux pilotes de connexion fournis dans Office 2007 : dBase, Excel, MS Access (ODBC), Microsoft SQL Server et SQL Server Analysis Services (OLAP), Oracle (OLE DB), un fichier texte.

1-CRÉEZ UNE CONNEXION À UNE BASE DE DONNÉES ACCESS

Vous allez créer une connexion à une base de données Access.

■ Créez un nouveau classeur puis, sous l'onglet **Données**, cliquez sur le bouton **Données externes** situé à gauche sur le Ruban, cliquez ensuite sur **Depuis Access**. Dans le dialogue *Sélectionner la source de données*, sélectionnez le dossier C:\Exercices Excel 2010, puis double-cliquez sur le fichier CasA19.mdb.

■ La liste des tables et des requêtes de la base Access s'affiche. Double-cliquez sur *FacturesMontant*, puis dans le dialogue *Importation de données* spécifiez l'emplacement où vous souhaitez voir s'afficher les données. Validez par [OK].

	A	B	C	D	E	F	G
1	NumFac	Date	Codcli	Societe	TotalHT	TotalTVA	TotalTTC
2	01412	05/11/2009	ATFOR	ATFOR	6092,59	335,06	6427,66
3	01415	25/11/2009	ATFOR	ATFOR	127,91	5,97	133,88
4	01460	27/06/2010	ATFOR	ATFOR	695,31	43,82	739,13
5	01404	27/09/2009	BIBLIMEDIA	BIBLIMEDIA	2276,56	148,84	2425,4
6	01407	25/10/2009	BIBLIMEDIA	BIBLIMEDIA	13217,6	760,32	13977,92
7	01418	25/11/2009	BIBLIMEDIA	BIBLIMEDIA	3854,53	203,35	4057,88
8	01428	25/12/2009	BIBLIMEDIA	BIBLIMEDIA	595,28	49,39	644,67
9	01429	25/01/2010	BIBLIMEDIA	BIBLIMEDIA	11484,89	687,18	12172,07
10	01441	24/02/2010	BIBLIMEDIA	BIBLIMEDIA	5741,2	343,52	6084,72

Un tableau de données est créé, qui reprend les données issues de la table sélectionnée dans la base de données Access. Une connexion a été créée par Excel, vous pouvez visualiser les propriétés de cette connexion.

■ Cliquez dans le tableau de données puis, sous l'onglet **Données**>groupe **Connexions**, cliquez sur la **flèche** du bouton **Actualiser tout** puis sur *Propriétés de connexion*…

Cette connexion est matérialisée par un fichier d'extension `.odc`, enregistré par Excel dans le dossier `C:\Utilisateur\Nom-utilisateur\Documents\Mes sources de données`.

- Dans la fenêtre *Documents* (ou *Poste de travail*) affichez le contenu de ce dossier. Le fichier de connexion est `CasA19 MontantFactures.odc` (fichier Access suivi du nom de la table).

- Cliquez dans la cellule A1 de la feuille `Feuil2`, créez une connexion vers la table `FacturesLignes` de la base de données Access `CasA19.mdb`. Vérifiez ensuite que, dans le dossier des sources de données, le fichier `CasA19 FacturesLignes.odc` a été créé.

- Lorsque la base de données Access a été mise à jour, il faut pouvoir actualiser le tableau de données : pour cela, cliquez sur le bouton **Actualiser** sous l'onglet **Données** sur le Ruban.

2-UTILISEZ LES POSSIBILITÉS DES TABLEAUX DE DONNÉES

Vous pouvez filtrer, trier, faire des analyses croisées et des statistiques sur le tableau de données, sans affecter les données sources dans la base de données. Vos résultats seront mis à jour chaque fois que vous actualiserez le tableau de données.

- Dans la feuille `Feuil1`, filtrez les factures du client `ELAN`.

- Dans la feuille `Feuil2`, cliquez droit sur une cellule contenant le titre `Exercices avancés Excel 2003` (par exemple, sur la ligne 532), puis sur *Filtrer* et enfin *Filtrer par la valeur de la cellule sélectionnée*.

3-CRÉEZ LE TABLEAU CROISÉ DYNAMIQUE DES QUANTITÉS VENDUES PAR TITRE

CAS 19 : ACCÉDER À DES DONNÉES EXTERNES

- Cliquez dans le tableau de données de Feuil2 puis, sous l'onglet **Insertion**, cliquez sur le bouton **Tblcroisé dynamique**, validez par [OK] pour créer le tableau dans une nouvelle feuille.
- Dans le volet *Liste de champs de tableau croisé dynamique*, glissez-déposez le champ *Codart* (code de l'article) dans la zone <étiquettes de lignes>, glissez-déposez le champ *Qté* (quantité) dans la zone <Valeurs>.
- Figez les volets de façon à maintenir figées les trois premières lignes : cliquez sur la cellule A4 puis, sous l'onglet **Affichage**>groupe **Fenêtre**, cliquez sur le bouton **Figer les volets**. Cliquez ensuite sur la commande *Figer les volets* puis faites défiler vers le bas les quantités par titre.
- Enregistrez le classeur sous le nom CasA19-1R.xlsx.

4-CRÉEZ UNE CONNEXION À UNE REQUÊTE MICROSOFT QUERY

La table FacturesMontant contient le code et le nom du client et le numéro de chaque facture. La table FacturesLignes contient les quantités par titre de chaque facture, elle contient les numéros de factures mais pas les noms des clients facturés.

Si l'on veut analyser dans Excel les quantités facturées pour différents clients, il faut établir une connexion à une requête, avec liaison sur les tables par le numéro de facture, c'est ce que permet entre autres Microsoft Query.

- Créez un nouveau classeur puis, sous l'onglet **Données**, cliquez sur le bouton **Données externes** à gauche sur le Ruban. Cliquez ensuite sur **Autres sources** puis sur **Provenance : Microsoft Query**.

- Sélectionnez *MS Access database*, puis validez par [OK].

- Sélectionnez, dans le dossier C:\Exercices Excel 2010, le fichier CasA19.mdb, validez par [OK]. Dans le dialogue *Ajouter une table*, double-cliquez sur *FacturesMontant*, puis sur *FacturesLignes*. Terminez en cliquant sur [Fermer].

La fenêtre *Microsoft Query* est ouverte avec les deux tables dans lesquelles vous allez pouvoir choisir les champs que vous voulez afficher dans la feuille Excel. Il faut auparavant créer le lien entre les tables, sur le numéro de facture.

- Cliquez sur le champ *NumFac* dans la vignette de la table FacturesMontant, et faites glisser ce champ sur le champ *NumFac* de la vignette de la table FacturesLignes.

- Double-cliquez sur les noms de champs de la requête à constituer dans le volet inférieur.

- Pour envoyer les données dans la feuille Excel, cliquez sur le bouton 🔲 *Renvoyer les données*.
- Spécifiez l'emplacement où vous voulez placer les données, validez par [OK].

5-CRÉEZ LE TABLEAU CROISÉ DYNAMIQUE DES QUANTITÉS PAR TITRE ET PAR CLIENT

- Cliquez dans le tableau de données puis, sous l'onglet Insertion, cliquez sur le bouton **Tablcroisé dynamique**, validez par [OK] pour créer le tableau dans une nouvelle feuille.

- Dans le volet *Liste de champs de tableau croisé dynamique*, glissez et déposez le champ *Codart* (code de l'article) dans <Étiquettes de lignes>, glissez et déposez le champ *Societe* (nom de société) dans <Étiquettes de colonnes>, glissez et déposez le champ *Qte* (quantité) dans <Valeurs>.

- Figez les volets de façon à figer les trois premières lignes et la première colonne : cliquez sur la cellule B5 puis, sous l'onglet **Affichage**>groupe **Fenêtre**, cliquez sur le bouton **Figer les volets** puis sur la commande *Figer les volets*. Faites ensuite défiler vers le bas les quantités par titre.
- Enregistrez le classeur sous le nom `CasA19-2R.xlsx`.

6-COMPLÉTEZ LA REQUÊTE MICROSOFT QUERY

Nous voulons pouvoir calculer les ventes en euros par titre et par client. Partant des quantités, il nous faut le prix unitaire de chaque titre, il se trouve dans la table `Article`.

- Cliquez dans le tableau de données de `Feuil1` puis, sous l'onglet **Données**>groupe **Connexions**, cliquez sur la **flèche** du bouton **Actualiser** puis sur *Propriétés de connexion...* Dans le dialogue *Propriétés de connexion* sous l'onglet *Définition*, cliquez sur le bouton [Modifier la requête]. La fenêtre *Microsoft Query* s'ouvre.
- Cliquez sur le bouton *Ajouter une ou des tables*, le dialogue *Ajouter une table* s'affiche. Double-cliquez sur le nom de table *Article*, fermez le dialogue en cliquant sur [Fermer]. Faites glisser le nom de champ `CodArt` de la table `FacturesLignes` sur le nom de champ `Code` de la table `Article`.
- Ajoutez le champ `Px_vente_HT` à la requête de la table `Article`.

- Cliquez sur l'icône *Renvoyer les données* puis fermez le dialogue *Propriétés de connexion*.
- Dans la cellule G1, saisissez `Ventes_en_€` puis, dans la cellule G2, entrez la formule de calcul des quantités multipliées par le prix. Créez le tableau croisé dynamique des ventes en € par titre et par client. Pour terminer, enregistrez le classeur et fermez-le.

CAS 20 : UTILISER EXCEL COMME BASE DE DONNÉES

Créez une requête MS Query sur des tables Excel

Établissez un relevé de titres et des droits par auteur

Enregistrez une macro pour exécuter le filtrage

CAS 20 : UTILISER EXCEL COMME BASE DE DONNÉES

> **Fonctions utilisées**
>
> – *Nommer des plages de cellules* – *Ajouter une colonne calculée*
> – *Transformer des plages en tableau* – *Filtrer avec une zone de critères*
> – *Créer une requête MS Query* – *Créer une macro*
>
>
> **25 mn**

Excel permet de gérer des tableaux de données avec des tris et des filtres, mais on dit qu'Excel ne sait pas gérer les liens entre les tableaux de données. Or, une possibilité existe avec Microsoft Query de faire des requêtes sur des tableaux Excel avec des liaisons comme dans une base de données.

Les données correspondant à ce cas sont dans le classeur `CasA20.xlsx` enregistré dans le dossier `C:\Exercices Excel 2010`. Ouvrez le fichier et enregistrez-le sous le nom `CasA20-R.xlsx`.

1-CRÉEZ LES TABLES DE DONNÉES DANS UN CLASSEUR EXCEL

Dans ce cas pratique, nous sommes une société d'édition. Nous conservons dans une base de données les quantités de livres vendus semestre par semestre pour pouvoir calculer les droits à verser aux auteurs.

Il nous faut trois tables dans la base de données, la table `Auteurs` (nom, adresse...), la table `Livres` (titre du livre, prix de vente, date publication, auteur, % de droits dus à l'auteur...), la table `Ventes` (pour chaque semestre et pour chaque titre la quantité vendue).

Les données de ces tables sont déjà saisies dans les feuilles `Auteurs`, `Livres` et `Ventes`.

- Dans la feuille `Auteurs`, nommez par `T_Auteurs` la plage A1:D20. Dans la feuille `Livres`, nommez par `T_Livres` la plage A1:E20. Dans la feuille `Ventes`, nommez par `T_Ventes` la plage A1:D30. Il est indispensable de nommer les plages pour qu'elles puissent être considérées comme des tables par Microsoft Query.

- Puis, transformez les plages de données en tableaux de données Excel : cliquez dans les données puis, sous l'onglet **Insertion**>groupe **Tableaux**, cliquez sur le bouton **Tableau**.

2-CRÉEZ UNE REQUÊTE MULTITABLE

Une requête est une vue sur une table ou plusieurs tables liées par des relations. Nous voulons que la requête affiche toutes les lignes des quantités vendues de chaque titre pour chaque semestre (date du dernier jour du semestre) de la table `Ventes`, avec le titre complet du livre, le taux des droits d'auteur et le prix provenant de la table `Livres`, et le nom complet de l'auteur provenant de la table `Auteurs`.

- Insérez une nouvelle feuille dans laquelle vous allez créer une requête *Microsoft Query*. Nommez cette feuille `Droits`.

- Cliquez dans la cellule A1 de la feuille `Droits` puis, sous l'onglet **Données**>groupe **Données externes**, cliquez sur le bouton **Autres sources** puis sur *Provenance:Microsoft Query* et sélectionnez *Excel Files**. Validez par [OK]. Le dialogue *Sélectionner un classeur* s'ouvre.

- Sélectionnez le fichier `CasA20-R.xlsx`, validez par le bouton [OK].

- Dans le dialogue *Ajouter une table*, double-cliquez sur `T_Ventes`, puis sur `T_Livres`, puis sur `T_Auteurs`, ensuite cliquez sur le bouton [Fermer].
- Créez les liaisons : faites glisser le nom de champ `IDLivre` de la table `T_Ventes` sur le champ de même nom de la table `T_Livres`. Faites glisser le nom de champ `IDAuteur` de la table `T_Livres` sur le champ de même nom de la table `T_Auteurs`.

- Choisissez les champs de la requête : double-cliquez sur `DateSem` de la table `Relevé`, double-cliquez sur `Titre` de la table `Livres`, double-cliquez sur `Nom` de la table `Auteurs`, puis double-cliquez sur `Quant` de la table `Ventes`, puis sur `Prix`, enfin sur `Tauxdroits` de la table `Livres`.

- Terminez en cliquant sur le bouton *Renvoyer les données*. Le dialogue *Importation de données* s'affiche, validez par [OK].

	A	B	C	D	E	F
1	DateSem	Titre	Nom	Quant	Prix	Tauxdroits
2	30/06/2010 00:00	Voyager en Irlande	André Boulanger	45	22	0.08
3	31/12/2009 00:00	Voyager en Irlande	André Boulanger	49	22	0.08
4	30/06/2009 00:00	Voyager en Irlande	André Boulanger	44	22	0.08
5	31/12/2009 00:00	Voyager en Allemagne	André Boulanger	41	22	0.07
6	30/06/2009 00:00	Voyager en Allemagne	André Boulanger	48	22	0.07
7	30/06/2010 00:00	Voyager en Allemagne	André Boulanger	39	22	0.07

CAS 20 : UTILISER EXCEL COMME BASE DE DONNÉES

3-CALCULEZ LES DROITS DE CHAQUE AUTEUR SUR SES TITRES SUR TOUTES PÉRIODES

■ Dans la feuille `Droits`, formatez et centrez la première colonne `DateSem`. Formatez en % la colonne `Tauxdroits`.

	A	B	C	D	E	F
1	**DateSem**	**Titre**	**Nom**	**Quant**	**Prix**	**Tauxdroits**
2	30/06/10	Voyager en Irlande	André Boulanger	45	22	8%
3	31/12/09	Voyager en Irlande	André Boulanger	49	22	8%
4	30/06/09	Voyager en Irlande	André Boulanger	44	22	8%
5	31/12/09	Voyager en Allemagne	André Boulanger	41	22	7%
6	30/06/09	Voyager en Allemagne	André Boulanger	48	22	7%
7	30/06/10	Voyager en Allemagne	André Boulanger	39	22	7%

Renommez le tableau car son nom automatique est trop long.

■ Cliquez dans le tableau puis, sous l'onglet **Outils de tableau/Création**>groupe **Propriétés**, saisissez un nouveau nom pour le tableau : `Tableau_Droits`.

Ajoutez au tableau de données une colonne calculée des droits.

■ Dans la cellule G1, saisissez `Droits`.

■ Dans la cellule G2, tapez =, puis cliquez sur la cellule D2, tapez l'opérateur *, cliquez sur la cellule E2, tapez sur l'opérateur *, cliquez sur la cellule F2, validez la formule.
Cliquez sur la balise puis sur *Écraser toutes les cellules de cette colonne*.

G2   fx =[@Quant]*[@Prix]*[@Tauxdroits]

	A	B	C	D	E	F	G
1	**DateSem**	**Titre**	**Nom**	**Quant**	**Prix**	**Tauxdroits**	**Droits**
2	30/06/10	Voyager en Irlande	André Boulanger	45	22	8%	79,2
3	31/12/09	Voyager en Irlande	André Boulanger	49	22	8%	86,24
4	30/06/09	Voyager en Irlande	André Boulanger	44	22	8%	77,44
5	31/12/09	Voyager en Allemagne	André Boulanger	41	22	7%	63,14
6	30/06/09	Voyager en Allemagne	André Boulanger	48	22	7%	73,92
7	30/06/10	Voyager en Allemagne	André Boulanger	39	22	7%	60,06
8	30/06/10	Voyager en Ecosse	Jean Poulain	53	23	8%	97,52
9	31/12/09	Voyager en Ecosse	Jean Poulain	39	23	8%	71,76
10	30/06/09	Voyager en Ecosse	Jean Poulain	46	23	8%	84,64
11	31/12/09	Voyager en france	Jean Poulain	55	20	7%	77

4-ÉTABLISSEZ UN RELEVÉ INDIVIDUEL PAR AUTEUR

Nous allons établir le relevé des droits d'un auteur pour le dernier semestre 2009 :

■ Dans la feuille `Droits`, filtrez le tableau sur le nom de l'auteur et filtrez sur la date 31/12/09.

	A	B	C	D	E	F	G
1	**DateSem**	**Titre**	**Nom**	**Quant**	**Prix**	**Tauxdroits**	**Droits**
9	31/12/09	Voyager en Ecosse	Jean Poulain	39	23	8%	71,76
11	31/12/09	Voyager en france	Jean Poulain	55	20	7%	77

■ Effacez le filtre : sous l'onglet **Données**>groupe **Trier et filtrer**, cliquez sur le bouton **Effacer**.

Pour pouvoir filtrer sur des valeurs entrées dans des cellules, il faut utiliser un filtre élaboré avec une zone de critères dans la feuille contenant les valeurs de critères.

■ Pour insérer le nom et l'adresse de l'auteur, insérez 8 lignes avant le tableau de données.

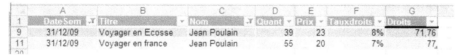

	A	B	C	D	E	F	G	H	I	J
1										
2										
3										
4										
5										
6										
7										
8										
9	**DateSem**	**Titre**	**Nom**	**Quant**	**Prix**	**Tauxdroits**	**Droits**			
10	30/06/10	Voyager en Irlande	André Boulanger	45	22	8%	79,2			
11	31/12/09	Voyager en Irlande	André Boulanger	49	22	8%	86,24			
12	30/06/09	Voyager en Irlande	André Boulanger	44	22	8%	77,44			

■ Dans la cellule F1, définissez une liste déroulante pour choisir un nom d'auteur : sous l'onglet **Données**>groupe **Outils de données**, cliquez sur **Validation des données**, le dialogue *Validation des données* s'affiche.
- Dans la zone <Autoriser> sélectionnez *Liste*,
- Dans la zone <Source> sélectionnez la plage A2:A10 de la feuille Auteurs, validez par [OK].

■ Utilisez la liste déroulante de la cellule F1 pour entrer un nom d'auteur.

■ Dans la cellule F2, entrez la formule : =RECHERCHEV(F1;T_Auteurs;3;0).

■ Dans la cellule F4, entrez `Paris le`, puis dans G4 entrez la date, par exemple `15/01/10`.

■ Dans la cellule F6, entrez `Fin semestre`, puis dans la cellule G6 la date `30/12/09`.

■ Dans la cellule F7 saisissez `Total Droits`, puis dans la cellule G7 la formule :
=SOUS.TOTAL(9;Tableau_droits[Droits]).

Nous voulons filtrer les données du tableau `Tableau_Droits` pour afficher seulement les lignes concernant l'auteur dont le nom a été entré dans la cellule F1 et pour la date de fin de semestre entrée dans la cellule G6.

■ Il nous faut une zone des critères, par exemple la plage I1:J2. Saisissez les noms de champs dans les cellules I1:J1, dans la cellule I2 entrez la formule =F1 et dans la cellule J2 entrez la formule =G7.

■ Effectuez le filtrage : cliquez dans le tableau de données puis, sous l'onglet **Données**>groupe **Trier et filtrer**, cliquez sur **Avancé**. Cliquez dans <Zone de critères> et sélectionnez la plage des critères, validez par [OK].

■ Effectuez un autre filtrage : dans la cellule F1 sélectionnez un autre nom, dans la cellule G7 entrez la date `30/06/09`, puis effectuez le filtrage.

■ Définissez la zone d'impression A1:G50 englobant le tableau de données.

■ Ajustez l'impression à la taille de la page.

■ Affichez l'aperçu avant impression.

CAS 20 : UTILISER EXCEL COMME BASE DE DONNÉES

- Tapez sur la touche Echap pour fermer l'aperçu avant impression.
- Imprimez le relevé pour un auteur et un semestre (une date de fin de semestre).
- Enregistrez puis fermez le classeur.

5-CRÉEZ UNE MACRO POUR EXÉCUTER LE FILTRAGE

Cliquez dans le tableau puis, pour enregistrer la macro :

- Cliquez sur l'icône Macro dans la barre d'état,

  Le dialogue *Enregistrer une macro* s'affiche

- Conservez ici le nom Macro1, définissez une touche de raccourci, et saisissez une description. Validez par [OK].

À partir de cet instant tout ce que vous allez exécuter est mémorisé dans la macro nommée Macro1. L'icône sur la barre d'état est devenu *Arrêt enregistrement macro*.

- Sous l'onglet **Données**>groupe **Trier et filtrer**, cliquez sur **Avancé**. Le dialogue *Filtre avancé* s'affiche, vérifiez les informations (les mêmes que lors du précédent filtrage), validez par [OK].
- Cliquez sur l'icône *Arrêt enregistrement macro* sur la barre d'état.
- Modifiez la date en G7 en 30/06/10, puis tapez sur Ctrl+W, la macro exécute le filtrage.
- Enregistrez le classeur avec l'extension .xlsm car il contient une macro. Le format .xlsx ne prend pas en charge les macros.

6-ACTUALISEZ LA REQUÊTE

- Ajoutez les données suivantes au bas du tableau des ventes, dans la feuille Ventes.

- Mettez à jour la requête dans la feuille Droits : cliquez dans les données, puis sur le bouton **Actualiser** (sous l'onglet **Outil de tableau/Création**>groupe **Données de tableau externe**).
  Si la largeur des colonnes s'ajuste et ne permet plus d'afficher certaines valeurs, vous pouvez changer les propriétés de la plage de données : bouton **Propriétés** sous l'onglet **Outil de tableau/ Création**>groupe **Données de tableau externe**, désactivez <☐ Ajuster la largeur des colonnes>.
- Sélectionnez le nom d'auteur Jean Poulain dans la cellule F1 et la date 31/12/10 dans la cellule G6. Puis tapez Ctrl +w pour effectuer le filtrage.
- Enregistrez et fermez le classeur.

CAS 21 : MAÎTRISER LES GRAPHIQUES

Les données

	A	B	C	D	E	F
1		Trim1	Trim2	Trim3	Trim4	Année N
2	Ventes	80 000	88 000	55 000	83 000	306 000
3	Location	70 000	72 000	73 000	79 000	294 000
4	Gestion	120 000	123 000	124 000	132 000	499 000
5	CA N	270 000	283 000	252 000	294 000	294 000
6		Trim1	Trim2	Trim3	Trim4	Année N-1
7	Ventes	73 000	76 000	52 000	74 000	275 000
8	Location	53 000	52 000	53 000	54 000	212 000
9	Gestion	107 000	112 000	113 000	115 000	447 000
10	CA N-1	233 000	240 000	218 000	243 000	243 000
11						

Les graphiques

Fonctions utilisées

– Créer un graphique

– Graphique en secteurs

– Graphique en colonnes

– *Graphique en 3D*

– *Paramétrage : titres, axes,*
  légende, étiquettes, formes...

15 mn

Excel permet de représenter les données d'un tableau par un graphique. Celui-ci est créé dans un objet que l'on peut redimensionner et placer là où on le souhaite dans la feuille. Dans ce cas pratique, vous allez explorer les différents aspects des modifications des diagrammes.

Les données de ce cas pratique sont dans le classeur `CasA21.xlsx`, enregistré dans le dossier `C:\Exercices Excel 2010`. Ouvrez le fichier et enregistrez-le sous le nom `CasA21-R.xlsx`.

1-CRÉEZ UN GRAPHIQUE SECTORIEL POUR ILLUSTRER UNE RÉPARTITION

Nous voulons représenter la répartition du CA de l'année entre les différentes activités : Ventes, Location, et Gestion. Les chiffres annuels sont en colonne dans la plage F2:F4.

	A	B	C	D	E	F
1		Trim1	Trim2	Trim3	Trim4	Année N
2	Ventes	80 000	88 000	55 000	83 000	306 000
3	Location	70 000	72 000	73 000	79 000	294 000
4	Gestion	120 000	123 000	124 000	132 000	499 000
5	CA N	270 000	283 000	252 000	294 000	294 000
6		Trim1	Trim2	Trim3	Trim4	Année N-1
7	Ventes	73 000	76 000	52 000	74 000	275 000
8	Location	53 000	52 000	53 000	54 000	212 000
9	Gestion	107 000	112 000	113 000	115 000	447 000
10	CA N-1	233 000	240 000	218 000	243 000	243 000
11						

Nous voulons que les étiquettes des données servent de légende au diagramme : il faut donc les inclure dans la sélection des données à représenter, bien que dans notre cas les étiquettes ne soient pas contiguës aux données.

▪ Sélectionnez les plages A1:A4 (les étiquettes) et F1:F4 (la série à représenter) en maintenant la pression sur la touche `Ctrl`.

▪ Sous l'onglet **Insertion**>groupe **Graphiques**, cliquez sur le bouton **Secteurs**. Puis, dans la galerie, cliquez sur la première vignette.

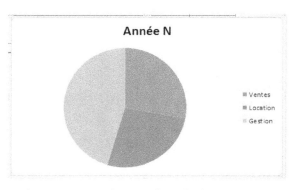

Un titre a été créé, parce que l'étiquette de la série représentée était incluse dans la sélection. Modifiez le titre : cliquez dans le titre, et remplacez le texte par `Répartition par activité – Année N`.

CAS 21 : MAÎTRISER LES GRAPHIQUES

Le graphique est créé dans un cadre, cliquez sur une cellule hors du cadre. Cliquez ensuite sur l'objet graphique. Lorsque ce dernier est sélectionnée, le contour apparaît grisé avec des poignées aux quatre coins et au milieu des quatre côtés. L'onglet contextuel **Outils de graphique/Création** s'affiche.

■ Pour modifier le graphique : cliquez sur le bouton **Modifier le type de graphique**, sélectionnez le type de graphique puis cliquez sur une vignett, représentant la variante souhaitée. Sélectionnez la deuxième vignette sous Secteurs et validez par [OK].

■ Vous pouvez ensuite sélectionner une variante de couleur dans la galerie **Style du graphique**.

■ Sous l'onglet **Outils de graphique/Disposition**>groupe **Arrière-plan**, sélectionnez la rubrique **Rotation 3D** puis, sous Rotation, spécifiez la zone <Y:> 30°. Validez par [Fermer].

■ Pour placer les étiquettes des données sur le graphique : sous l'onglet **Outils de graphique/ Disposition**>groupe **Étiquettes**, cliquez sur le bouton **Étiquettes de données** puis sur *Bord intérieur* (les autres positions sont Centre, *Bord extérieur*, *Ajuster* ou *Aucune* pour enlever les étiquettes).

■ Cliquez sur une étiquette de données puis, sous **Outils de graphique/Mise en forme**>groupe **Styles de formes**, cliquez sur **Remplissage de forme** et choisissez le *Blanc*.

- Changez la couleur d'un secteur : cliquez sur le secteur une première fois (c'est l'ensemble des formes de la série de données qui est sélectionné), cliquez sur le secteur une deuxième fois (c'est la forme qui est sélectionnée). Cliquez ensuite sur la **flèche** du bouton **Remplissage de forme**, (sous **Outils de graphique/ Mise en forme**>groupe **Styles de formes**), et choisissez la couleur standard *Jaune*.

- Dimensionnez et positionnez l'objet graphique sous le tableau.

	A	B	C	D	E	F
1		Trim1	Trim2	Trim3	Trim4	Année N
2	Ventes	80 000	88 000	55 000	83 000	306 000
3	Location	70 000	72 000	73 000	79 000	294 000
4	Gestion	120 000	123 000	124 000	132 000	499 000
5	CA N	270 000	283 000	252 000	294 000	294 000
6		Trim1	Trim2	Trim3	Trim4	Année N-1
7	Ventes	73 000	76 000	52 000	74 000	275 000
8	Location	53 000	52 000	53 000	54 000	212 000
9	Gestion	107 000	112 000	113 000	115 000	447 000
10	CA N-1	233 000	240 000	218 000	243 000	243 000

Répartition par activité - Année N

- 306 000
- 294 000
- 499 000

■ Ventes
■ Location
■ Gestion

- Créez un deuxième graphique sectoriel pour les données de l'année N-1. Procédez comme précédemment avec les chiffres de N-1.

2-CRÉEZ UN GRAPHIQUE POUR COMPARER DEUX SÉRIES

Nous voulons représenter les CA trimestriels des années N-1 et N par des histogrammes.

	A	B	C	D	E	F
1		Trim1	Trim2	Trim3	Trim4	Année N
2	Ventes	80 000	88 000	55 000	83 000	306 000
3	Location	70 000	72 000	73 000	79 000	294 000
4	Gestion	120 000	123 000	124 000	132 000	499 000
5	CA N	270 000	283 000	252 000	294 000	294 000
6		Trim1	Trim2	Trim3	Trim4	Année N-1
7	Ventes	73 000	76 000	52 000	74 000	275 000
8	Location	53 000	52 000	53 000	54 000	212 000
9	Gestion	107 000	112 000	113 000	115 000	447 000
10	CA N-1	233 000	240 000	218 000	243 000	243 000

- Sélectionnez les données : sélectionnez ensemble les plages A1:E1 (étiquettes), A5:E5 (1ère série) et A10:E10 (2e série) en maintenant la pression sur la touche Ctrl.

- Sous l'onglet **Insertion**>groupe **Graphiques**, cliquez sur le bouton **Colonnes**. Puis, dans la galerie, cliquez sur la première vignette.

- Sous l'onglet **Outils de graphique/ Disposition**, cliquez sur le bouton **Titre du graphique** puis sur *Au-dessus du graphique*.

Comparaison trimestrielle N/N-1

- Dans la cadre titre, remplacez le texte par Comparaison trimestrielle N/N-1.

CAS 21 : MAÎTRISER LES GRAPHIQUES

- Ajoutez un titre à l'axe des Y : sous l'onglet **Outils de graphique/Disposition**,>groupe **Étiquettes**, cliquez sur le bouton **Titre des axes** puis sur *Titre de l'axe vertical principal* et enfin sur *Titre pivoté*. Remplacez le texte de ce titre par `Chiffre d'affaires`. Cliquez sur le cadre du titre de vertical puis, sous l'onglet **Accueil**>groupe **Police**, cliquez sur le bouton **Gras** pour enlever le gras et spécifiez une taille 11.

- Affichez les étiquettes de données seulement pour la série Année N : cliquez sur une barre de la série, toutes les barres sont sélectionnées. Cliquez sur le bouton **Étiquettes de données** puis sur *Bord extérieur*.

   Cliquez une fois sur une étiquette pour les sélectionner toutes puis, sous l'onglet **Outils de graphique/Mise en forme**, cliquez sur **Remplissage de forme**>groupe **Styles de formes** et choisissez la couleur *Blanc*. Ensuite, cliquez sur **Effet sur la forme** puis sur *Lumière*, et enfin cliquez sur un effet de lumière (le premier de la deuxième rangée).

3-MODIFIEZ L'ASPECT DU DIAGRAMME

- Placez la légende sous le graphique : **Outils de graphique/Disposition**>groupe **Étiquettes**, cliquez sur **Légende** puis sur *Afficher la légende en bas*.

- Modifiez la taille des caractères de la légende : cliquez sur le cadre légende puis sous l'onglet **Accueil**>groupe **Police**, spécifiez la taille 11.

- Modifiez l'ordonnée à l'origine, l'axe des Y commencera à l'ordonnée 170000 : cliquez sur le bouton **Axes** sur le Ruban, puis sur *Axe vertical principal*, et enfin sur *Autres options de l'axe vertical principal...* En regard de <Minimum>, activez <⊙ Fixe>, spécifiez `170000`, [OK].

- Essayez différents types de graphique : cliquez sur **Modifier le type de graphique** sur le Ruban ou cliquez droit sur l'objet graphique puis sur la commande *Modifier le type de graphique...*.

- *Sélectionnez la vignette d'un type de graphique.*

4-COMPAREZ VISUELLEMENT L'ÉVOLUTION DE PLUSIEURS ACTIVITÉS

- Sélectionnez la plage A6:E9 incluant les étiquettes des données Trim1, Trim2, Trim3, Trim4. Créez le graphique en colonnes. Intervertissez les lignes et les colonnes dans le graphique.

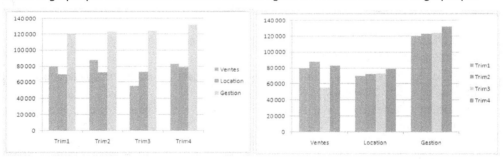

- Ajoutez un titre principal et un titre pour l'axe vertical. Modifiez l'ordonnée à l'origine et changez le style de présentation.

- Intervertissez lignes et colonnes, modifiez le type de graphique, ajoutez les lignes de série, modifiez la valeur minimum des Y.

- Ajoutez des étiquettes de données avec taille des caractères 8, remplissage blanc et contour gris.

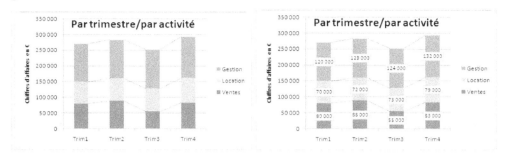

- Enregistrez et fermez le classeur.

CAS 22 : CONTRÔLE ET PROTECTION DES DONNÉES

Aide à la saisie

Déverrouillez des cellules

Autorisez avec un mot de passe la modification de cellules verrouillées

Protégez le classeur : la structure et/ou le fichier

CAS 22 : CONTRÔLE ET PROTECTION DES DONNÉES

Fonctions utilisées

– Validation de la saisie
– Extraction d'une liste de noms
– Déverrouiller des cellules

– Autoriser une plage de saisie
– Mise en forme conditionnelle
– Protéger un classeur

 20 mn

Vous allez définir des aides à la saisie pour contrôler les valeurs entrées dans les cellules, en autorisant seulement une saisie conforme à un contenu défini à l'avance. Ensuite, vous autoriserez seulement les cellules de saisie à être modifiées, afin d'éviter les modifications malencontreuses qui pourraient écraser des formules. Enfin, vous utiliserez des mots de passe pour interdire l'accès à des utilisateurs non informés des mots de passe.

Les données pour ce cas pratiques sont dans le classeur `CasA22.xlsx` enregistré dans le dossier `C:\Exercices Excel 2010`. Ouvrez le fichier et enregistrez-le sous le nom `CasA22-R.xlsx`.

Cette feuille est conçue pour faire un suivi de factures. Une ligne par facture contient les valeurs suivantes que vous saisissez : la date de facture, le numéro de facture, le nom du client, et l'état payé (valeur=1) ou non (valeur différente de 1). Les autres cellules contiennent des formules la TVA, le montant TTC et la date d'échéance.

Afin d'éviter les erreurs, nous voulons créer des aides à la saisie pour les cellules de saisie, et nous voulons interdire toute modification des autres cellules.

1- CRÉEZ UNE AIDE À LA SAISIE DE DATE

Il s'agit d'interdire toute saisie qui ne serait pas une date, et une date de l'année 2009.

- Cliquez sur la cellule A3 puis, sous l'onglet **Données** > groupe **Outils de données**, cliquez sur le bouton **Validation des données**. Le dialogue *Validation des données* s'affiche.

- Sous l'onglet *Options*, dans <Autoriser> : sélectionnez *Date*, dans <Données> : sélectionnez *comprise entre*, dans <Date de début> : saisissez `01/01/09`, dans <Date de fin> : saisissez `31/12/09`. Validez par [OK].

CAS 22 : CONTRÔLE ET PROTECTION DES DONNÉES

- Sous l'onglet *Message de saisie*, dans <Titre> : tapez `Date de facture`, dans <Message de saisie> : tapez `Saisissez une date de l'année 2009`.

- Sous l'onglet *Alerte d'erreur*, dans <Style> : sélectionnez *Arrêt*, dans <Titre> : tapez `Erreur dans la date`, dans <Message d'erreur> : tapez `Votre saisie n'est pas une date ou n'est pas une date de l'année 2009`.

- Pour valider, cliquez sur [OK].
- Sélectionnez la plage de cellule A3:A100 si vous prévoyez que le nombre de factures dans l'année ne dépassera pas 100. Puis, cliquez sur le bouton **Validation des données** sur le Ruban.

- Répondez [Oui] pour étendre la validation de données de la cellule A3 à toute la plage de données sélectionnée. Le dialogue *Validation des données* s'affiche avec les informations spécifiées pour la cellule A3, validez par [OK] pour les appliquer à toute la plage sélectionnée.

2-CRÉEZ UNE AIDE À LA SAISIE DE NUMÉRO DE FACTURE

- Cliquez sur la cellule B3 en début de colonne puis, sous l'onglet **Données**>groupe **Outils de données**, cliquez sur le bouton **Validation des données**. Le dialogue *Validation des données* s'affiche.
  - Sous l'onglet *Options*, dans <Autoriser> : sélectionnez *Nombre entier*, dans <Données> : sélectionnez *supérieur à*, dans <Minimum> : tapez `1404` (1er numéro de facture de l'année).

- Sous l'onglet *Message de saisie*, dans <Titre> : tapez `Numéro de facture`, dans <Message de saisie> : `Saisissez le numéro de facture`.
- Sous l'onglet *Alerte d'erreur*, dans <Style> : sélectionnez *Arrêt*, dans <Titre> : tapez `Erreur dans le numéro de facture`, dans <Message d'erreur> : tapez `Le numéro saisi n'est pas valide`.

■ Validez en cliquant sur [OK].

■ Étendez comme précédemment la validation de données de la cellule B3 à toute la plage B3:B100.

3-EXTRAYEZ UNE LISTE DES CLIENTS

Nous voulons que le nom du client soit sélectionné dans une liste déroulante. Nous allons donc créer cette liste des noms de clients à partir des données qui sont actuellement dans le tableau. Nous allons extraire les noms sans retenir les doublons.

■ Créez une nouvelle feuille et nommez-la `Clients`.

■ Dans la cellule A1 de la feuille `Clients`, saisissez `Client` en respectant exactement l'orthographe de l'étiquette de la colonne `Client` dans le tableau des factures.

■ Sélectionnez la plage A1:A2 (car il faut au moins deux cellules) puis, sous l'onglet **Données>** groupe **Trier et filtrer**, cliquez sur le bouton **Avancé.**

■ Cliquez sur [OK] pour considérer la première ligne comme une étiquette.

■ Dans le dialogue *Filtre avancé* :
  - Cochez l'option <⊙ Copiez vers un autre emplacement>.
  - Cliquez dans la zone <Plages> : sélectionnez la plage C2:C81 qui contient les noms de clients dans la feuille `Factures`.
  - Cliquez dans la zone <Copier dans> : cliquez sur la cellule A1 de la feuille `Clients` qui contient l'étiquette.
  - Cochez l'option <☑ Extraction sans doublon>.

■ Validez par [OK].

■ Triez ensuite la liste des clients dans la feuille `Clients`. Et nommez cette liste `Clients_Noms` sans inclure l'étiquette.

4-CRÉEZ UNE LISTE DÉROULANTE POUR SAISIR LE CLIENT

■ Dans la feuille `Factures`, cliquez sur la cellule C3 puis, sous l'onglet **Données>**groupe **Outils de données**, cliquez sur **Validation des données**. Le dialogue *Validation des données* s'affiche.

- Sous l'onglet *Options*, dans <Autoriser> : sélectionnez *Liste*, cliquez dans la zone <Source> : tapez `F3` et sélectionnez le nom `Clients_Noms`.
- Sous l'onglet *Messages de saisie*, cochez <☑ Quand la cellule est sélectionnée>, dans <Titre> : tapez `Nom du client`, dans <Message de saisie> : `Sélectionnez le nom de client`.

- Sous l'onglet *Alerte d'erreur*, cochez la case <☑ Quand des données non valides sont tapées>, dans <Style> : sélectionnez *Arrêt*, dans <Titre> : tapez `Erreur le nom du client`, dans >Message d'erreur> : tapez `Vous avez saisi un nom qui n'est pas dans la liste.`

- Validez en cliquant sur [OK].
- Étendez comme précédemment la validation de données à la plage C3:C100.

5-CRÉEZ UNE AIDE À LA SAISIE DU MONTANT HT

- Cliquez sur la cellule D3 en début de colonne puis, sous l'onglet **Données**>groupe **Outils de données**, cliquez sur **Validation des données**. Le dialogue *Validation des données* s'affiche.
  - Sous l'onglet *Options*, dans <Autoriser> : sélectionnez *Décimal*, dans <Données> : sélectionnez *supérieure à*, dans <Valeur> : tapez `0`.
  - Sous l'onglet *Message de saisie*, dans <Titre> : tapez `Montant HT de la facture`, dans <Message de saisie> : `Saisissez le montant HT en € de la facture.`
  - Sous l'onglet *Alerte d'erreur*, dans <Style> : sélectionnez *Arrêt*, dans <Titre> : tapez `Erreur dans le montant`, dans <Message d'erreur> : tapez `Vous n'avez pas saisi un nombre décimal.`
- Validez en cliquant sur [OK].
- Étendez comme précédemment la validation de données à la plage D3:D100.

6-CRÉEZ UNE AIDE À LA SAISIE DE L'ÉTAT DU PAIEMENT

- Cliquez sur la cellule H3 puis, sous l'onglet **Données**>groupe **Outils de données**, cliquez sur le bouton **Validation des données**. Le dialogue *Validation des données* s'affiche.
  - Sous l'onglet *Options*, dans <Autoriser> : sélectionnez *Liste*, cliquez <Source> : tapez `1;0`.
  - Sous l'onglet *Message de saisie*, cochez <☑ Quand la cellule est sélectionnée>, dans <Titre> : tapez `Paiement de la facture 1/0`, dans <Aide à la saisie> : `Vous devez saisir 1 (pour réglée) ou 0 (pour Non réglée).`
  - Sous l'onglet *Alerte d'erreur*, cochez la case <☑ Quand des données non valides sont saisies>, dans <Style> : sélectionnez *Arrêt*, dans <Titre> : tapez `Erreur de saisie`, dans <Message d'erreur> : tapez `Vous n'avez pas saisi 1 ou 0.`
- Validez en cliquant sur [OK].
- Étendez comme précédemment la validation de données à la plage H3:H100.

7-AUTORISEZ LA MODIFICATION SEULEMENT POUR LES CELLULES DE SAISIE

Par défaut, toutes les cellules d'une feuille sont verrouillées. Lorsqu'une cellule est verrouillée, il n'est plus possible de la modifier lorsque la feuille est protégée. Tant que la feuille n'est pas protégée, il reste possible de modifier toutes les cellules, même celles qui sont verrouillées.

Vous allez déverrouiller les cellules de saisie de notre tableau.

- Sélectionnez A3:D100 puis, sous l'onglet **Accueil**>groupe **Cellules**, cliquez sur le bouton **Format**, un menu s'affiche avec, dans le bas du menu, l'option *Verrouiller la cellule* qui est surlignée (encadrée), indiquant que les cellules sont verrouillées. Cliquez sur l'option pour déverrouiller les cellules (c'est une option à bascule).

Couleur d'onglet

Protection

Protéger la feuille...

Verrouiller la cellule

Format de cellule...

- Protégez la feuille de calcul : cliquez sur le même bouton **Format** puis sur la commande *Protéger la feuille...* Le dialogue *Protéger la feuille* s'affiche. Pour le moment n'entrez pas de mot de passe, validez par [OK].

Pour protéger ou déprotéger la feuille, vous pouvez aussi utiliser les boutons **Protéger la feuille** ou **Ôter la protection la feuille**, situés sous l'onglet **Révision**>groupe **Modifications**.

- Vérifiez la protection des cellules, en essayant de modifier une cellule autre que celles de saisie (A3:D100). Un message vous informe que la cellule ne peut être modifiée, validez le message.
- Constatez cependant que si vous modifiez un montant de facture, les formules des cellules protégées par le verrouillage sont tout de même recalculées.

Déverrouillez la plage H3:H100.

- Il faut commencer par ôter la protection de la feuille : cliquez sur le bouton **Format** sur le Ruban puis sur la commande *Ôter la protection de la feuille...*
- Sélectionnez ensuite la plage H3:H100 puis, sous l'onglet **Accueil**>groupe **Police**, cliquez sur le **Lanceur** du groupe. Le dialogue *Format de cellule* s'affiche, cliquez sur l'onglet *Protection* puis décochez la case <□ Verrouillée>, validez par [OK].
- Réactivez ensuite la protection de la feuille, ainsi seules les cellules déverrouillées pourront être sélectionnées.

Une fois la protection de la feuille activée, vous ne pouvez plus modifier que les cellules non verrouillées, c'est-à-dire, dans notre cas, les cellules de saisie A3:D100 et H3:H100. Mais les formules sont recalculées même dans les cellules verrouillées.

> Notez que la protection de la feuille ne s'applique qu'à la feuille active, si vous voulez protéger plusieurs feuilles à la fois, il faut sélectionner les feuilles ensemble avant d'exécuter la commande de protection.

8-Protégez les cellules de saisie par mot de passe

Vous pouvez faire en sorte que certaines cellules verrouillées puissent cependant être modifiées par des personnes qui connaissent le mot de passe, même lorsque la feuille est protégée.

- Ôtez la protection de la feuille puis, sous l'onglet **Révision**>groupe **Modifications**, cliquez sur le bouton **Permettre la modification des plages**.

- Cliquez sur [Nouvelle] ❶, cliquez dans la zone ❷, sélectionnez la plage H3:H100 dans la feuille, entrez le mot de passe `tsoft`❸, validez par [OK]. Le mot de passe vous est demandé à nouveau, validez par [OK]. La plage autorisée est ajoutée à la liste ❹.
- Protégez la feuille, puis essayez de modifier une cellule de la colonne `Payé`. Le mot de passe vous est demandé. Après avoir entré le mot de passe une fois, vous pouvez saisir dans toutes les cellules H3:H100.

9-Rendez invisibles les formules de certaines cellules

Vous pouvez masquer la formule dans la barre de formule quand une cellule est sélectionnée, cette invisibilité n'est active que lorsque la feuille a été protégée.

Dans cet exercice, vous allez masquer les formules de calcul de la date d'échéance.

CAS 22 : CONTRÔLE ET PROTECTION DES DONNÉES

- Il faut commencer par ôter la protection de la feuille : cliquez sur le bouton **Format** sur le Ruban puis sur la commande *Ôter la protection de la feuille*...
- Sélectionnez ensuite la plage G3:G100 puis cliquez sur le bouton **Format** sur le Ruban, cliquez ensuite sur *Format de cellule*... Le dialogue s'affiche, cliquez sur l'onglet *Protection*, puis cochez la case <☑ Masquée>, validez par [OK].
- Protégez la feuille pour rendre le masquage effectif.
- Pour le vérifier ensuite, cliquez sur des cellules contenant les dates d'échéance, vous pouvez constater que la formule est invisible dans la barre de formule.

10-Surlignez en couleur les factures en retard de règlement

- Sélectionnez A3:H3 puis, sous l'onglet **Accueil**>groupe **Style**, cliquez sur le bouton **Mise en forme conditionnelle**, puis cliquez sur *Nouvelle règle*...

La cellule B1 contient pour l'exemple la date 14/01/10. Dans un cas réel, la cellule B1 contiendra la date du jour par la formule =AUJOURDHUI().

L'échéance de règlement de la facture de la ligne 3 est dépassée si $G3<$B$1.

- Sélectionnez *Utiliser une formule pour déterminer pour quelles cellules le format sera appliqué*.
- Saisissez le critère =ET($H3=0;$G3<$B$1;NON(ESTVIDE($C3))).
  Le résultat est vrai si la facture n'a pas été payée ($H3=0), si la date d'échéance est dépassée $G3<$B$1, et si le nom du client n'est pas vide (NON(ESTVIDE($C3)))
- Cliquez sur le bouton [Format], choisissez la couleur de remplissage *Jaune*, validez par [OK].
- Validez la règle par [OK].

La règle a été définie pour les cellules sélectionnées de la 3e ligne.

Nous voulons étendre la règle de mise en forme conditionnelle à toute la plage A3:H100.

- Cliquez sur une cellule de la 3e ligne concernée par la règle puis, sous l'onglet **Accueil**>groupe **Style**, cliquez sur le bouton **Mise en forme conditionnelle**, cliquez enfin sur *Gérer les règles*...

- Modifiez la zone <S'applique à> en =$A$3:$H$100.

⚓ Il était important que, dans la formule de critère =ET($H3=0;$G3<$B$1;NON(ESTVIDE($C3))), la référence à la ligne 3 soit une référence relative pour que la référence à la ligne soit ajustée au moment de l'extension du format conditionnel à toutes les lignes de la plage A3:H100.

	A	B	C	D	E	F	G	H
1	Date du jour	14/01/10						
2	Date	N° Fac	Client	€ HT	TVA 19,6	€ TTC	Échéance	Payé
3	31/01/09	1404	BIBLIMEDIA	321,56	63,03	384,59	01/04/09	0
4	31/01/09	1405	CHORUS	1 037.59	203.37	1 240,96	01/04/09	1
5	31/01/09	1406	IBFOR	414,72	81,29	496,01	01/04/09	1
6	28/02/09	1407	BIBLIMEDIA	1 979,01	387,89	2 366,90	29/04/09	1
7	28/02/09	1408	CHORUS	480.34	94.15	574,49	29/04/09	1
8	28/02/09	1409	CHORUS	219,77	43.07	262,84	29/04/09	1
9	28/02/09	1410	CHORUS	1 562.36	306,22	1 868,58	29/04/09	0
10	28/02/09	1411	INFOTIC	115.17	22.57	137,74	29/04/09	1

11-PROTÉGEZ AVEC UN MOT DE PASSE ET ÔTEZ LA PROTECTION DE LA FEUILLE

Lorsque vous activez la protection d'une feuille, vous pouvez définir un mot de passe, afin d'empêcher une personne ne connaissant pas ce mot de passe d'ôter la protection de la feuille.

- Sous l'onglet **Révision**>groupe **Modifications**, cliquez sur le bouton **Protéger la feuille** puis saisissez le mot de passe : tsoft. Validez par [OK]. Un dialogue vous demande de confirmer le mot de passe, saisissez le même mot de passe et validez par [OK].
- Pour ôter la protection, le mot de passe va vous être demandé : cliquez sur le bouton **Ôter la protection de la feuille** sur le Ruban (onglet **Révision**>groupe **Modifications**).

12-PROTÉGEZ LE DOCUMENT CLASSEUR

En protégeant le document classeur, vous rendez impossible d'insérer des feuilles, d'en supprimer, de les renommer ou de les déplacer ou de les copier.

- Cliquez sur le bouton **Protéger le classeur** sur le Ruban. Le mot de passe n'est pas obligatoire, mais pour l'exercice entrez le mot de passe tsoft. Validez par [OK].
- Vérifiez l'effet, en essayant d'ajouter une feuille, ou de renommer une feuille... Ce n'est plus possible, les commandes concernées sont désactivées.
- Déprotégez le classeur : cliquez sur le bouton **Ôter la protection du classeur** sur le Ruban, entrez le mot de passe, cliquez sur [OK].

13-CONFIDENTIALITÉ : METTEZ UN MOT DE PASSE POUR OUVRIR LE FICHIER CLASSEUR

- Cliquez sur l'onglet **Fichier** puis sur **Enregistrer sous**. Dans le dialogue *Enregistrer sous*, cliquez sur le bouton [Outils] puis sur *Options générales*...

Dans cet exercice, entrez le mot de passe tsoft dans les deux zones.

- Saisissez le mot de passe pour la lecture et celui pour la modification, validez par [OK]. Saisissez à nouveau chacun de ces mots de passe, validez par [OK]. Cliquez sur [Enregistrer].
- Fermez le *classeur*, puis réouvrez-le pour vérifier que les mots de passe vous sont demandés.
- Supprimez le mot de passe du fichier classeur : procédez comme précédemment, mais dans le dialogue *Options générales*, effacez les deux zones <Mot de passe pour la lecture> et <Mot de passe pour la modification>.
- Fermez le classeur, puis vérifiez que vous pouvez ouvrir le classeur sans mot de passe.

INDEX

W

Z